History of Mexican American

멕시칸 아메리칸의 역사

— 다시 쓰는 미국 이야기

멕시칸 아메리칸의 역사
다시 쓰는 미국 이야기

초판 1쇄 발행 2024년 11월 15일

지은이 이은아
펴낸이 장길수
펴낸곳 지식과감성#
출판등록 제2012-000081호

교정 김지원
디자인 서혜인
편집 서혜인
검수 정은솔, 이현
마케팅 김윤길, 정은혜

주소 서울시 금천구 벚꽃로298 대륭포스트타워6차 1212호
전화 070-4651-3730~4
팩스 070-4325-7006
이메일 ksbookup@naver.com
홈페이지 www.knsbookup.com

ISBN 979-11-392-2216-6(93950)
값 17,000원

- 이 책의 판권은 지은이에게 있습니다.
- 이 책 내용의 전부 또는 일부를 재사용하려면 반드시 지은이의 서면 동의를 받아야 합니다.
- 잘못된 책은 구입하신 곳에서 바꾸어 드립니다.

지식과감성#
홈페이지 바로가기

History of Mexican American

멕시칸 아메리칸의 역사

― 다시 쓰는 미국 이야기

| 이은아 지음 |

머리말

　멕시칸 아메리칸의 역사는 단순한 연대기를 넘어서는 깊이 있는 서사이다. 이주와 송환, 인종차별, 권리 쟁취, 동화와 적응, 경계와 혼종 등 다양한 이야기가 그들의 역사 속에 긴밀하게 얽혀 있다. 1848년 미국-멕시코 전쟁 이전, 현재의 미국 남서부는 멕시코의 영토였고, 그곳에 뿌리내린 멕시코계 주민들의 이야기는 역사의 한 페이지를 넘어 미국 사회의 형성 과정을 이해하는 중요한 실마리를 제공한다. 앵글로 백인들의 정복과 팽창, 20세기 미국의 제국주의적 성장 과정에서 발생한 식민화와 정치경제적 불평등, 그리고 이에 따른 노동력의 이동은 멕시칸 아메리칸 공동체의 형성과 발전을 이해하는 핵심축이다. 이는 단순한 이민자의 서사를 넘어, 오랜 인종적 위계질서 속에서 겪어 온 차별과 저항의 기록이라 할 수 있다.
　'다시 쓰는 미국 이야기'라는 부제에는 특별한 의도를 담았다. 멕시코계 미국인들의 역사가 미국 역사의 중요한 한 부분이라는 점을 환기하고 싶었다. 다양성을 기반으로 성장한 미국 사회에서 이들이 지대한 공헌을 했음에도, 주류 역사 서술은 그들의 존재를 종종 축소하거나 간과해 왔다. 이민자들의 나라라 불리는 미국에서 멕시코 이민자들의 기여와 발자취가 제대로 인정받지 못하는 현실은, 흑백 인종 간의 갈등과는 또 다른 차원의 인종적 차별이 얼마나 견고하게 작동해 왔는지를 보여 준다. 사실 멕시코계 이민자의 역사는 미국 남서부 지역의 문화적 정체성과 경제적 발전을 형성한 중요한 동력이었다. 그들의 노동력과 문화적 유산은 현대 미국 사회의 다양성을 이루는 근간이기에, 멕시칸 아메리칸의 역사는 더 이상 소수인종의 역사라는 제한된 관점으로만 볼 수 없는, 미국 전체의 역사이자 유산이라고 할 수 있다.

미국은 현재 세계에서 다섯 번째로 스페인어 사용자가 많은 국가다. 이는 라틴아메리카 출신 이민자들의 규모를 단적으로 보여 준다. 이들을 지칭하는 라티노, 히스패닉, 최근의 라틴엑스라는 용어들은 본질적으로 큰 차이가 없다. 젠더 이슈로 인해 스페인어의 성별 표현을 대신하는 라틴엑스라는 용어가 등장했으나, 아직 보편적으로 수용되지는 않은 상황이다. 과거에는 정치적 이유로 공동체성을 강조하는 라티노라는 용어가 선호되었으나, 최근에는 출신국을 강조하는 '~계 아메리칸'이라는 표현이 더 널리 쓰이고 있다. 이 책에서는 멕시칸 아메리칸, 치카노라는 용어를 크게 구분 없이 사용했다. 용어 선택에는 사회적 위상, 결집력, 정체성 등 다양한 요인이 작용하지만, 현재는 그 구분이 큰 의미를 갖지 않는다고 판단했기 때문이다. 여성을 특별히 지칭할 때는 스페인어의 여성형인 치카나, 라티나를 사용했으며, 문맥상 큰 의미가 없는 경우에는 남성형으로 통일했다.

국내에 출판된 라티노 관련 서적들은 대체로 특정 주제에 한정되어 있거나 사회정치적 문제에 초점을 맞추고 있다. 특히 라티노 인구의 약 65%를 차지하는 멕시코계 미국인들을 중점적으로 다룬 저서는 상대적으로 부족한 실정이다. 이로 인해 학문적 중요성이나 시의성이 있는 주제들이 충분히 소개되지 못하거나, 특정 측면만이 지나치게 강조되는 경향이 있었다. 이 책은 전체적인 흐름을 조망하면서도, 치카노 연구에서 중요하게 다뤄지지만 국내에는 잘 알려지지 않은 내용을 담고자 했다.

미국-멕시코 전쟁 이전 남서부 지역의 원래 주민이었던 칼리포르니오와 테하노의 역사를 포함한 것도 이러한 맥락이다. 멕시코계 혈통의 이들은 현재의 이민자 공동체와는 다른 계급적 정서와 생활 방식을 가지고 있었다. 학자들이 그들의 삶의 터전을 '경계 지대'로 정의하듯, 이들은 다양한 문화적 접촉을 통해 독특한 세계관을 형성했다. 이러한 초기 정착민들의 역사는 현대 멕시코계 이민자들의 정체성을 이해하는 데 중요한 단서가 된다. 20세기 초중반 멕시코계 이민자 공동체의 문화 형성과 성장 과정도 상세히 다루고자 했으며, 글로리아 안살두아와 리처드 로드리게스의 작품은 가능한 한 쉽게 풀어내고자 했다. 이들의 작품이 지닌 담론적 성격이나 논쟁적 측면에 가려진 문학적 풍미를 전달하고자 한 것이다. 1990년대 이후 주목받은 멕시코발 이민 문제, 특히 미등록 이민자와 노동 이민의 역사적 흐름도 핵심적인 쟁점들을 중심으로 정리했다. 국경지대를 둘러싼 다양한 논의들은 주요 키워드를 중심으로 정리하되, 이러한 담론이 멕시코계 미국인 작가들의 작품 속에서 어떻게 형상화되는지 보여 주고자 했다.

각 장에서는 시대적 배경과 역사적 맥락을 먼저 설명하고, 치카노 연구의 주요 개념들 — 코리도, 이중언어, 브라세로, 이민법, 경계 이론 등 — 에 대한 학계의 논의를 간략히 소개하여 독자의 이해를 돕고자 했다. 그러나 이주와 이민이라는 거시적 흐름과 멕시칸 아메리칸 공동체의 형성이라는 두 축을 동시에 다루다 보니 책의 구성이 다소 산만해진 느낌이다.

이 책의 한계도 분명하다. 장별 구성의 일관성이 부족하고, 문학 작품 분석과 선행연구 소개의 비중도 장마다 다르다. '멕시코계 미국인' 대신 '멕시칸 아메리칸'이라는 표현을 선택한 것은 더 직관적으로 다가갈 것이라는 판단에서였다. 다만 '역사'라는 단어를 사용하기에는 누락된 부분이 많아 부담스러웠고, 너무 많은 내용을 담으려다 보니 모자이크식 구성이 되어 버린 점이 아쉬움으로 남는다.

오랫동안 구상해 온 주제였지만, 오히려 그 부담감이 집필의 걸림돌이 되었던 것 같다. 그러나 〈라티노 사회와 문화〉 강의를 오래 진행하면서 느낀 한국어 자료의 부족함이 이 책을 쓰게 된 직접적인 계기가 되었다. 괜찮은 저서를 쓰겠다는 욕심을 내려놓고, 수업에서 전달하고 싶었던 내용을 중심으로 각 장을 구성했다. 시대의 핵심 주제들을 다루되, 통계나 자료 위주가 아닌 문학, 영화, 주요 저서들을 통해 당시의 분위기를 전달하고자 했다. 이 과정에서 다양한 내용을 아우르면서도 주요 논점들을 더 큰 역사적, 담론적 맥락과 연결하고자 했다. 이러한 접근이 단순한 지식 전달을 넘어서는 좀 더 의미 있는 독해의 계기가 되기를 기대해 본다.

부족한 점이 많은 책이지만, 이렇게라도 정리하여 내놓을 수 있게 된 것을 다행으로 생각한다.

2012년 하늘나라에 가신 이성형 선생님의 부재가 여전히 아쉽다. 살아 계셨다면 조언과 격려를 아끼지 않으셨을 거다. 한번은 지면을 통해 그리움을 표현하고 싶었다.

너무 부족한 책이지만, 많은 분의 도움이 없었다면 이마저도 출판에 이르지 못했을 것이다. 모두에게 진심으로 고마움을 표현하고 싶다. 항상 늦었다고 주저할 때마다 한 걸음씩 또 내딛게 하시는 하나님께 감사드린다.

목차

머리말 4

제1장 | 19세기 알타 칼리포르니아의 목소리들 11

제2장 | 테하노 공동체 문화의 뿌리와 정치적 소외 43

제3장 | 1930년대 치카노 바리오의 탄생과 도시 문화 71

제4장 | 파추코의 문화 - 저항, 예술, 그리고 정체성의 정치학 99

제5장 | 아메리코 파레데스
　　　　　 - '그레이터 멕시코'의 저항하는 민속학자, 행동하는 지식인 129

제6장 | 치카노 운동 - 미국 역사 속 숨겨진 혁명 157

제7장 | 안살두아와 셀레나 - 경계 지대와 네판틀라의 목소리 187

제8장 | 리처드 로드리게스와 산드라 시스네로스
　　　　　 - 이중언어와 다양성의 정치학 215

제9장 | 브라세로의 유산 - 세대를 잇는 이주 노동과 문화적 재현 ... 249

제10장 | 미국과 멕시코를 가로지르는 강, 장벽, 사막 277

참고 문헌 307
미주 326

History of Mexican American

제1장

19세기 알타 칼리포르니아의 목소리들

19세기 캘리포니아를 생각하면, 우리의 상상 속에는 '조로(Zorro)'나 영화 〈장화 신은 고양이〉에 등장하는 우아한 멕시코 귀족들의 모습이 자연스레 떠오른다. 할리우드가 끊임없이 재생산해 온 이 낭만적 초상화 속 인물들의 실체는 과연 무엇이었을까?

오늘날까지도 19세기 캘리포니아를 둘러싼 낭만주의적 이미지, 특히 고풍스러운 수도원 폐허를 배경으로 한 그림들은 강력한 문화적 영향력을 발휘하고 있다. 그러나 이러한 이미지가 당대를 살았던 이들의 진정한 기억을 담아낸 것인지, 혹은 이 땅을 차지한 앵글로계 미국인들이 만들어 낸 환상인지는 여전히 학계의 논박 대상으로만 남아 있다. 이러한 낭만적 재현은 실상 당시의 역사적 현실과는 상당한 괴리가 있다.

동부에서 건너온 앵글로 정착민들을 위시한 미국 주류 사회는 묘한 야망을 품고 있었다. 그들은 과거 멕시코령이었던 캘리포니아를, 19

세기 후반부터 물밀듯 유입된 멕시코 이민자들의 현실과는 판이한 공간으로 재창조하고자 했다. 그들이 구상한 캘리포니아는 스페인계 백인 귀족 농장주들의 우아한 영지였으며, 이러한 인식은 '스패니시 과거 판타지(Spanish Past Fantasy)'[1]라는 문화적 현상을 탄생시켰다.

19세기 후반, 남부 캘리포니아의 부동산 개발업자들은 이러한 환상을 적극적으로 활용했다. 문학과 미술, 역사서와 건축물, 심지어 관광 명소에 이르기까지 모든 것이 스페인풍으로 재해석되었다. 이는 관광객 유치와 토지 판매를 위한 정교한 마케팅 전략이었다. 치카노 학자들은 이러한 낭만적 재현이 역사적 진실과 동떨어져 있으며, 원주민, 메스티소, 흑인 노동자 등 다양한 계층의 경험과 공헌이 의도적으로 배제되었다고 지적한다.

그런데 여기서 한 가지 짚어 볼 게 있다. 역사를 되살리는 일에는 항상 누군가의 시선과 목적이 개입되기 마련이다. 그러니까 실제 있었던 일과 나중에 그려진 모습 사이에는 어쩔 수 없이 어느 정도 차이가 있을 수밖에 없다는 얘기다. 누구의 눈으로 보느냐, 어떤 목적으로 그리느냐에 따라 그 차이는 더 벌어질 수도 있다. 결국 우리가 '진짜 역사'라고 생각하는 것도, 어쩌면 또 다른 '그려진 그림'일지도 모른다는 거다.

— 알타 칼리포르니아의 사람들

19세기 캘리포니아인 알타 칼리포르니아(Alta California)의 역사는 생각보다 훨씬 복잡하고 다층적이다. 이 지역의 특징 중 하나는 '왕의 길(El Camino Real)'이라는 도로였다. 지금의 캘리포니아 5번 국도와 비슷한 이 길은 '샌(San)'으로 시작하는 20여 개의 해안 도시들을 연결했다. 잉카제국의 '왕의 길'처럼 이 도로는 통치와 교류의 중요한 교두보 역할을 했고, 후에는 이주민들이 주로 사용하는 길이 됐다.

스페인 사람들이 이 땅에 들어온 건 1769년부터다. 그들은 남부 캘리포니아에 21개의 미션(Mission)을 세웠다. 그런데 1821년 멕시코가 독립하면서 상황이 바뀌었다. 미션 공동체는 해체되었고, 대신 란체로(Ranchero)라는 새로운 계급이 생겨났다. 1848년 미국-멕시코 전쟁 이후에는 더 큰 변화가 생겨났다. 영토 합병과 골드러시의 여파로 인구가 폭발적으로 증가했고, 태평양을 건너는 동아시아 항로의 개척으로 이 지역은 국제적 교역의 거점으로 부상하게 되었다.

그런데 여기서 멕시코계이긴 하나 스페인 혈통이 강한 칼리포르니오(Californio)의 존재에만 주목하다 보면, 이 지역의 복잡한 노동, 인종, 계급 문제를 온전히 파악하기 어렵다. 이 지역 주민들이 실제로 어떻게 살았는지, 특히 미국-멕시코 전쟁 이후 이들의 삶이 어떻게 변화했는지는 많이 알려지지 않았다. 당시에도 알타 칼리포르니아에 대한 대중적 인식은 주로 앵글로 여행자들의 기록을 통해 형성되었고, 이는 필연적으로 문화적 편견과 왜곡을 수반했다. 예를 들어, 토머스 제퍼슨 판햄(Thomas Jefferson Farnham)은 자신의 여행기에서 칼리포르니오를 "스페인의 오만함과 인디언의 무지가 혼재된 사람들"[2]로 묘사했다. 이건 그 당시 사람들의 편견과 우월의식을 그대로 보여 주는 표현이었다.

　화려한 농장주로 그려지는 19세기 칼리포르니오의 이미지 이면에는 사실 격변의 역사가 깊이 새겨져 있다. 1848년 미국-멕시코 전쟁을 기점으로, 이 지역의 지배층이었던 칼리포르니오가 하루아침에 2등 시민으로 전락한 일은 제국주의적 팽창과 인종차별적 정책이 빚어낸 안타까운 결과로 해석될 수 있다. 칼리포르니오의 몰락 이후 유입된 새로운 멕시코계 이민자들, 즉 포초(Pocho) 혹은 후에 치카노(Chicano)로 불리는 집단과 칼리포르니오의 관계는 단순히 '같은 뿌리'라는 관점으로는 설명되기 어렵다. 혈통적 연관성에도 불구하고, 이들 사이에는 주목할 만한 계급적 차이와 문화적 이질성이 존재했다. 이들의 관계를 제대로 이해하기 위해서는 시간의 흐름에 따른 사회적 지위의 변화, 언어와 종교의 변천, 정치 참여 양상의 차이 등을 함께 고찰할 필요가 있다. 이를 통해 비로소 19세기 캘리포니아의 복잡한 사회 구조와 권력 관계를 파악할 수 있다. 결국 칼리포르니오와 후대 멕시코계 이민자들의 이야기는 단순한 연대기적 서술을 넘어, 정체성과 문화의 충돌, 그리고 새로운 공동체의 형성 과정을 보여 주는 흥미진진한 서사가 된다.

― 『라모나』를 통해 본 칼리포르니오의 세상

　앞서 언급했듯, 19세기 캘리포니아의 역사는 미국의 정복과 골드러시라는 단선적 내러티브로는 설명될 수 없는 복잡한 양상을 띠고 있다. 알타 칼리포르니아의 실상은 흔히 상상하는 '스페인 스타일의 판타지'와는 거리가 멀었다. 이런 낭만화된 역사관은 대다수 칼리포르니오와 멕시코계 주민들의 삶을 왜곡하거나 은폐하는 결과를 초래했다. 〈제국의 추수 (Harvest of Empire)〉[3] 다큐멘터리에 등장하는 한 여성의 증언처럼 이들의 삶은 란초를 유지하기 위한 힘겨운 노동의 연속이었다. "우리는 멕시코 중앙에서 이곳으로 이주해 온 사람들이에요. 대부분의 멕시코계 주민들은 넓은 땅을 가진 게 아니라, 작은 농장을 가지고 허리가 휘도록 일하며 겨우겨우 살아갔어요." 이러한 증언은 『증언: 여성의 눈으로 본 초기 캘리포니아, 1815-1848 Testimonios: Early California through the Eyes of Women, 1815-1848』에 수록된 칼리포르니오 여성 다수의 경험과 일맥상통한다. 실제로 란체로는 이곳 인구의 약 3% 정도에 불과했다. 대다수 주민은 소규모 농장에 소속되어 힘든 노동을 통해 생계를 유지했다.

    스페인이 지배하던 시절, 경계 지대인 이 지역의 사회와 경제는 카스트 제도와 담보 노동력에 기반을 두고 있었다. 식민지 개척지에서는 계약노동이 만연했고, 이 제도는 19세기까지 이어졌다. 주로 원주민들과 소수 흑인들이 이 시스템에 묶여 있었다.[4]

    이러한 증언과 연구 결과는 알타 칼리포르니아 사회가 로맨틱한 소설 속 묘사와는 달리, 뚜렷한 계급 분화와 노동 착취가 존재하는 복잡한 사회였음을 보여 준다. 란체로의 화려한 생활 이면에는 대다수 주민의 고된 삶이 있었으며, 인종과 계급에 기반한 엄격한 사회 계층 구조가 존재했다.

19세기 알타 칼리포르니아의 역사와 문화는 헬렌 헌트 잭슨(Helen Hunt Jackson)의 1884년 소설 『라모나 Ramona』를 통해 새로운 국면을 맞는다.[5] 이 작품은 당시 사회에 만연했던 인종차별에 대한 경각심을 일깨우려는 의도로 창작되었으나, 그 수용 과정에서 전혀 예상치 못한 점이 독자들의 눈길과 발길을 사로잡았다. 멕시코계 상류층의 문화, 스페인풍 캘리포니아의 이국적 풍광, 실제 커플을 모티브로 한 이종족 간의 로맨스 등이 독자들을 매료시킨 것이다. 작품은 입소문을 타고 순식간에 베스트셀러로 등극했고, 독자들은 막 개통된 남태평양 철길을 따라 '문학 탐방'에 나섰다. 창작자의 본래 의도와는 달리, 『라모나』는 칼리포르니오의 삶을 낭만화하는 또 하나의 매개체가 되었다.

소설의 첫 부분에서 잭슨은 모레노 란초의 모습을 다음과 같이 묘사한다.

'뉴스페인(New Spain)'의 유산은 이 땅의 사람들에게 영원한 연결고리였다. 따스한 추억과 깊은 애국심을 불러일으켰다. 그것은 단순히 햇살 가득한 해변의 풍경 이상의 것이었다. 감성과 열정이 넘치는, 정말로 극적이고 낭만적인 전원생활이 펼쳐지던 곳이었다. 그 시대의 향기는 여전히 이 땅에 남아 있다. 현대의 산업과 기계 문명도 아직 이곳의 순수함을 망치지 못했다. 세뇨라 모레노의 저택 같은 건물들이 남아 있는 한, 이 유산은 결코 완전히 사라지지 않을 거다.[6]

작가 잭슨은 1853년 LA의 네 번째 시장이 된 안토니오 코로넬(Antonio Coronel)의 소개로 란체로의 일상과 문화를 경험하게 되었다. 아도베 양식의 저택[7]에서 열리는 댄스파티와 사교모임, 그리고 여러 란초 방문을 통해 접한 멕시코의 유물들, 성인상, 수도원 성물, 스페인어 문헌 등은 작가에게 깊은 문학적 영감을 제공했다. 특히 1882년 당시 샌타바버라 카운티에 위치한 카물로스 란초(Camulos Rancho) 방문은 작품의 중요한 전환점이 되었다. 이곳에서 란초 가족들로부터 전해 들은 채플의 오래된 십자가에 얽힌 이야기는 후에 『라모나』의 핵심적 상징으로 변용되었다. 흥미로운 점은 소설이 출판된 이후, 카물로스 란초가 '라모나의 집'이란 이름으로 널리 알려지며, 칼리포르니오 문화를 홍보하는 대표적 테마 관광지로 탈바꿈했다는 사실이다.

델 바예(Del Valle) 가문이 소유주인 카물로스 란초는 1839년 멕시코 정부로부터 받은 4만 8천 에이커의 토지에 설립되었다. 이곳에서는 축산과 함께 주로 귤과 포도를 재배했고, 가족과 노동자들을 포함해 약 200여 명이 함께 생활했다. 대다수 캘리포니아 란초들이 앵글로의 유입 이후 쇠락했던 것과 달리, 이 란초는 오랫동안 살아남아 사회문화적 영향력을 유지했다. 『칼리포르니오의 쇠락 *The Decline of Californio*』에 소개된 델 바예 가문의 생존기는 당시의 일상을 생생하게 보여 주는 사료라 할 수 있다. 가족사진 앨범에는 당시 대호황기(gilded age)의 특징적인 모습들 — 사회 기고란, 무도회 초청장, 여행안내서, 결혼과 장례 소식지, 방문객 호출 카드, 학교 졸업식 프로그램, 가구, 여성 의복 등 — 이 담겨 있어, 그들의 삶을 상상해 볼 수 있게 한다.

『라모나』의 배경이 된 카물로스 란초의 1913년 엽서

이 가문이 성공적으로 생존할 수 있었던 핵심 요인은 시대 변화에 대한 탁월한 적응력이었다. 그들은 전통적인 가축 사육에서 대규모 농산물 재배로 농장 경영 방식을 과감히 변화시켰다. 이 전략은 적중했다. 선제적으로 업종 전환을 시도한 덕분에 앵글로의 지배와 철도망 확충이 가져온 급격한 사회경제적 변동 속에서도 살아남을 수 있었다.

이 소설뿐만 아니라 다른 기록물에서도 확인할 수 있는 사실은 란초의 유지와 번영에 있어 여성들의 역할이 중요했다는 점이다. 칼리포르니오 사회에서 란초 문화는 지역의 사회경제적 관계를 형성하는 핵심이었고, 여성은 이런 네트워크 구축에서도 핵심적 역할을 담당했다. 델 바예 가문의 여성들은 혼맥을 통한 사회적 관계망 확장, 문화적 교류의 촉진, 부동산 개발 참여, 근대적 생산체제로의 전환 등에 실질적으로 관여했고, 이러한 전방위적 경영 참여는 란초의 생존과 번영을 가능케 한 중요한 요인이 되었다.[8]

1900년경, 카뮬로스 란초에서의 델 바예 가족 피크닉

잭슨의 펜 끝에서 탄생한 알타 칼리포르니아는 마치 19세기 박람회의 이국적 전시관을 연상케 한다. 화려하고 매혹적이지만, 동시에 정형화된 프레임 안에 갇힌 듯한 모순적 모습을 보여 준다. 비평가들은 잭슨이 앵글로 독자들의 취향에 맞춘 '주문 제작형' 캘리포니아를 그려 냈다고 비판했다. 앵글로 독자들의 호기심을 자극하는 이국적 풍경과 문화적 디테일로 가득 찬 란초의 이면에는, 아이러니하게도 '문명화'되지 않은 미개한 공간이라는 또 다른 시선이 투영되어 있다.

잭슨은 『라모나』에서 앵글로의 유입과 침탈로 인한 란초의 쇠퇴와 칼리포르니오의 위기를 표면적으로는 연민의 시선으로 다룬다. 그러나 그녀의 서술 기저에는 알타 칼리포르니아 사회를 권위적이고 후진적인 것으로 인식하는 관점이 내재해 있다. 이러한 시각은 앵글로의 정복을 필연적인 '명백한 운명'으로 상정하는 태도를 암시하며, 이는 칼리포르니오의 실제 경험과 현저한 괴리를 보인다.

따라서 『라모나』는 칼리포르니오의 목소리를 대변한다기보다는 오히려 당시 주류 앵글로 사회의 시각을 투영하고, 그들의 문화적 호기심을 충족시키는 매개체 역할을 했다고 평가할 수 있다. 이러한 맥락에서 이 소설은 19세기 말 미국 사회의 복잡한 인종 관계와 문화적 인식을 조명하는 거울로 사용된다. 『라모나』는 칼리포르니오 문화에 대한 낭만적 동경과 '타자화', 그리고 미국의 팽창주의적 이데올로기가 복잡하게 교차하는 텍스트로서, 당대 미국 사회의 중층적 문화 인식을 반영하고 있다.

— 마리아노 바예호, 란체로의 몰락

마리아노 바예호(Mariano Vellejo)는 캘리포니아가 과거 멕시코 영토였음을 상기시키는 상징적 인물이다. 가장 유명한 란체로로 알려진 그의 존재는 치카노 역사에서 중요한 위치를 차지한다. 후세대가 그를 소환하는 주된 이유는 멕시코계 미국인들이 단순히 이민자 집단이 아니라 한때 이 땅의 주인이었다는 역사적 정통성을 입증하기 때문이다. 잃어버린 땅을 되찾겠다는 과격한 국가전복의 수사학이 아닌, 역사적 사실에 기반해서 정당한 권리를 주장하는 데 바예호의 존재가 매우 유효하다. 더 나아가 멕시코계 미국인의 지성사, 문학사의 맥락에서 바예호를 조명할 때, 그의 독특한 위상이 한층 더 선명해진다. 지식인 지배계층으로서, 그리고 작가이자 역사가로서 바예호는 칼리포르니오만의 독자적 세계관과 국가관을 구축하고 표현했다.

바예호의 아버지 이그나시오(Ignacio)가 1775년 캘리포니아에 정착한 이래, 이 가문은 캘리포니아의 변화를 직접 겪었다. 군인으로 시작해 칼리포르니오 엘리트가 된 바예호는 미션 세속화 과정에서 이익을 취하며 북부 캘리포니아에 광대한 영토를 소유하게 된다. 그러나 1840년대 중반, 멕시코 정부의 영향력이 약해지면서 바예호의 운명도 급격한 전환점을 맞는다. 초기에는 미국 합병을 지지했으나, 1846년 베어 플래그 반란(Bear Flag Revolt)[9] 과정에서 섯터 요새에 구금되는 수모를 겪게 된다. 당시 미국 장교가 다량의 무기 소지 이유를 추궁하자 바예호는 "당신들이 우리 땅에 진입하려 한다는 소문 때문"이라고 응수했다고 전해진다. 이 일화는 당시의 긴장된 상황과 바예호의 기지를 동시에 보여 주는 장면이다.

그런데 그는 이런 일을 겪고 나서도 미국 합병을 지지하며 알타 칼리포르니아가 미국의 한 주로 인정받아야 한다고 주장했다. 그의 복잡하고 이중적인 입장은 1849년 제헌 회의에서 잘 드러나는데, 한편으로는 이중언어 법률 공포를 지지하면서도, 다른 한편으로는 란초에서 원주민 노동력 무상 사용을 옹호하는 모순적 태도를 보인 것이다. 1860년대에 접어들면서 바예호는 자신의 광대한 토지를 대부분 상실한다. 특히 1862년의 주요 부지 상실은 치명적인 타격이 되었다. 연이은 법정 투쟁과 부채 증가로 인해, 한때 북부 캘리포니아의 최고 권력자였던 그가 심각한 경제적 곤경에 직면하게 된다.

1926년 바예호의 페탈루마 저택을 배경으로 찍은 사진

그러나 바예호는 이러한 역경 속에서도 자신의 역사적 유산을 남기기 위해 노력했다. 그는 1874년부터 1890년까지 5권으로 구성된 『알타 칼리포르니아에 관한 역사적, 개인적 회상 Recuerdos Históricos y Personales Tocante á la Alta California』을 집필했다. 이 저작은 스페인 통치 시대부터 미국 합병기까지의 캘리포니아 역사를 칼리포르니오의 관점을 통해 서술한 중요한 기록이다.

바예호의 생애는 19세기 캘리포니아의 복잡한 역사를 고스란히 담고 있다. 스페인 식민지 시대 말기에 태어나 멕시코 독립, 미국 합병, 골드러시 등 격동의 시기를 겪은 그의 삶은 란체로의 번영과 몰락을 상징적으로 체현한다. 따라서 그가 남긴 역사적 기록은 당시의 복잡한 사회 변화를 포괄적이고도 총체적으로 이해하는 데 필수적인 통찰을 제공한다.

— 뱅크로프트와 바예호의 역사관 차이

19세기 캘리포니아 역사 서술에서 허버트 뱅크로프트(Hubert Bancroft)와 마리아노 바예호는 중요한 두 축을 이룬다. 두 사람 모두 방대한 역사 저술을 남겼지만, 그들의 시각은 사뭇 달랐다. 뱅크로프트는 39권의 시리즈로 캘리포니아의 역사를 서술했고, 바예호는 『알타 칼리포니아에 관한 역사적, 개인적 회상』을 통해 당시 지배적이었던 역사관에 맞서는 중요한 대항서사를 제시했다.

뱅크로프트의 성과는 버클리 대학 도서관에 보관된 방대한 자료와 지도 컬렉션은 뱅크로프트가 지닌 역사가로서의 헌신과 자료 수집에 대한 열정을 방증한다. 그러나 그의 역사 서술에 내재된 편향성과 그 바탕에 깔린 앵글로 중심주의는 비판적 검토를 요구한다. 마리사 로페즈(Marissa López)의 분석에 따르면, 뱅크로프트의 39권에 달하는 방대한 역사 서술은 미국식 자본주의와 국가주의의 축소판으로 해석될 수 있다. 그의 작업은 '명백한 운명'이라는 국가 이데올로기를 학술적으로 정당화하는 수단이 되었고, 미국의 우월성을 강조하는 선민의식이 자료의 수집, 편집, 출판 과정 전반에 스며들어 있다.

바예호는 초기에 뱅크로프트의 설득으로 역사 편찬 프로젝트에 적극적으로 동참했다. 그는 자신의 경험을 공유했을 뿐만 아니라, 주변 지인들에게도 뱅크로프트의 기록원들에게 협조하도록 독려했다. 지인들에게 그들이 알고 있는 역사적 사실들을 증언하고, 보유하고 있는 문서나 유물 등의 자료를 제공하도록 권유한 것이다. 이러한 바예호의 헌신적인 노력 근저에는 캘리포니아의 역사가 보다 포괄적이고 다양한 관점에서 기록될 수 있으리라는 기대가 자리 잡고 있었다. 그러나 최종 결과물을 대면한 바예호는 깊은 실망감을 느꼈다. 그가 공들여 전달하고자 했던 칼리포르니오의 고유한 관점과 경험이 제대로 살아 숨 쉬지 못했기 때문이다. 뱅크로프트가 스스로를 바예호의 대변자로 자처했음에도 불구하고, 완성된 역사서는 바예호의 의도와 경험을 배반한 것이었다.

두 사람의 간극은 단순한 개인적 취향의 차이를 넘어선다. 그것은 상이한 문화적 배경과 역사적 체험이 빚어낸 인식론적 균열로 해석될 수 있다. 뱅크로프트의 펜 끝에는 미국의 '위대한 미래'와 '끝없는 진보'에 대한 확신이 서려 있었다. 반면 바예호의 인식에는 스페인, 멕시코, 미국으로 이어지는 통치의 변천을 직접 겪은 이의 복잡다단한 경험이 녹아 있었다. 그의 역사 인식은 거시와 미시를 오가는 입체적인 것이었다. 뱅크로프트는 자신을 '특권적 해석자'로 여기며, 멕시코계 미국인의 역사의식보다 자신의 관점이 우월하다고 확신했을 것이다. 그는 자신의 역사 기술 방식이 엄격하고 객관적이라고 자부했지만, 실제로는 멕시코계 인구에 대한 선입견과 상업적 계산이 크게 작용하였다. 그 결과 역사의 일부 자료는 왜곡되거나 아예 지워져 버렸다.

반면, 바예호의 역사 서술 방식은 이와 크게 대조된다. 바예호는 연대기적 나열을 거부하고 자유로운 서술 방식을 채택했으며, 단일한 산문체의 제약에서 벗어나고자 하였다. 자신이 이 땅의 원주인이라는 자의식을 바탕으로, 자유로운 글쓰기를 통해 '사실의 기록'을 남기고자 했다. 바예호는 "이곳에 문명이 있었고, 우리는 적어도 동등한 인종"이라고 주장하며, 캘리포니아의 멕시코계 정체성을 강조했다. 그러나 안타깝게도 바예호의 관점은 뱅크로프트의 역사서 최종본에 제대로 반영되지 않았다. 뱅크로프트는 바예호의 증언을 마치 그가 요청해서 반영하는 것처럼 서술했고, 바예호가 특별히 강조했던 군인들의 역할에 관해서는 아예 언급조차 하지 않았다. 더욱이 칼리포르니오를 "교육과 교양이 부족한 감정적인 인종"으로 묘사한 것은 당시 미국 사회의 인종주의적 편견을 가감 없이 드러낸 것이다. 바예호는 1890년 생을 마감할 때까지 이러한 역사적, 문화적, 인종적 왜곡을 개탄했지만, 때는 이미 늦었고 흐름을 되돌리기엔 역부족이었다. 그의 사후 캘리포니아의 역사는 점차 낭만화의 길을 걸었으며, 바예호가 강조했던 칼리포르니오의 핵심적 역할은 역사의 중심부에서 주변부로 밀려나게 되었다.

— 바예호의 역사 서술

충분히 미루어 짐작할 수 있듯이, 최종 결과물에서 앵글로 중심의 역사 해석을 접한 바예호는 깊은 실망감을 느끼고, 자신의 역사서를 통해 칼리포르니오의 관점을 더욱 명확히 기록해야 할 필요성을 절감하게 된다. 이런 동기에서 탄생한 것이 바로 5권짜리 스페인어 역사서 『알타 칼리포르니아에 관한 역사적, 개인적 회상』이다. 1874년부터 1890년까지 16년에 걸쳐 집필한 이 저작의 집필 과정은 19세기 후반 캘리포니아에서 소수자의 역사적 목소리가 어떻게 형성되고 표출되었는지 보여 주는 중요한 사례로 평가된다.

이 저작은 단순한 개인적 회고록의 차원을 넘어, 문학사, 정치경제, 공공정책 등 다양한 주제를 포괄하며, 스페인 식민주의와 초기 멕시코 공화국, 그리고 캘리포니아의 미국 편입 과정에 대한 비판적 통찰을 담고 있다. 특히 멕시코계 사람들의 노동과 헌신에 대한 상세한 기록은 당시 주류 역사에서 간과되었던 부분을 복원했다는 점에서 중요한 의의를 지닌다.

바예호의 역사 서술은 네 가지 측면에서 기존의 관점과 차이를 보였다. 첫째, 비록 동시기에 설립되긴 했지만, 바예호는 성당이 아니라 요새에 방점을 뒀다. 그는 알타 칼리포르니아 형성 과정에서 군인들의 역할을 강조하며 기존의 21개 미션(Mission)-수도원 중심의 역사관에 도전했다. 둘째, 칼리포르니오와 수도사들의 세계관을 비교하며 신부들의 무능함을 비판했다. 셋째, 멕시코 지배 시기 외부인들이 칼리포르니오를 비문명인으로 무시한 것과 달리, 실제로는 그들이 문화적 교양에 관심이 많았다고 강조했다. 마지막으로, 원주민과의 협력과 교류에 대해 새로운 동맹자적 시각을 제시했다.

그런가 하면, 바예호의 역사 서술 동기에 대해서는 학자들 간에 의

견 차이가 있다. 역사가 헤나로 파디야는 도덕적 분노와 몰락해 가는 자신의 위상, 쇠락해 가는 공동체에 대한 울분이 그의 집필 동기였다고 보는데[10], 이는 가장 널리 수용되는 해석이다. 반면 로페스는 이러한 통설에 다른 시각을 제시한다. 그녀는 바예호의 동기가 분노가 아닌, 역사적 진실을 남기고자 하는 지식인의 사명감에서 비롯되었다고 주장한다.[11] 이러한 해석의 근거는 바예호가 뱅크로프트의 조사원 엔리케 세루티(Enrique Cerruti)에게 남긴 "이것은 나의 역사다."라는 선언적 발언에서 찾을 수 있다. 이 발언은 공식 역사서에서는 종종 간과되었지만, 바예호의 개인 비망록에 명확히 기록되어 있어[12] 그의 진정한 의도를 파악할 수 있는 중요한 단서가 된다.

이런 관점에서, 바예호는 멕시코계 미국인 역사에서 지나간 유명 인물이 아니라, 현재의 정체성과 권리 주장을 뒷받침하는 중요한 역사적 준거점으로 재평가된다. 그의 저술과 생애는 캘리포니아의 복잡한 역사적 맥락을 이해하는 데 중요한 역할을 하며, 치카노 공동체의 역사적 정당성을 주장하는 데 중요한 토대가 된다.

— 바예호의 정치사상과 경제관

바예호의 저작은 당시의 국가관, 국제무역, 노예제, 인종 문제 등 광범위한 주제를 포괄하며, 당시의 지배적 담론에 대한 비판적 성찰과 대안적 역사 해석을 시도한다. 특히 바예호는 멕시코 독립 이후 알타 칼리포르니아에 생긴 정치적 불안정성에 주목한다. 즉 1831년 마누엘 빅토리아(Manuel Victoria) 총독의 축출, 1836년 후안 바우티스타 알바라도(Juan Bautista Alvarado)의 반란, 그리고 1842년 미국의 몬테레이 점령 등 일련의 사건을 통해, 지역의 정치적 역학과 외세 개입의 복잡한 상호작용을 기술한다. 더불어 그는 1825년 멕시코의 개항 정책 이후 급증한 국제무역, 특히 뉴잉글랜드 포경선들의 유입이 지역 경제에 미친 파급효과에 대해 예리한 시각을 보여 준다. 이 과정에서 일어난 란초 체제의 변화와 새로운 상업 엘리트의 부상을 상세히 추적한다.

그래서 바예호의 글에는 알타 칼리포르니아의 역사가 다른 궤적을 그렸다면 어떠했을지에 대한 지적 고뇌가 배어 있다. 현실에 대한 비판적 인식과 함께, 가정을 통해 대안적 역사의 가능성을 모색하는 그의 시도는 독특한 역사 서술 방식이라고 할 수 있다.

> 자유 무역의 실현, 도덕적 발전, 아시아-멕시코 회사의 설립 등 실현되지 못한 잠재력에 대해 '얼마나 멋졌을까'라고 회상한다. 또한 초기 프론티어 정착 시기에 호세 마리아 데 이하르(José María de Híjar)와 호세 마리아 파드레스(José María Padrés)가 진정한 자유를 부여했다면, 밀수를 줄였다면, 미국이 과달루페-이달고 조약을 준수했다면, 카스티요 네그레테(Castillo Negrete)가 약속을 지켰다면 하는 아쉬움을 표현한다.[13]

바예호는 '만약에'로 시작하는 역사적 가정법을 통해 미래에 대한 비전과 야망을 우회적으로 피력한다.[14] 바예호는 캘리포니아의 독립과 공화국 건설을 통한 경제 발전을 꿈꾸었다. 그의 비전은 1827년 〈캘리포니아 발전 위원회〉 보고서에서 제안한 아시아-멕시코 회사 설립 계획에 잘 드러나 있다. 그는 국제 교역을 통해 캘리포니아가 환태평양 지역의 최고 번영지가 될 수 있으리라 믿었고, 특히 견고한 경제적, 사법적 틀의 중요성을 강조했다.

바예호가 견지했던 국제 교역망 구축 및 확대 필요성은 러시아인들과의 교류, 러시아 강(Russian River)에서의 모피 교역, 무기 매입 등 칼리포르니오들의 오랜 국제적 경험에서 비롯되었다. 그가 캘리포니아 독립을 지지했던 여러 이유 중의 하나는 멕시코의 제한적 무역법 때문이었다. 그러나 그가 구상한 자유 무역을 통한 경제 발전의 청사진은 미국의 합병으로 인해 실현되지 못했다. 그럼에도 불구하고, 바예호의 정치적 열정은 식지 않았다. 1877년, 많은 재산을 잃은 후에도 그는 멕시코 여행 중 포르피리오 디아스(Porfirio Díaz)와 만나 서부 철도 양해권을 얻고자 노력했다. 이는 그의 정치적 의지가 여전히 견고했음을 보여 준다.

바예호의 삶과 저작은 치카노 연구에 새로운 지평을 열어 준다. 그는 멕시코의 지적 전통을 계승하면서도 미국의 정치 체제 내에서 주체적이고 동등한 일원으로 참여하고자 노력했다. 이러한 바예호의 경험은 치카노 정체성을 주로 이민자의 관점에서만 바라보는 제한적 시각을 넘어서게 한다. 그는 캘리포니아의 미래를 국제무역과 문화 교류의 중심지로 꿈꿨는데, 이는 19세기 말 이미 글로벌 시대를 예견한 선구적 비전으로 평가될 수 있다. 그의 사상은 치카노 관련 담론을 이민자의 애환과 갈등이라는 협소한 틀에서 벗어나, 더 넓은 역사적,

정치적 맥락에서 파악할 수 있게 해 준다. 바예호가 보여 준 국제적 시야와 다양한 문화적 경험은 치카노의 정체성이 단일한 국가나 문화에 국한되지 않았음을 시사한다.

─ 바예호의 국가관과 인종관

당연히 바예호의 국가관과 인종관에 대한 비판적인 시각도 존재한다. 그가 말하는 '국가적 번영', 칼리포르니오 계급이 원하는 정치적 형태, 그리고 바예호가 상상한 공동체의 본질은 훗날 1960년대 치카노 세대가 꿈꿨던 그것과 상당히 달랐다. 우선 바예호의 인종차별적 시각과 원주민에 대한 반감은 그가 속한 란초 사회의 계급적 질서에 깊이 뿌리박고 있었다. 란초 시스템은 멕시코계 크리오요(Criollo) 지주인 칼리포르니오를 정점으로, 메스티소 노동자와 원주민 노동자가 각각 중간층과 최하위를 구성하는 엄격한 계급 피라미드 구조를 지니고 있었다. 이러한 '하이라키(Hierarchy)' 환경에서 성장한 바예호의 인종관은 당시의 사회구조적 한계를 그대로 반영한다.

따라서 그가 꿈꾼 캘리포니아의 모습은 자유노동계약제와 인종적 위계질서의 유지를 전제한 것으로, 현대적 의미의 민주공화국과는 거리가 있었다. 그의 견해는 멕시코 독립 이후 캘리포니아의 불안정한 정치적 지위, 시민들의 불안, 그리고 1824년 추마시(Chumash) 반란[15]과 같은 원주민 폭동 등에 영향을 받았다. 추마시족이 무장봉기는 스페인 선교사들의 강압적 통치와 문화적 탄압에 대한 집단적 저항이었다. 이 반란은 바예호와 같은 칼리포르니오 엘리트들에게 깊은 충격을 주었고, 원주민에 대한 불신과 두려움을 증폭시켰다. 결과적으로 바예호는 진보와 발전을 추구하면서도, 동시에 기존의 계급 구조와 인종 질서의 유지를 당연시했다. 그의 비전은 주로 자신이 속한 계급의 이해관계에 국한되었으며, 사회의 다른 구성원들, 특히 하위 계층의 권리와 요구를 충분히 담아내지 못했다.

이러한 한계는 바예호만의 특수한 것이 아닌, 당시 칼리포르니오 엘리트들이 공유했던 보편적 세계관이었다. 그들은 자신들을 '문명화된' 지배자로, 원주민들을 '미개한' 존재로 규정하며 인종적 위계질서를 자연스러운 것으로 받아들였다. 이러한 시각은 그들의 지배를 정당화하는 이데올로기적 기반으로 작용했다.

그를 둘러싼 역사적 평가는 분분하지만, 바예호는 미국의 지배를 그저 '수용'한 인물로 평가하기는 어렵다. 그는 변화하는 현실에 적극적으로 대응하며 캘리포니아의 이익을 최대한 보호하려 노력했다. 그의 실용적 선택은 단순한 독립이나 종속의 이분법을 넘어선 복잡한 전략이었다.

결론적으로, 바예호의 국가관과 인종 시각은 19세기 캘리포니아의 격변기를 살았던 한 지식인의 복잡한 내면세계를 반영한다. 그의 사상은 당대의 지배적 이데올로기와 개인적 경험, 그리고 변화하는 사회 현실 사이의 긴장 속에서 형성되었다. 따라서 바예호를 이해하기 위해서는 그의 사상을 단일한 관점에서 평가하기보다는, 다양한 맥락과 시간의 흐름 속에서 입체적으로 조망할 필요가 있다.

— 루이스 데 부르톤의 소설과 세계관

마리아 암파로 루이스 데 브루톤(María Amparo Ruiz de Burton)의 삶과 작품은 19세기 캘리포니아의 격변기를 조망하는 또 하나의 중요한 창구가 된다. 그녀의 자전적 경험이 녹아든 소설들은 당대의 역사적 증언으로서 중요한 가치를 지닌다.

1832년 멕시코령 바하 칼리포르니아에서 태어난 루이스 데 브루톤 삶은 그 자체로 시대의 정치적 소용돌이를 재현한다. 13세였던 1847년, 미국-멕시코 전쟁의 여파로 고향 라파스가 미 해군에게 점령되면서 그녀의 삶은 극적으로 바뀌었다. 미 육군 대위 헨리 S. 버튼(Henry S. Burton)과 사랑에 빠진 그녀는 1849년 몬테레이에서 결혼했고, 이를 통해 미국 주류 사회에 진입했다. 루이스 데 브루톤의 삶은 그녀의 소설 못지않게 극적이었다. 남편과 함께 동부로 이주한 그녀는 그곳에서 상류 사회의 일원으로 살았지만, 남북전쟁 중 남편을 잃고 경제적 곤경에 처하게 된다. 이후 그녀는 캘리포니아로 돌아와 토지 소유권 문제로 법정 싸움을 벌이는 등, 소설 속 인물들의 서사와 깊은 공명을 이루게 된다. 이 독특한 경험은 그녀에게 양측의 문화를 깊이 관찰하고 이해할 기회를 제공한다. 『불법점유자와 지주 The Squatter and the Don』(1885)에서 그려지는 문화적 충돌과 상호 이해의 과정은 바로 그녀의 개인사와 밀접하게 맞닿아 있다. 소설 속 메르세데스(Mercedes)와 클래런스(Clarence)의 로맨스는 19세기 캘리포니아의 복잡한 인종 관계와 문화적 역학을 섬세하게 포착한다. 『불법점유자와 지주』에 앞서 발표된 『누가 그럴 줄 알았겠어?

Who Would Have Thought It?』(1872)에서도 그녀는 자신의 동부 생활 경험을 토대로 미국 사회의 인종차별과 위선을 신랄하게 비판한다. 14세 멕시코 소녀가 뉴잉글랜드의 보수적 가정에 들어서는 순간부터, 이 서사는 개인의 성장기를 넘어 미국 사회의 도덕적 모순을 해부하는 역할로 확장된다. 주인공 롤라는 처음에 검은 피부의 소유자로 묘사된다. 시간이 흐르며 점점 밝아지는 그녀의 피부색은 미국 사회의 인종적 고정관념과 '백인성'이라는 사회적 구성물의 허구성을 드러내는 효과적 장치로 기능한다. 즉, 이러한 피부색의 점진적 변화는 19세기 미국 사회의 '문명화' 담론, 즉 당대 미국 사회가 상정한 '문명'과 '야만'의 이분법적 구도를 교묘하게 드러낸다.

롤라는 이 도시에서 자신이 마치 박물관의 전시품처럼 취급받는 듯한 감정을 느낀다. 또한 그녀는 자신의 지성에 놀라는 미국인들의 태도에서 멕시코인을 열등하게 여기는 그들의 편견을 감지한다. 이를 통해 작가는 문명화 담론이 내포한 폭력성과 소위 '계몽된' 사회의 인종적 위계질서를 해부한다.

루이스 데 브루톤의 독특한 위치 — 멕시코계 엘리트 출신이면서 미국 군인과 결혼한 여성 — 는 그녀의 작품에 '경계인'의 시각을 부여하고 서사적 깊이를 더했다. 작가의 "문화적 경계를 넘나드는 비판적 이중 시선"[16]은 피상적인 문화 관찰에 머무르지 않고 제국과 식민의 실체를 폭로하는 역할을 수행했다. 결과적으로 이러한 경계성을 통해 이 작품은 로맨스 형식에 기댄 사회 비평의 성격을 지니게 된다.

이러한 창작 여정 속에서, 루이스 데 브루톤은 당대의 여러 지식인들과 교류하며 자신의 사상을 발전시켜 나갔다. 특히 바예호와의 서신 교환은 칼리포르니오 엘리트들의 고뇌와 갈등을 그대로 드러내는 역사적 아카이브라 할 만하다. 이 서간문에서 그녀는 상류층 칼리포르니오의 내부자적 통찰과 미국 주류 사회에 저항하는 외부자적 시선을 절묘하게 오가며 시대의 모순을 폭로한다. 결과적으로는 이런 경계인의 시각 덕분에 그녀는 쇠락해 가는 칼리포르니오 귀족사회의 한계와 침범해 오는 앵글로아메리카 권력의 제국주의적 본질, 이 양측면을 동시에 비판적으로 조망할 수 있었다.

앞서 언급했던 『불법점유자와 지주』는 19세기 후반 캘리포니아의 격변기를 배경으로, 알라마르(Alamar)와 대럴(Darrell) 두 가문의 서사를 통해 당대의 급변하는 사회적, 정치적 환경을 입체적으로 형상화한다. 주인공 돈 마리아노 알라마르는 4만 7천 에이커의 대규모 토지와 가축을 소유한 칼리포르니오 지주로, 미국의 새로운 법체계하에서 자신의 토지 소유권을 수호하고자 고군분투한다.

이것은 정의의 기본 원칙을 완전히 뒤엎는 일이 아닙니까? 우리는 반세기, 혹은 80년이나 이 땅에서 살아왔습니다. 그런데 이제 무단 점유자들이 우리 땅을 빼앗으러 들어왔고, 우리는 그 땅에 부과된 세금을 내면서도, 그들이 떠나기 전에 우리가 먼저 이 땅이 우리 것임을 입증해야 합니다. 왜 무단 점유자가 먼저 그 땅이 자기 것이라고 증명하지 않는 겁니까? 그리고 왜 그들은 본인들의 세금을 내지 않는 겁니까?[17]

돈 마리아노가 클래런스의 가족에게 토지 소유권 분쟁에 관련된 고충을 설명하는 장면이다. 그는 미국의 법과 정책이 칼리포르니오를 빈곤과 멸절로 몰아가고 있다고 설명한다. 이것은 바예호가 실제로 체험했을 법한 좌절과 분노를 대변한다.

반면, 대릴 가족은 동부에서 캘리포니아로 이주해 온 미국인들의 전형으로 그려진다. 이러한 맥락에서 클래런스와 메르세데스의 로맨스는 두 문화 간의 갈등과 화해, 그리고 그 과정에서 불가피하게 발생하는 문화적 흡수와 변용을 축약해 보여 준다. 소설은 불법 정착민들과의 충돌, 정부 주도의 토지 측량 과정에서 빚어지는 갈등, 철도 회사의 토지 수용 시도 등 구체적인 사건들을 통해 역사적 긴장을 극적으로 재구성한다. 특히 알라마르의 소들이 불법 정착민들에 의해 도살되는 에피소드는 바예호를 포함한 많은 칼리포르니오들이 경험한 경제적, 문화적 기반의 붕괴를 상징적으로 재현한 것이다.

소설의 결말은 다의적 해석의 여지를 지닌다. 클래런스와 메르세데스의 결혼은 문화 융합의 가능성을 시사하는 동시에 한 문화의 불가피한 소멸을 암시한다. 돈 마리아노의 죽음은 "란초 시스템의 종말에 대한 강력한 은유"[18]로서, 한 시대의 종언을 상징하는 소설의 중심 주제와 연결된다. 알라마르를 비롯한 소설 속 인물들이 처음에는 미국의 지배를 환영하지만 결국 그 체제하에서 자신들의 기반을 상실하게 되는 과정은, 바예호를 포함한 많은 칼리포르니오들의 실제 경험을 반영한 것으로, 19세기 캘리포니아 역사의 가장 큰 아이러니라 할 수 있다.

작가는 구체적인 사건과 인물들을 통해 19세기 말 캘리포니아의 사회적 변동을 미시적 관찰과 거시적 조망이라는 이중적 시선으로 포착한다. 그녀는 알라마르 가족의 일상을 통해 사라져 가는 란초 문화를 매우 자연스럽고 현실감 있는 삶의 모습으로 그려 낸다. 가족 모임, 피에스타, 전통 음식, 이중언어 사용, 종교의식 등의 묘사는 칼리포르니오의 문화적 정체성이 일상 속에서 어떻게 구현되고, 또 어떻게 변화해 가는지 상세히 보여 준다. 동시에 작가는 당시 캘리포니아의 급격한 도시화와 그에 따른 사회적 지형의 변화도 생생하게 재현한다.

> 마침내 배에서 내리는 수선스러움과 서두름이 끝나자, 증기선은 샌프란시스코의 넓은 만을 가르며 골든 게이트를 향해 나아가고 있었다. 승객들은 곳곳에 모여 서서 아름다운 항구와 그 주변의 풍경을 감상하고 있었다. 대럴은 혼자 앉아 멀어져 가는 알라메다 카운티의 푸르름에 시선을 고정하고 있었다.[19]

위와 같은 구절은 "역사적 전환의 순간을 포착한 탁월한 문학적 표현"[20]이라는 평가처럼, 작가는 한 시대 모습을 압축적 이미지로 재현한다. 이 소설은 역사적 기록물로서의 가치뿐만 아니라, 당시의 복잡한 인종 관계, 계급 갈등, 문화적 충돌을 서사적 풍경으로 승화시킨 문학적 성취를 보여 준다. 나아가 오늘날 멕시코계 이민자 사회가 직면한 정체성의 문제, 동화의 딜레마, 그리고 다문화 사회에서의 공존과 갈등이라는 주제에 대해서도 여전히 유효한 성찰의 틀을 제공한다.

—『증언』이 들려주는 여성들의 역사적 경험

19세기 칼리포르니오 여성들의 증언적 글쓰기는 공식 역사에서 간과되기 쉬운 일상의 세부 사항들을 보여 준다. 가정생활, 결혼, 사회적 관습 등에 대한 구체적 기록은 당시 사회상을 이해하는 데 핵심적 단서가 된다. 2006년 로즈 마리 비비(Rose Marie Beebe)와 로버트 센케윅스(Robert M. Senkewicz)가 편찬한 『증언 Testimonios』은 이러한 맥락에서 19세기 캘리포니아 역사에 대한 새로운 이해의 지평을 연다. 이 저작은 기존의 남성 중심적, 엘리트 중심적 역사 서술의 한계를 극복하고, 당시 사회의 다양한 계층과 젠더의 목소리를 복원한다. 『증언』의 독특한 가치는 그 원천 자료의 성격에 있다. 이 책은 원래 뱅크로프트의 『캘리포니아의 역사』 편찬 과정에서 수집된 인터뷰 자료 중 13명의 여성 증언을 번역, 정리한 것이다. 이 증언들은 대화 형식으로 이루어져 있어, 마치 과거의 목소리를 직접 청취하는 듯한 현장감을 준다.

예컨대 1876년, 마리아 이노센시아 피코(María Inocencia Pico)의 증언은 미국의 캘리포니아 합병 이후의 문화적 충격을 이렇게 표현한다. "어느 날 아침, 우리 집 앞마당에 낯선 남자들이 나타났어요. 그들은 영어로 뭔가를 말했지만, 우리 가족 중 아무도 이해할 수 없었죠. 그들은 우리 땅의 경계를 재측량하기 시작했고, 우리는 그저 바라볼 수밖에 없었어요. 그날 이후로 우리의 삶은 완전히 바뀌었어요."[21] 마찬가지로 마리아 앙헬리나 아르나스(María Angélina Arnaz) 역시 결혼식 풍습의 변화를 이렇게 회고한다. "예전에는 결혼식이 일주

일이나 계속되곤 했어요. 온 마을이 축제 분위기였죠. 하지만 미국인들이 들어오면서 결혼식은 짧아지고, 더 형식적이게 되었어요. 우리의 전통이 사라지는 것 같아 슬펐지만, 동시에 새로운 방식에도 익숙해져야 했죠."[22] 물론 이러한 증언들이 지니는 한계도 간과할 수 없다. 즉, 개인의 기억은 주관적일 수 있고, 인터뷰 진행자의 관점이 개입될 수도 있다. 그러나 이러한 자료들은 공식 역사 기록에서 찾기 힘든 개인적, 정서적 차원의 경험을 전달함으로써 역사를 보다 풍부하게 이해할 수 있게 해 준다.

  이러한 증언들은 칼리포르니오 여성들이 미국의 지배하에서 겪은 문화적 충돌과 적응의 과정을 남성 엘리트들의 기록과는 다른 관점에서 보여 준다. 즉, 당대의 일상을 살았던 여성들의 미시사를 통해 대서사에서 간과하기 쉬운 '벽면 안의 삶'을 들여다볼 수 있게 한다. 여성들의 증언은 가정 내 변화, 의복, 요리, 사회적 관습 등 일상의 세밀한 결에 더 주목한다. 예컨대, 미국 지배 이후 전통 의상인 레보소(Reboso)의 사용이 줄어들고 미국식 드레스가 유행하게 됨을 이야기한다. 이러한 내용은 단순한 향수나 개인적 회고를 넘어, 당시의 권력 구조와 문화적 헤게모니의 변화를 상징적으로 반영한다.[23] 이렇듯 여성들은 가정 내 권력관계, 자녀 교육 방식, 가족 구조의 재편 등 사적 영역의 변화를 더 상세히 포착했다. 그래서 이 증언들은 "젠더, 인종, 계급이 교차하는 지점에서 형성된 복잡한 정체성의 협상 과정"[24]을 드러내는 귀중한 기록이다. 결론적으로 이런 기록은 19세기 캘리포니아 역사의 문화적 혼종화 과정을 이해하고, 그 속에서 살아간 이들의 목소리를 듣게 하는 중요한 통로를 제공한다.

19세기 캘리포니아의 사회적 변동을 이해하려면 마리아노 바예호 같은 인물들의 복잡한 입장을 면밀히 들여다봐야 한다. 앵글로아메리카의 팽창으로 경제적 기반이 흔들리는 상황에서 바예호가 취한 태도는 우리가 흔히 갖는 선입견을 훌쩍 뛰어넘는다. 이런 변화를 그저 정복의 과정이나 인종, 국가 간 대립의 결과로만 보면 당시 농장주 엘리트들의 복잡한 속내를 제대로 읽어 내기 어렵다.

  바예호와 치카노 공동체의 관계를 파고드는 일은 19세기 캘리포니아의 뒤얽힌 정체성 형성 과정을 푸는 열쇠가 된다. 바예호는 분명 칼리포르니오로서의 정체성을 굳건히 지녔지만, 그의 경험은 묘하게도 후대 치카노들의 그것과 맞닿아 있다. 바예호의 삶은 멕시코와 미국 사이에서 아슬아슬하게 형성된 독특한 문화적 위치를 보여 준다. 그는 앵글로 색슨계가 물밀듯이 들어오는 변화의 한복판에서, 자신의 문화적 뿌리를 지키려 안간힘을 썼다. 이런 그의 모습은 문화적 저항과 정체성의 수호 문제에 맞닥뜨렸던 20세기 중반 치카노 운동의 상황과 오버랩된다.

  하지만 바예호를 그저 치카노의 선조로 단정 짓는 건 역사의 복잡다단한 맥락을 지나치게 단순화하는 오류를 범하는 것이다. 오히려 그의 복잡한 정체성과 경험은 멕시코계 미국인의 다채로운 모습과 역사적 변천을 이해하는 데 귀중한 참고점이 된다. 결국 바예호의 이야기는 우리에게 역사란 게 얼마나 복잡한 것인지를 새삼 일깨워 준다. 사람의 정체성이, 문화가, 또 국가의 경계가 얼마나 애매하고 유동적일 수 있는지 말이다. 그의 삶을 들여다보면, 우리가 흔히 생각하는 '피지배자'와 '지배자', '원주민'과 '이주민' 같은 구분이 참으로 허술하다는 걸 깨닫는다. 이렇게 보면 19세기 캘리포니아는 그저 먼 나라 옛날이야기가 아니다. 오히려 지금 우리가 살아가는 세계의 복잡성을 미리 보여 주었던 거울 같은 곳이었다.

History of Mexican American

제2장

테하노 공동체 문화의 뿌리와 정치적 소외[1]

19세기 텍사스의 테하노 공동체는 급격한 변화의 격랑에 휩싸인다. 특히나 1820년대부터 1900년대까지 누에세스-리오그란데 지역의 테하노들은 멕시코로부터의 독립, 미국으로의 편입, 그리고 대규모 앵글로 이주민의 유입으로 인해 큰 혼란을 겪는다.

원래 이 지역의 원주민이었던 테하노들은 스페인 식민지 시대부터 주로 목축업과 농업에 종사했다. 란초 시스템이 그들의 경제와 사회 구조의 근간을 이루었다. 하지만 19세기 중반을 지나며 이 오래된 생활 방식은 흔들리기 시작한다. 과달루페 이달고 조약 이후, 많은 테하노들은 발 디딜 땅을 잃었다. 복잡한 법적 절차, 언어 장벽, 재정적 곤란이 그들의 발목을 잡았다. 어떤 이들은 경제적 압박에 밀려 자발적으로 땅을 내놓기도 했다. 그러나 이런 변화가 테하노 사회의 완전한 몰락을 의미하지는 않았다.

새로운 환경 속에서 테하노들은 생존을 위한 다양한 적응 전략을 펼쳐 나갔다. 전통적 생업이었던 농업과 목축업을 재조정하는 한편, 상업과 수공업으로도 그들의 영역을 넓혀 갔다. 특히 바케로들의 존재감이 두드러졌다. 수 세기에 걸쳐 '뉴스페인'이라는 멕시코 땅에서 독자적으로 발전되어 온 스페인의 목축 전통이 텍사스 목축업의 근간이 되었다. '로데오', '라소', '브롱코'와 같은 용어부터 의복, 장비, 기술에 이르기까지, 오늘날 카우보이 문화의 정수는 바로 바케로들의 유산이었다.

테하노 상인들 또한 19세기 중반까지 지역 경제의 중추적 역할을 담당했다. 그러나 철도망의 확장과 새로운 상업 질서의 등장은 그들의 입지를 점차 좁혀 갔다. 이처럼 테하노들의 적응 과정은 결코 순탄하지 않았다. 때로는 자발적 선택이었으나, 더 많은 경우는 변화하는 사회·경제적 압박 속 불가피한 생존 전략이었다.

물론 차별과 배제의 그림자가 테하노들을 덮치기도 했다. 새 정치 체제 아래에서 그들의 권리는 종종 무시되었고, 사회적 지위도 추락했다. 그러나 이런 역경 속에서도 테하노들은 자신들의 정체성을 지키며 지역 사회에서 제 몫을 다하고자 노력했다. 19세기의 막이 내릴 무렵, 테하노 사회는 크게 변모했으나, 그들의 문화적 생명력은 여전히 건재했다. 테하노의 역사는 단순한 '몰락'의 이야기가 아닌, 적응과 생존, 그리고 문화적 영향력 유지의 서사다. 이들의 경험은 텍사스의 복잡한 역사와 다문화적 특성을 이해하는 데 빼놓을 수 없는 한 구성 요소다.

― 19세기 말 20세기 초 텍사스의 변화

다비드 몬테하노(David Montejano)의 『앵글로와 멕시칸, 1836년에서 1986년까지 텍사스의 형성 Anglos and Mexicans in the Making of Texas, 1836-1986』이 펼쳐 보이는 풍경은 매우 다채롭다. 150년에 걸친 텍사스의 인종 관계를 들여다보면, 테하노의 삶은 끊임없는 도전과 적응의 연속이었음을 알 수 있다. 토지의 상실은 테하노 공동체를 뿌리째 흔들었는데, 이곳의 란체로들이 반세기 만에 빈손이 되는 과정은 지극히 '비현실적'이면서도 대단히 체계적이었다. 편향된 법 해석, 유무형적 폭력, 경제적 압박이 교묘하게 얽히며 그들의 땅을 집어삼켰다. 법원은 스페인과 멕시코 시대의 토지 증서를 외면했고, 일부 앵글로 정착민들은 폭력으로 테하노들을 위협했다. 터무니없이 높은 세금과 불리한 대출 조건은 마지막 일격이 되었다.

하지만 이는 비단 특정 가문에게만 닥친 '날벼락'이 아니었다. 누에세스-리오그란데 지역에서 앵글로의 토지 소유 비율이 1848년에는 12.5%에 불과했으나 1900년에는 90%를 차지할 정도로 사실상 거의 모든 테하노들이 토지 소유권을 강제적으로 혹은 반강제적으로 상실하거나 양도했다. 베하르(Béxar, 현재의 샌안토니오) 카운티의 테하노들 역시 평균 토지 소유 규모가 40년 만에 1,312에이커에서 417에이커로 순식간에 쪼그라들었다.

땅을 잃은 테하노들은 가혹한 현실과 마주했다. 많은 이들이 앵글로 지주의 소작농이나 날품팔이 노동자로 전락했다. 1900년경 리오그란데 밸리에서는 테하노 열 명 중 여섯은 농업 노동자로 전락했다.

하루 25~50센트의 일당과 불공정한 소작 계약이 그들의 삶을 옭아맸다. 많은 가족들이 수확기에 맞춰 떠돌이 계절 노동자가 되었다. 텍사스 경제는 인종을 기준으로 양분되었다. 앵글로들이 대지주와 은행가, 상인으로 군림하는 동안 테하노들은 저임금 노동자층으로 전락한 것이다. 이 경제적 이중 구조는 수십 년간 지속되며 테하노 사회의 발전을 가로막았다.

20세기의 문턱을 넘어서자 인종 분리 장벽은 더 높고 더 두터워졌다. 1915년 샌안토니오의 '멕시칸 스쿨'은 차별의 민낯을 드러냈다. 비좁은 교실, 부족한 교과서, 스페인어 사용 금지는 일상이었다.

대체적으로 이 시기 도시의 지도는 인종에 따라 색이 달라졌다. 오스틴의 1928년 도시 계획은 이를 적나라하게 보여 줬다. 흑인과 멕시코계 주민들을 동부의 특정 구역으로 몰아넣는 이 계획은 '인종 통합 방지'라는 명분 아래 분리와 차별의 공간적으로 구조화하였다. 진화를 거듭한 공간적 구획화와 게토화의 결과로 테하노들은 점차 도시의 후미진 곳으로 떠밀려 났다. 텍사스의 여러 도시에서 '멕시코인 출입 금지' 푯말이 상점과 식당, 수영장 앞에 내걸렸다. 공공장소는 더 이상 모두에게 열린 공간이 아니었다. 노동 현장의 차별도 심화되었다. 테하노들은 주로 농업, 광산, 철도 건설 등 힘든 육체노동에 배치되었고, 1920년대 초, 텍사스 남부의 양파 농장에서 테하노 노동자들의 일당은 1달러도 채 되지 않았다. 심지어는 노동조합마저 테하노들을 배제했다.

그러나 같은 시기, 테하노들의 저항이 시작되었다. 1911년, 샌안토니오에서 테하노들이 주도한 첫 대규모 시위가 일어났다. 그들은 집단행동을 통해 공공장소의 인종차별을 즉각 철폐할 것을 요구했다. 이 행동은 비록 즉각적인 변화를 이끌어 내지는 못했지만, 후에 이어질 민권운동의 밀알이 되었다. 몬테하노는 이 시기를 '고난의 시대'로 규정하면서도, 테하노들의 정체성이 더욱 강화되고, 저항의 문화가 싹트기 시작한 전환점이라고도 평가한다. 차별과 배제의 역사 속에서, 테하노들은 자신들의 문화를 지키며 새로운 미래를 꿈꾸기 시작한 것이다. 20세기 초 텍사스의 역사는 고통과 저항, 그리고 희망이 교차하는 복잡한 이야기를 담고 있다.

— 19세기 격변 속 테하노 엘리트의 삶

19세기 초 샌안토니오의 테하노 지식인들은 시대의 흐름을 주도하기도 했고, 불가피한 변화에 순응하기도 했다.[2] 멕시코 독립의 열기가 북쪽 변경까지 밀려오던 때, 이들은 새로운 정체성을 모색하고 있었다. 이 시기 테하노들은 스페인 제국의 유산과 신생 멕시코의 이상 사이에서 미묘한 균형을 잡아야 했다. 샌안토니오의 거리에서는 스페인어와 원주민 언어가 뒤섞여 들렸고, 성당의 종소리와 함께 계몽주의 사상이 퍼져 나갔다. 1821년, 멕시코 독립의 소식이 전해졌을 때, 테하노 지식인들의 반응은 복잡했다. 열광과 불안이 교차하는 가운데, 에라스모 세긴(Erasmo Seguín, 1782-1857)은 연방주의를 지지하며 테하노의 이익을 대변했다. 그는 새로운 공화국의 이상을 품고 정치에 뛰어들어 1824년 멕시코 제헌의회의 코아우일라 이 테하스

(Coahuila y Tejas) 주 대표로 선출되었다. 반면 법률가인 호세 안토니오 나바로(José Antonio Navarro, 1795-1871)는 처음에는 급격한 변화를 경계했으나, 후일 텍사스 독립의 핵심 인물로 변모했다.

이 당시 테하노 지식인들의 가장 큰 고민은 정체성 문제였다. 안드레스 티헤리나(Andrés Tijerina)는 이 시기를 테하노 정체성이 형성되는 결정적 분기점으로 평가한다. 갈등과 타협, 희망과 좌절이 뒤섞인 이 기간을 거치며, 테하노들은 자신들만의 독특한 문화와 정체성을 만들어 갔다. 그들은 스스로를 스페인인도, 멕시코인도, 그렇다고 완전한 미국인도 아닌 새로운 존재로 여겼다. 이 복잡한 정체성은 그들의 글과 연설, 그리고 정치적 행동에 고스란히 반영되었다. 샌안토니오의 카페와 서점에서 이어진 토론에서 그들은 연방주의와 중앙집권주의의 장단점을 논했고, 텍사스의 미래에 대해 논쟁했다. 프란시스코 루이스(Francisco Ruiz, 1783-1845)는 일기에서 "우리는 매일 밤 모여 공화국의 운명을 논했다. 때로는 격렬히 다퉜지만, 결국 우리가 같은 꿈을 꾸고 있다는 걸 알았다."라고 기술하며 이 시기의 지적 분위기를 전한다.[3]

1830년대에 이르러 앵글로 이주민들의 급증은 테하노 사회에 큰 혼란과 파장을 몰고 왔다. 이를 기회로 본 이들과 위협으로 인식한 이들의 의견이 갈렸다. 무역 제한 완화로 일부 테하노 상인들이 번영을 누리기도 했다. 텍사스 독립의 기운이 일자 테하노 사회는 갈라졌다. 후안 세긴처럼 독립에 가담한 사람들과, 호세 마리아 헤수스 카르바할(José María Jesús Carbajal)[4]처럼 멕시코에 충성을 지킨 사람들로 나뉜 것이다.

헤수스 데 라 테하(Jesús F. de la Teja)의 연구는 우리를 더 먼 과거로 인도한다. 스페인 식민지 시대의 샌안토니오, 그 시절 테하노 공동체의 뿌리를 탐문하게 한다. 18세기 초, '산 안토니오 데 베하르(San Antonio de Béxar)'는 황량한 변경 지대의 작은 정착지에 불과했다. 그러나 이 작은 마을은 곧 북부 뉴스페인(Nueva España)의 중요한 거점으로 성장했고, 그 과정에서의 테하노 지식인들과 엘리트들은 독특한 역할을 수행했다.

샌안토니오의 초기 지식인들은 주로 성직자들이었다. 프란체스코 수도사들은 원주민들을 개종시키는 한편, 유럽의 지식과 문화를 이 지역에 전파했다. 그들이 세운 미션(Mission)은 교육과 문화의 중심지로, 이곳에서 테하노들은 처음으로 문자를 익히고, 유럽의 사상을 접했다.

18세기 중반부터는 멕시코 중앙에서 수학한 변호사, 공증인, 교사 등이 합류해 지역 사회 발전에 기여했다. '베하레뇨(Bexareño)'라 불리는 지역 엘리트 집단은 주로 군인이나 관료의 후손들로, 점차 현지화되어 샌안토니오의 정치, 경제, 사회의 중심 세력으로 자리 잡았다. 18세기 후반에는 상인들도 지식인 그룹에 합류했다. 안토니오 사발라(Antonio Zabala)와 같은 상인들은 멕시코 중앙과의 무역을 통해 새로운 사상과 정보를 유입하는 역할을 했다. 그들의 저택은 문화와 지식이 교류되는 장소로 기능했다.

베하레뇨들은 스페인 문화를 고수하면서도 이 땅의 현실에 맞게 그것을 변용했다. 예를 들어, 그들의 저택은 스페인 양식에 기초해 현지의 재료로 건축되었다. 유럽의 포도주와 현지의 소울 푸드인 옥수수

요리를 페어링하는 식문화도 낯설지 않았다. 18세기 말, 샌안토니오에도 작은 도서관들이 생겨나 계몽주의 사상이 유입되었고, 촛불 아래에서 볼테르와 루소를 탐독하는 테하노 지식인들이 생겨났다.

물론 이들의 삶이 순탄했던 것만은 아니다. 끊임없는 원주민과의 충돌, 가뭄과 질병의 위협, 멀리 있는 중앙 정부와의 갈등 속에서 테하노들은 독특한 정체성을 형성해 나갔다. 그들은 스스로를 스페인의 신민이라 여겼지만, 동시에 이 척박한 변경 지대를 자신들의 고향으로 받아들였다. 오랜 시간에 걸쳐 유럽과 아메리카, 문명과 야생의 경계에서 테하노들은 그들만의 독특한 문화를 발전시켰다. 스페인어에 지역 원주민의 어휘를 더하고, 가톨릭 신앙을 유지하면서도 현지 환경에 맞는 독특한 종교의식으로 발전시켰다.

19세기 초, 테하노 지식인들은 새로운 도전에 직면했다. 멕시코 독립 전쟁의 여파가 이곳에까지 미치면서, 그들은 중대한 선택의 기로에 섰다. 왕당파가 될 것인지, 독립을 지지할 것인지 결정해야 했다. 호세 알바레스 데 톨레도(José Álvarez de Toledo)와 같은 인물은 처음에는 스페인 왕실에 충성했지만, 이후 독립운동에 가담했다. 반면, 호세 베르나르도 구티에레스 데 라라(José Bernardo Gutiérrez de Lara)와 같은 이들은 처음부터 독립을 지지했다. 이러한 선택의 과정은 테하노 사회 내부의 갈등과 분열을 가져왔지만, 동시에 그들의 정치적 의식을 성숙시키는 계기가 되었다. 데 라 테하는 이러한 역사적 과정을 통해 테하노 문화가 단순히 스페인 문화의 연장이 아니라, 독자적인 발전을 거치며 고유한 문화로 성장하게 됐음을 강조한다. 이처럼 그들의 정체성은 하루아침에 형성된 것이 아니라, 수세대에 걸친 경험과 적응의 결과물이었다.

그런가 하면 라울 코로나도의 『오지 않을 세상』은 19세기 테하노들의 열띤 지식의 현장으로 안내한다. 당시 텍사스는 사상과 문화의 교차로였다. 스페인과 멕시코의 전통, 미국의 새로운 이념, 그리고 카리브해의 혁명 사상이 이곳에서 만났다. 테하노 지식인들은 이 다양한 사상들을 흡수해서 자신들만의 독특한 세계관을 만들어 갔다.

근대 국민국가가 형성되던 시기의 일반적인 특징이었듯이, 19세기 초 텍사스의 테하노 지식인들에게 펜과 인쇄기는 강력한 무기였다. 베하르와 나코그도체스(Nacogdoches)에서 그들은 글과 팸플릿을 통해 새로운 사회를 상상하고 기획했다. 코로나도는 이를 '문자 공화국(Republic of letters)' 건설 과정으로 해석한다. 1822년 7월 베하르 시의회 회의록은 도로 보수에서부터 중앙 정부 청원에 이르기까지 거의 모든 회의 기록을 담고 있는데, 여기에서 새로운 정치 체제의 기초를 다지는 과정을 엿볼 수 있다.

또 다른 예시로, 1810년대, 알바레스 데 톨레도가 필라델피아에서 띄운 「텍사스인들에게 보내는 연설」은 테하노들이 얼마나 넓은 시야를 가지고 있었는지를 보여 준다. 미국의 공화주의, 프랑스 혁명의 이상, 스페인 헌정주의가 한데 어우러진 이 팸플릿은 텍사스 독립의 서막을 알렸다. 1813년의 텍사스 공화국 선언 역시 미국 독립선언서를 참조하되, 스페인 헌법의 색채를 더해 테하노 지식인들의 독특한 정치적 상상력을 담아냈다.

코로나도는 19세기 테하노들이 신문과 인쇄물을 영어권 미국인들과는 다르게 활용했다고 설명한다. 앵글로 미국인들이 주로 글을 통해 공동체 의식을 형성했다면, 테하노들은 공동체 모임, 공개 토론, 선언문 낭독, 축제 등을 통해 자신들의 정체성을 만들어 갔다. 테하노들에게 인쇄물은 단순히 읽는 것이 아니라, 함께 모여 듣고, 보고, 토론하는 정치적, 문화적 행사의 중심이었다.

이러한 특징은 1855년부터 1858년까지 샌안토니오에서 발행된 『엘베하레뇨(El Bejareño)』에서 잘 드러난다. 이 신문은 테하노 공동체의 미국 사회 편입이라는 과제에 독특한 방식으로 접근했다. 1856년 1월 5일 자 첫 호에서 미국 독립선언서를 '정치적 성경'이라 칭하며 번역 게재한 것은 이러한 입장을 상징적으로 보여 준다. 『엘베하레뇨』의 가장 주목할 만한 특징은 현실적 타협과 문화적 자존 사이에서 보여 준 균형 잡기다. 안식일 준수나 전통적 오락 문화 규제와 같은 앵글로 미국인의 도덕 기준을 수용하면서도, 테하노를 비하하는 인종차별적 발언에는 단호히 맞섰다.

그러나 이러한 엘리트주의적 통합 전략은 한계에 부딪혔다. 1856년 선거에서 보여 준 중립적 태도는 같은 테하노 신문인 『란체로』로부터 격렬한 비판을 받았으며, 결국 어떠한 노력으로도 앵글로 미국인의 인종차별을 근본적으로 해소할 수 없다는 깨달음을 얻게 된다. 『엘베하레뇨』의 궤적은 19세기 중반 테하노 사회가 직면한 정치적 도전과 문화적 딜레마를 선명하게 보여 주는 동시에, 당시 테하노 인쇄 문화의 특수성을 잘 드러낸다.

한편, 코로나도는 테하노 엘리트들의 실패한 국가 건설 시도에서 새로운 의미를 읽어 낸다. 그들의 활동이 '탈국가적'이었다는 것이다. 실제로 그들은 국민국가라는 틀에 갇히지 않고, 근대성에 대한 대안적 사유와 언어를 만들어 냈다. 이는 당시 지배적이던 사고의 틀을 넘어서는 비전으로, 텍사스의 특수한 지리적, 역사적 조건이 이러한 지적 시도를 가능케 했다. 스페인령 누에바 에스파냐와 프랑스령 루이지애나, 그리고 팽창하는 미국 사이에 낀 이 '황량한 신생 식민지'는 새로운 정치적, 사회적 질서를 꿈꾸기에 더없이 좋은 무대였다.

테하노 지식인들의 이런 활동은 19세기 텍사스가 단순한 변경 지대가 아니었음을 말해 준다. 이곳은 다양한 정치적, 문화적 전통이 뒤섞이고 새롭게 빚어지는 지식의 생산장이었다. 그들의 인쇄물은 국경을 넘나드는 사상의 흐름을 담아내며, 새로운 형태의 정치 공동체와 문화적 정체성을 모색하는 매개체가 되었다. 비록 그들의 꿈은 온전히 실현되지 못했지만, 그 흔적은 오늘날까지 텍사스의 다층적인 정체성 속에 살아 있다.

— 에라스모 세긴, 후안 세긴의 딜레마

텍사스가 1845년 미국의 28번째 주로 편입되면서, 독립 전쟁의 주역이었던 테하노 지배층은 증가하는 앵글로 정착민에 의해 점차 주변화되었다. 미국의 영토 확장이 가속화되면서 앵글로 세력이 지배권을 강화했고, 테하노 엘리트들은 그동안 누렸던 사회적, 경제적 특권을 상실하게 되었다. 더욱이 하위 계층의 주민들이 앵글로 정착민들로부터 받는 차별과 억압은 테하노 엘리트들에게도 인종적 모멸감을 안겨 주었다.

19세기 텍사스의 격변기, 복잡한 정치 지형의 중심에는 에라스모 세긴(Erasmo Seguín)과 그의 아들 후안 세긴(Juan Seguín)이 있었다. 에라스모 세긴은 텍사스 역사의 중요한 변곡점에 서 있는 인물이었다. 그는 스페인 통치 시기부터 멕시코 독립, 그리고 텍사스의 격변을 온몸으로 겪었고, 특히 스티븐 오스틴(Stephen F. Austin)과 특별한 관계를 맺었다.

1821년, 스티븐 오스틴이 텍사스에 첫발을 디뎠을 때, 그를 맞이한 것은 낯선 문화와 언어의 장벽이었다. 이때 세긴은 오스틴의 든든한 조력자가 되어 그의 통역사이자 문화적 가교 역할을 자처했다. 세긴의 도움으로 오스틴은 테하노 사회의 복잡한 역학 관계를 비교적 쉽게 파악할 수 있었고, 현지 관리들과도 원활히 소통할 수 있었다. 세긴은 오스틴에게 텍사스의 지리와 자원, 정치 상황에 대한 정보를 제공했고, 오스틴의 정착지 건설 계획에 테하노의 관점을 반영하도록 상당한 영향력을 행사했다. 세긴의 조언은 오스틴이 테하노 사회와 평화로운 관계를 유지하는 데 큰 도움이 되었다.

1823년, 세긴은 오스틴과 함께 멕시코시티로 향했는데, 이는 멕시코 정부로부터 정착지 개발 권한을 최종 승인받기 위함이었다. 세긴의 외교적 수완과 인맥은 이 과정에서도 진가를 발휘했다. 그는 멕시코 관리들과의 회의에서 오스틴을 적극 지원했고, 복잡한 관료제의 난관을 헤쳐 나가는 데 결정적인 역할을 담당했다. 세긴의 도움은 단기적인 것에 그치지 않았다. 그는 오스틴의 정착지 개발 사업이 안정적으로 정착하는 과정을 지속적으로 후원했으며, 테하노와 앵글로 이주민 사이의 갈등이 불거질 때마다 중재자 역할을 자처했다. 하지만 세긴의 선택은 일부 테하노들에게는 배신으로 다가왔다. 앵글로 이주민의 유입이 자신들의 전통적 생활양식을 위협할 것이라 우려하는 이들의 눈에는, 세긴은 그들의 가치를 저버린 인물로 비쳤다.

세긴의 딜레마는 당시 많은 테하노 지식인들이 겪었던 고민을 대변한다. 그들은 변화의 물결을 타고 새로운 기회를 모색할 것인지, 아니면 전통을 고수하며 저항할 것인지 그 갈림길에 서 있었다. 세긴이 택한 삶은 텍사스의 역사적 흐름에 적지 않은 영향을 미쳤다.

에라스모 세긴의 아들 후안 세긴의 삶은 더 드라마틱한 정치 행보를 보여 줬다. 그는 텍사스 독립의 상징적 전투인 알라모 전투에 참전했는데, 당시 텍사스군 지원병 요청이라는 임무를 맡아 전투 직전 요새를 떠난 덕분에 목숨을 건질 수 있었다. 후안은 이후 텍사스 독립의 결정적 승리였던 샌하신토 전투에도 참전하며, 새로운 공화국의 탄생에 기여했다.

노예 소유주였던 후안 세긴의 삶은 19세기 텍사스의 복잡한 인종 관계를 상징한다. 그는 자신을 메스티소와 분명히 구별했지만, 차별에 직면한 테하노들 앞에서는 피부색이나 계급을 넘어선 동포애를 강조하며 연대감을 표출했다.

밤낮으로 시도 때도 없이 내 동포들은 모험가들의 습격과 강제 징수로부터 보호해 달라고 내게 달려왔다. 때로는 설득을 통해 그들을 저지했고, 때로는 무력을 사용해야만 했다. 내가 어떻게 달리 행동할 수 있었겠는가? 어떻게 동포들을 무방비 상태로 내버려둘 수 있었겠는가? 멕시코 사람이라는 이유만으로 동물만도 못하게 대하는 외국

인들의 폭행에 그대로 방치한 채 말이다.[5]

　이 구절은 앵글로 정착민들의 폭력 앞에서 그가 느낀 고뇌를 생생히 말해 준다. 우여곡절 끝에 텍사스가 독립한 이후 세긴은 공화국 하원의원직에 올랐으나, 그의 정치적 입지는 오래가지 못했다. 앵글로계 이주민들이 증가하면서 테하노들에 대한 차별과 불신이 깊어졌고, 세긴은 자신의 출신 때문에 끊임없이 충성심을 의심받았다. 데 라 테하의 연구에 따르면, 세긴과 같은 테하노 지도자들은 멕시코와 앵글로 정착민 양측으로부터 이중의 의심을 받았다. 이는 1842년 그의 정치 생활에서 극적으로 드러났다. 샌안토니오 시장이었던 그는 멕시코군의 일시적 점령 시기에 적과 내통했다는 의혹을 받아 시장직에서 물러나야 했다. 멕시코에서는 반란을 일으킨 배신자로, 앵글로 정착민에게는 신뢰할 수 없는 외국인으로 취급받았다. 즉, 앵글로들에게는 텍사스를 재정복하려는 멕시코의 잠재적 우군으로 여겨졌고, 반면 멕시코인들에게는 조국을 배반한 변절자로 낙인찍힌 것이다. 이처럼 후안 세긴의 생애는 역사 속에서 점차 그 존재감이 희미해져 가는 테하노 엘리트들의 모순된 위치를 상징적으로 보여 준다. 그의 파란만장한 삶은 단순한 개인의 비극을 넘어, 두 문화 사이에서 정체성을 모색해야 했던 테하노 공동체 전체의 고뇌를 대변한다.

　세긴 부자의 삶과 꿈, 정치적 좌절은 19세기 텍사스의 복잡한 정치적, 문화적 지형을 드러내는 대표적 사례일 것이다. 그들은 스페인, 멕시코, 미국의 영향력이 교차하는 지점에서 자신들만의 새로운 정체성을 그 나름 치열하게 모색했다. 때로는 협력자로, 때로는 반역자로 낙인찍히면서도, 그들은 끊임없이 테하노의 권리와 문화를 지키고자 노력했다. 세긴 부자의 굴곡진 삶은 단순히 승자와 패자, 충신과 반역자로 나눌 수 없는 텍사스 역사의 복잡한 면모를 보여 준다.

텍사스 세긴시 센트럴 파크에 있는 후안 세긴 묘와 동상

— 텍사스 역사의 신화화와 인종차별

텍사스의 역사는 흔히 영웅 서사시처럼 그려진다. 하지만 그 화려한 서사 이면에는 '선별적 기억'과 '제도화된 망각'이라는 역사 서술 전략이 도사리고 있다. 마치 거대한 퍼즐에서 특정 조각들만을 골라 새로운 그림을 구성하듯, 선택적 취사와 왜곡, 기억의 조작을 통해 역

사가 재구성된 것이다. 특히 눈에 띄는 것은 테하노, 즉 멕시코계 텍사스인의 이야기가 종종 역사의 뒤안길로 사라졌다는 점이다. 그들은 텍사스 공화국의 탄생에 중요한 역할을 했음에도, 오늘날 텍사스의 '공식' 역사에서는 그저 희미한 흔적으로만 남아 있다.

이러한 역사 재구성은 19세기 중반, 텍사스가 미국의 일부가 되면서 본격화됐다. 새롭게 형성된 백인 중심 사회는 결속력을 다지기 위해 '공유된 역사'를 필요로 했고, 이 과정에서 과거는 재단되고 '리폼(reform)'되었다.

합병 이후 텍사스가 미국의 인기 있는 이주지로 떠오르면서, 이 지역은 미국의 가치를 상징하는 공간으로 재탄생했다. 개척 정신, 자유, 용기 같은 가치들이 텍사스의 정체성과 결부되었고, 이를 뒷받침할 맞춤형 역사가 요구되었다. 그러나 일부 역사가들은 이렇게 신화화된 역사에 의문을 제기하면서 당연시했던 역사적 해석을 조금씩 뒤집기 시작했다. 예컨대, 1836년 텍사스 독립은 흔히 '자유를 위한 투쟁'으로 미화되어 왔다. 하지만 레히날도 호스만은 이를 전혀 다른 시각에서 조명한다. 그의 분석에 따르면, 이는 처음부터 폭정에 대한 저항이 아닌 인종적 충돌의 양상을 띠었으며, 텍사스에서 앵글로계 미국인과 멕시코인의 만남은 오히려 백인들의 인종 의식을 더욱 첨예화했다는 것이다.[6] 이러한 관점은 미국-멕시코 전쟁을 바라보는 시각도 변화시켰다. 이와 관련하여, 에이미 S. 그린버그는 당시 미군 병사들의 증언을 통해 전쟁의 잔혹했던 실상을 드러냈다. 특히 훗날 대통령이 된 율리시스 그랜트의 편지는 특히 충격적이었다. 그는 동료 병사들이 민간인을 대상으로 자행한 끔찍한 만행들을 목격했다고 고백했다.[7]

— 알라모 전투, 신화화의 정점

알라모 전투를 둘러싼 대중적 인식과 역사적 사실에는 상당한 괴리가 존재한다. 알라모 전투는 1836년 2월 23일부터 3월 6일까지 텍사스주 샌안토니오의 알라모 요새에서 벌어진 전투로, 텍사스 독립 전쟁의 상징적 사건으로 널리 알려져 있다. 일반적으로 알려진 이야기는 약 200명의 텍사스 독립군이 수천 명의 멕시코 군대에 맞서 13일 동안 알라모 요새를 사수했다는 것이다. 윌리엄 트래비스, 제임스 보위, 데이비 크로켓의 영웅적인 지휘 아래, 수비대는 끝까지 항전했지만 결국 전원 전사했다. 이 희생은 "알라모를 기억하라!(Remember the Alamo!)"라는 구호와 함께 텍사스 독립군에게 강력한 동기부여가 되어, 이후 샌하신토 전투에서 승리하고 텍사스 독립을 쟁취하는 원동력이 되었다는 것이다. 이 서사는 오랫동안 미국의 대중문화와 역사교육을 통해 널리 퍼져, 용기와 자유를 위한 희생의 상징으로 자리 잡았다.

그러나 최근 역사학 연구는 이 통념화된 영웅 서사에 근본적인 의문을 제기하고 있다.[8] 우선 알라모 수비대의 실체에 대한 재조명이 이뤄지고 있다. 그들은 흔히 텍사스의 자유를 위해 목숨을 바친 순수한 애국자들로 그려지지만, 실상은 다양한 배경과 동기를 가진 이질적인 집단이었다. 상당수는 텍사스와 아무런 연고도 없었으며, 일부는 단순히 모험과 이익을 좇아 모여든 이들이었다. 참전자들의 면면을 보면, 유럽 출신이 41명, 유대인이 2명, 아프리카계 미국인이 2명이었으며, 텍사스인은 고작 13명에 불과했고, 그중 테하노는 11명뿐이었다. '자유'를 위한 투쟁이라는 명분 뒤에는 노예제 수호라는 경제적 이해관계가 존재했다는 사실도 주목할 만하다.

데이비 크로켓의 '영웅적인 최후'도 재검토되고 있다. 영화에서처럼 그가 최후의 순간까지 영웅적으로 싸우다 전사했다는 통념과 달리, 일부 증언은 그가 항복한 후 처형되었을 가능성을 제기한다. 이는 알라모 전투의 상징적 인물에 대한 우리의 인식을 바꿀 수 있는 중요한 지점이다.

"알라모를 기억하라!"라는 구호의 역사적 진실성도 의문시된다. 이 구호가 실제 샌하신토 전투에서 사용되었다는 어떠한 사료적 근거도 없다는 것이다. 따라서 이는 후대에 만들어진, 말 그대로의 '신화'일 가능성이 농후하다. 알라모 요새의 물리적 구조에 대한 인식도 수정이 불가피하다. 오늘날 우리가 보는 알라모의 모습은 19세기 말에 재건된 것으로, 원래의 모습과는 상당한 차이가 있다. 특히 유명한 정면 벽조차 후대에 추가된 것이라고 한다. 텍사스 독립의 동기 또한 새롭게 조명되고 있다. 흔히 멕시코의 압제에 대한 저항으로 그려지지만, 실상은 훨씬 더 복잡한 양상을 띠고 있었다. 당시 멕시코는 노예제를 폐지하려 했고, 이에 노예 소유주들이 반발하면서 분리 독립의 동력이 형성됐다. 독립의 이면에는 이런 경제적, 사회적 요인들이 작용했던 것이다. 심지어 전투의 전략적 가치마저 재고의 대상이 되고 있다. 알라모를 지키려는 시도가 과연 군사적으로 타당했는가에 대해 많은 역사가들은 의구심을 제기하며, 오히려 전술적 오판이었을 가능성을 제시한다.

18세기에 미션이었다가 이후 군사 요새로 사용된 알라모

    이러한 '신화 깨기'는 단순히 과거의 사실을 바로잡는 데 그치지 않는다. 이는 우리가 역사를 어떻게 기억하고, 그것을 통해 어떤 정체성을 만들어 가는지에 대한 깊은 성찰을 요구한다. 결과적으로 알라모의 신화는 텍사스, 나아가 미국의 정체성 형성에 큰 영향을 미쳤다. 그렉 그랜딘이 지적하듯, 알라모 신화는 '자유를 위한 영웅적 희생'이라는 서사를 통해 미국의 영토 확장을 도덕적으로 정당화하는 기제로 작동했다.[9] 이러한 역사 도구화는 비단 알라모에만 국한된 현상은 아니다. '텍사스 예외주의'라는 개념은 더 큰 틀에서 진행된 '신화화'의 전형적 사례다. 20세기 초중반 텍사스의 지식인들은 자신들의 주가 미국 내에서도 특별하다는 생각을 체계화했고, 텍사스의 역사를 독자적으로 해석하며 고유한 정체성을 구축해 나갔다.[10]

1936년 텍사스 독립 100주년 기념행사는 이 '특별함'을 대대적으로 선전하는 무대였다. 알라모 이야기는 이를 증명하는 가장 강력한 증거처럼 활용되었다. J. 프랭크 도비의 1942년 에세이 「알라모라는 불멸의 말」은 이런 현상을 들여다볼 수 있는 대표적 예시다. 도비는 한 세기도 더 지난 알라모 전투를 서술하지만, 그의 진짜 관심사는 당시 미국이 직면한 제2차 세계대전이었다. "알라모를 기억하라!"라는 외침은 1941년 진주만 공격 이후 미국인들에게 필요했던 애국심과 희생정신을 일깨우는 주문으로 새롭게 소환되었다.[11] 냉전 시기에 이르러 이 신화는 또 다른 변용을 겪는다. 이제 텍사스는 미국 내에서 반공주의와 애국주의의 상징으로 부상했다. 알라모 신화는 더 이상 한 지역의 전투 이야기가 아니라, 미국의 가치를 대변하는 우화로 승격되었다. 텍사스의 프론티어 정신은 미국의 정신의 원형이 되었고, 텍사스는 미국의 축소판이자 정수로 자리매김했다. 현대 학계의 비판적 역사 연구에도 불구하고 이러한 신화화된 역사가 여전히 강력한 영향력을 발휘하고 있다는 사실은, 역사 서술과 집단 기억, 그리고 현재의 정체성 형성이 얼마나 긴밀하게 얽혀 있는지를 보여 준다.

— 텍사스의 인종차별, 테하노의 소외

19세기 중후반 텍사스 지역 테하노들의 영토 상실 과정은 캘리포니아 란체로의 몰락과 유사한 패턴을 보였다. 이 과정은 법률적 제약, 경제적 압박, 불법 점유, 그리고 직접적인 폭력과 협박 등 여러 단계로 진행되었다. 앵글로 정착민들은 복잡한 법적 절차를 동원해 테하노들의 토지 소유권을 무력화했고, 언어와 법률 지식의 장벽에 막힌 테하노들은 이에 속수무책이었다. 여기에 과도한 세금과 불리한 대출 조건이라는 경제적 올가미는 테하노들의 재정을 옥죄었고, 결국 그들은 토지를 포기할 수밖에 없었다. 경계가 불분명한 땅은 앵글로 정착민들의 불법 점유 대상이 되었고, 때로는 직접적인 폭력과 위협으로 테하노들을 그들의 터전에서 강제로 몰아냈다. 『잊혀진 죽음, 미국 내 멕시코인을 향한 폭도들의 폭력 Forgotten Dead: Mob Violence against Mexicans in the United States, 1848-1928』은 이 과정을 더 깊이 파고든다. 저자는 이 시기 양측 간의 경제적 경쟁과 인종적 편견이 갈등의 주요 원인이었음을 지적하며,[12] 특히 텍사스에서의 반멕시코 폭력이 미국 내 다른 어느 지역보다 심각했다고 강조한다.[13]

이렇게 19세기 말에서 20세기 초 텍사스의 역사는 인종 갈등과 폭력의 어두운 그림자를 드리웠다. 멕시코계 주민들은 조직적인 차별과 폭력의 표적이 되었으며, 종종 잔혹한 린칭의 희생양이 되기도 했다. 1910년부터 1920년 사이 텍사스 레인저스가 주도한 폭력 사태는 그 규모와 잔혹성으로 인해 '라 마탄사(La Matanza)', 즉 '대학살'로 기록됐다.

20세기 초 텍사스는 거센 변화의 물결에 휩싸였다. 중서부에서 밀려온 이주민들이 새로운 농업 기술과 자본을 들여왔고, 이는 텍사스 남부의 농업 지형도를 크게 바꿔 놓았다. 개발업자들의 공격적인 토지 분양으로 캔자스, 일리노이 등지의 농부들이 대거 유입되면서 목축업 중심이던 경제 구조는 상업적 농업으로 급격히 선회했다. 이 변화의 소용돌이 속에서 멕시코계 노동자와 지주들의 입지는 크게 흔들렸다. 수많은 테하노들이 땅을 잃고 임금 노동자로 전락하면서 계급 갈등과 인종 간 긴장이 고조되었다. 이는 텍사스 남부의 문화와 권력 지형을 크게 뒤흔들었다.[14]

이 시기 멕시코 혁명의 여파로 유입된 망명자들은 상황을 더욱 복잡하게 만드는 또 다른 변수였다. 앵글로 사회는 이들이 노동 운동을 선동하고 멕시코 문화를 확산시킬 것을 우려하며 불안감을 표출했다. 당시 텍사스가 맞닥뜨린 변화의 새로운 양상은 인구 구성의 변동을 넘어 인종 관계의 근본적인 재편에 가까웠다. 경제적 이해관계, 문화적 차이, 정치적 불안이 뒤얽히면서 멕시코계 주민에 대한 차별과 폭력이 정당화되는 기이한 현상이 전개되었다.

1915년 플란데산디에고(Plan de San Diego) 반란과 무장한 반란군 세디시오소스(Los Sediciosos)의 활동은 이런 갈등에 불을 지폈다. 아니세토 피사냐(Aniceto Pizaña)와 루이스 데 라 로사(Luis de la Rosa)가 주도한 이 봉기는 빼앗긴 땅과 침탈당한 존엄을 회복하려는 시도였다. 그들은 관개 펌프, 자동차, 철로와 같은 근대화의 상징물들을 파괴했고, 일부는 앵글로들의 목숨까지 앗아 갔다. 아울러 제1차 세계대전은 또 다른 공포를 낳았다. 멕시코와 독일이 손잡을지도 모른다는 소문이 파다했다. 이제 멕시코계 주민들은 '퇴보'나 '야만'의 대상이 아닌 '위협'의 존재로 낙인찍혔다. 이런 인식의 변화는 그들에 대한 차별을 정당화하고 강화하는 구실이 됐다.[15]

당시 지역 언론은 이런 분위기에 부채질을 했다. 멕시코계의 반란은 지나치게 야만적으로 그려진 반면, 텍사스 레인저스의 폭력은 정의로운 질서 유지로 포장됐다. 이런 편향된 보도는 테하노와 멕시코계 이주민에 대한 적대감을 키우는 데 한몫했다.

텍사스 레인저스와 지역 자경단의 폭력은 그 무차별성과 잔혹함으로 악명을 떨쳤다. 그들은 반란 연루 여부와 관계없이 멕시코계 주민들을 무차별 공격했으며, 연구에 따라 희생자 수는 300명에서 많게는 5천 명에 달하는 것으로 추산되었다. 이러한 혐오 범죄는 단순히 개인적 분노의 표출이 아닌, 인종적 위계질서를 공고히 하려는 체계적 메커니즘의 산물이었다. 텍사스 레인저스의 대위 J. M. 폭스의 "우리는 이 지역을 멕시코인들로부터 정화할 것이다."라는 발언은 지배층의 노골적인 인종주의를 적나라하게 보여 준다.[16] 또한 "우리는 모든 멕시코인을 의심한다. 그들 모두가 잠재적 반란자다."[17]라는 한 텍사스 레인저의 공공연한 위협은 개인의 죄책을 넘어 인종 전체를 범죄화하는 극단적 사고의 전형을 보여 준다. 텍사스 레인저스의 과도한 권력 행사와 불법적 행태는 이러한 사회문화적 편견과 혐오를 더욱 견고히 했다. 그 여파는 멕시코계 미국인 공동체의 집단 기억에 깊은 상흔을 남겼고, 현재까지도 텍사스의 인종 관계에 어두운 그림자를 드리우고 있다.

모니카 마르티네스(Mónica Martínez)는 『불의는 결코 사라지지 않는다 The Injustice Never Leaves You』에서 이 폭력을 국가 건설의 한 축으로 분석한다. "국경에서의 자경주의적 폭력은 앵글로 주민에게 인종과 계급의 위계질서를 유지하기 위한 수단이 되었으며, 당시 법 집행의 잔혹한 방식을 보완했다."[18]라는 것이다. 텍사스 레인저스의 공식적인 존재 이유는 도적(Bandido)으로부터 앵글로 정착민을 보호하는 것이었지만, 실상은 달랐다. 철조망 설치와 구역 경계 설정은 사실상 멕시코계 주민들의 토지를 빼앗는 과정이었다.

이달고 카운티 웨슬라코에서 발생한 멕시코 이민자 엘리아스 사라테(당시 22세)의 린칭 사건에 대한 멕시코의 항의 기사, 『브라운즈빌 헤럴드』, 1922년 11월 15일

한편, 니콜라스 비야누에바(Nicholas Villanueva)는 『텍사스 국경지대에서 멕시코인 대상 린칭 Lynching of Mexicans in the Texas Borderlands』에서 이 폭력의 경제적 동기에 주목한다. "린칭은 종종 경제적 이익을 위한 수단이었다. 멕시코인들의 토지를 빼앗고, 저임금 노동력을 유지하기 위한 위협의 도구였다."[19]라는 그의 설명은

폭력의 이면에 숨겨진 경제적 이해타산을 드러낸다. 당시 한 앵글로 정착민이 "우리는 멕시코인들을 쫓아내거나 죽일 것이다. 그들은 미국인의 일자리를 빼앗고 있다."[20]라고 공개적으로 선언한 기록은 이를 적나라하게 보여 준다. 법 집행을 가장한 이 인종 폭력은 결국 '만연한 도적질과 무식한 멕시코인들'이라는 왜곡된 이미지를 강화하는 결과를 낳았다.

1910년 안토니오 로드리게스 린칭 사건은 당시 텍사스의 증오와 폭력이 얼마나 깊이 뿌리박혔는지를 적나라하게 보여 준다. 백인 여성 살해 혐의로 체포된 로드리게스는 재판은커녕 변호할 기회조차 얻지 못한 채 폭도들의 손에 화형당했다.[21] 이 사건은 멕시코와 미국 사이에 외교적 갈등으로 비화됐고, 텍사스 내 인종적 역학 관계에서 멕시코계 (이)주민들의 입지가 얼마나 불안하고 위험했는지를 여실히 드러냈다.

이 시기 텍사스에서는 최소 232건의 멕시코인 린칭이 기록되었다. "레인저스는 멕시코인을 마치 들개를 사냥하듯 쫓았다."[22]라는 한 목격자의 증언은 당시의 잔혹한 현실을 적나라하게 전한다. 텍사스의 인종 폭력은 시각적 충격을 통해 공포를 극대화했다. 텍사스의 상징적 나무인 메스키트는 이러한 인종적 폭력의 무대이자 도구가 되었다. 마르티네스는 1915년 9월 이달고 카운티에서 벌어진 처참한 사건을 상세히 기록한다. 텍사스 레인저스와 지역 보안관들이 세 명의 멕시코계 미국인 남성을 체포해 즉결 처형한 뒤, 그들의 시신을 메스키트 나무에 매달아 둔 것이다. 이는 멕시코계 공동체 전체를 위협하고 앵글로-텍사스인들의 권력을 과시하는 무언의 경고와 다름없었다. 처형된 시신을 며칠, 때로는 몇 주 동안이나 나무에 매달아 두는 행위는 인종적 위계질서를 강화하고 멕시코계 주민들을 공포로 몰아넣는 효과적인 수단이었다. 린칭의 목격은 앵글로 공동체 내에서 백인성에 대한 특권적 지위를 강화하고 인종 간 경계를 명확히 하는 기능을 했다. 이는 시각적 충격을 넘어 심리적, 정서적, 신체적 차원의 복합적 외상을 남겼다.[23] 이런 폭력의 기억은 멕시코계 가족들 사이에서 구전으로 전해졌다. 마르티네스는 많은 이들이 메스키트 나무를 볼 때마다 과거의 트라우마를 떠올렸다고 강조한다. 이런 모습은 텍사스의 풍경 자체를 공포의 대상으로 만들었고, 그 영향은 세대를 거쳐 현재까지도 이어지고 있다. 린칭의 기억은 멕시코계 미국인 공동체의 집단의식에 깊이 각인되어 있으며, 현재의 정체성 형성과 정치적 행동에도 영향을 미치고 있다.

19세기 중반부터 20세기 초반까지 텍사스의 역사는 인종 관계의 급격한 변화와 폭력의 일상화를 극명하게 보여 준다. 이 시기 멕시코계 주민들이 겪은 차별과 폭력은 현재 텍사스와 미국 전체의 사회 구조를 이해하는 데 핵심적 단서가 된다. 텍사스 레인저스의 활동에서 시작된 국경지대의 폭력은 2000년대 중반 '미닛맨 프로젝트(Minuteman Project)' 같은 자경단 활동으로 이어졌다. 비록 미닛맨 프로젝트는 현재 와해되었지만, 이런 유형의 자경주의적 국경 감시 활동은 다양한 형태로 지속되고 있다. 영화 〈론 스타(Lone Star)〉(1996)나 〈시카리오(Sicario)〉(2018)에서 묘사되는 미국 공권력의 월경 행위는 바로 이러한 역사적 맥락 속에서 이해될 수 있다.

이들 작품은 멕시코인을 향한 미국의 폭력적 행위를 자연스럽게 수용하도록 만드는 이미지 정치의 한 단면을 보여 준다. 결국 텍사스의 역사는 인종, 폭력, 국경이라는 복잡한 문제들이 얽혀 있는 미국 사회의 축소판이다. 이 역사를 올바르게 이해하는 것은 동시대의 인종 문제와 이민 정책을 비판적으로 바라보는 데 필수적인 일이라 하겠다.

History of Mexican American

제3장

1930년대 치카노 바리오의 탄생과 도시 문화

1900년대 초반부터 30년 동안 멕시코에서 미국으로의 대규모 이주는 양국의 풍경을 크게 바꿔 놓았다. 특히 멕시코 혁명(1910~1920)과 맞물려 많은 멕시코인이 미국으로 건너왔다. 그들의 문화적 영향력은 곳곳에서 나타났는데, 그 대표적인 예가 캘리포니아주 로스앤젤레스의 올베라 거리(Olvera Street)다. 올베라 거리는 흥미롭게도 대공황이 시작된 1930년에 멕시코계 상인들의 손에 의해 관광지로 탄생했다. 타말레스(Tamales)와 엔칠라다(Enchilada)[1] 향이 거리를 가득 메우고, 마리아치 음악이 울려 퍼지는 이곳은 '리틀 멕시코'라 불리며 멕시코 문화의 보존과 전파에 중요한 역할을 했다.

그러나 1930년대 중반으로 접어들면서 대공황의 여파가 멕시코계 공동체 전반에 미치기 시작했다. 올베라 거리는 관광지로서 상대적으로 보호받았지만, 주변 지역의 많은 가게가 문을 닫았고 실업률이 급증했다. 거리를 채우던 활기찬 대화 소리는 점점 줄어들었고, 멕시코계 이주민들은 깊은 경기 침체에 직면하게 되었다. 이처럼 올베라 거리는 멕시코계 이주민들의 문화적 자부심과 경제적 고난이 기묘하게 공존하는 공간이 되었다. 한편으로는 그들의 문화유산을 지키고 알리는 장소였고, 다른 한편으로는 대공황 시기 이주민들의 경제적 고충을 체감할 수 있는 곳이기도 했다.

멕시코계 이주민들은 공황의 여파로 삶의 터전을 떠나 본국으로 돌아가는 시련을 겪게 된다. 당시 미국의 전 계층이 고용 시장 위축으로 어려움을 겪었으나, 저임금 노동자였던 멕시코인들은 더욱 가혹한 운명에 처하게 되었다. 그간 반이민자 정서가 간헐적으로 표출되긴 했지만, '멕시코 문제'[2]가 미국 사회 전반의 의제로 주목받지는 않았다. 그러나 대공황이 본격화되자 멕시코계 이주민들은 경제 위기의 희생양으로 지목되기 시작했다. 19세기 말부터 국경을 넘나들며 광산, 철도, 농업, 공장 등에서 육체노동을 해 온 이들이 수십 년이 지나 남서부 지역에서 '눈엣가시'로 낙인찍힌 것이다.

1930년대에 들어서면서 상당수의 멕시코계 이주민들이 '로스 유나이테스 에스타이테스(Los Yunaites Estaites, 미국을 지칭하는 스페인어식 발음)'를 제2의 고향으로 인식하기 시작했다. 이는 시민권 취득자의 증가를 반영하는 현상으로 볼 수 있다. 그러나 대공황의 여파로 인해 시민권 소지 여부와 무관하게 멕시코계 혈통을 가진 이들은 국가 경제의 '부담'으로 간주되기 시작했다. 1930년대 중반까지 추산에 따라 약 40만 명에서 200만 명에 이르는 사람들이 강제적 혹은 자발적으로 멕시코로 송환되었다. 이러한 대규모 인구 이동은 멕시코 사회에도 지대한 영향을 미쳤으며, 양국 간의 관계와 이민 정책에 장기적인 파급효과를 낳았다.

30년대 송환 과정에서 인종차별이 작용했다는 점은 널리 알려져 있다. 멕시코계 이민자의 자녀 중 다수가 미국 시민권자임에도 불구하고 추방 대상에 포함되었고, 연방 정부는 이들의 '자발적 송환'을 위해 무료 교통편을 제공하기도 했다. 프란시스코 발데라마(Francisco Balderrama)와 레이먼드 로드리게스(Raymond Rodríguez)의 『배신의 10년 Decade of Betrayal』은 이 '자발적 송환 프로그램'의 실체를 적나라하게 드러낸다. 표면적으로는 인도주의적 조치를 표방했으나, 실상은 강제 추방에 가까운 정책이었다. 지역 당국은 멕시코계 주민들에게 무료 열차나 버스 티켓을 제공하며 멕시코 귀환을 장려했지만, 한편으로는 공공 부조 중단이라는 위협과 향후 미국 재입국이 불가능할 것이라는 허위 정보로 그들의 '자발적' 출국을 사실상 강요했다. 많은 이들이 짐도 제대로 챙기지 못한 채 야간열차에 올랐고, 열악한 조건 속에서 국경을 향해 달렸다.

1932년 LA 철도역에서 추방을 기다리는 멕시코계 이민자

『배신의 10년』은 이 추방 정책이 법적 근거 없이 진행되었다는 점을 강조한다. 1882년 중국인 배제법이나 1924년 이민법과 달리, 멕시코계 주민 추방은 법적 근거 없이 자의적으로 실행되었다. 1924년 이민법이 국가별 이민 쿼터를 설정하고 아시아 이민을 전면 금지했던 것과 대조적으로, 멕시코계 주민 추방은 공식적 법제화 과정 없이 진행된 것이다. 이 무차별적 추방으로 인해 많은 이들이 '고국'이라 불리는 낯선 땅에 내던져졌다. 이들에게 언어 장벽, 문화 차이, 경제적 어려움 등의 다양한 장애가 놓여 있었다. 더욱 가혹했던 것은 이들을 위한 어떠한 지원 체계도 부재했다는 점이다. 이 멕시코계 집단 추방은 미국에 남은 사람들에게도 장기적으로 부정적 영향을 미쳤다. 가족 해체, 공동체 붕괴, 그리고 미국 사회에 대한 불신 증가 등의 폐해를 초래했다.

1931년 2월 26일 로스앤젤레스의 라플라시타 공원(La Placita Park)에서 벌어진 사건은 1930년대 멕시코계 주민 송환 정책의 폭력성과 비인도성을 단적으로 보여 준다. 올베라 거리와 유니언역 근처에 자리한 이 공원은 당시 멕시코계 이민자들이 정보를 공유하는 중요한 집결지였다. 일상적 교류와 공동체 활동이 활발히 이뤄지던 이 공간에 갑작스레 폭력의 그림자가 드리웠다. 『배신의 10년』은 그날의 상황을 생생하게 전한다. "2월 말의 화창한 오후, 이민 요원들이 갑자기 공원에 몰려들어 출구를 봉쇄했다. 당시 4백여 명의 사람들이 모여 있었다. 올리브색 군복과 사복을 섞어 입은 요원들이 총과 진압봉을 휘두르며 출구를 봉쇄했다. 그들은 공원에 있는 모든 이들을 일렬로 세워 서류 검사를 강행했다."[3]

이 기습 단속으로 수십 명이 체포되고 많은 이들이 추방되었지만, 그 여파는 훨씬 더 컸다. 멕시코계 미국인 공동체에 공포를 조성한 것이었다. 조지 산체스(George Sánchez)의 『멕시코계 미국인 되기 Becoming Mexican American』는 라플라시타 습격이 멕시코계 주민들의 공적 공간을 침해함으로써 그들의 시민권과 소속감을 근본적으로 위협했다고 분석한다. 이 습격은 개인의 추방을 넘어선 심리적 테러에 가까웠고, 한 공동체의 존재 자체를 부정하는 행위나 다름없었다. 그렇지만 역설적이게도, 이 사건은 이후 멕시코계 미국인 커뮤니티의 정치적 각성과 조직화의 발판이 되기도 했다. 많은 이들이 자신들의 권리를 지키기 위한 투쟁에 뛰어들기 시작했고, 이는 훗날 치카노 운동의 밑거름이 되었다.

1931년 2월 26일 라플라시타 습격에 대한 기사

— 로스앤젤레스 치카노 바리오의 탄생과 진화

20세기 초 로스앤젤레스는 멕시코 이민자들에게 새로운 기회의 땅이었다. 한때 조용한 푸에블로(Pueblo, 마을)에 불과했던 이 도시는 철도의 발달과 함께 급격한 변화를 겪었다. 로스앤젤레스는 미국 도시화의 축소판이자, 그들만의 아메리칸드림을 꿈꿀 수 있는 희망의 무대였다. 실제로 이 도시는 단기간에 그야말로 비약적으로 성장했다. 1900년 약 10만 명에 불과하던 인구가 1930년에는 100만 명을 훌쩍 넘어섰다. 이 과정에서 도시 지형도 크게 바뀌었다. 이주 초창기 멕시코 이민자들은 도심 중앙 광장 주변에 모여 살았지만, 점차 동쪽과 로스앤젤레스강 너머로 퍼져 나갔다. 특히 1차 세계대전 무렵에는 벨베데레-마라비야(Belvedere-Maravilla) 지역으로, 1920년대에는 보일 하이츠(Boyle Heights)로 집단이주의 행렬을 이어 갔다.[4]

1930년대에 이미 이스트 로스앤젤레스는 '리틀 멕시코'라 불릴 만큼 멕시코 문화의 중심지로 자리매김했다. 바리오(Barrio)라 불리는 이 멕시코계 동네들은 이민자들에게 안식처이자 정체성의 뿌리였으며, 과거와 현재가 공존하는 교차점이었다. 그들은 스페인어 신문을 발행하고, 멕시코 학교를 설립하며, 자국 출신 정치인을 지지했다. 1938년 설립된 '스페인어 사용 민중 회의(El Congreso del Pueblo de Habla Española)'와 같은 단체는 노동자들의 권리 향상을 위해 힘썼다.[5] 그들은 이곳에서 고향의 문화와 가치, 언어와 전통, 축제와 음식 등을 고수하면서도 새로운 미국 생활에 적응해 나갈 수 있었다.

바리오의 일상은 생동감이 넘쳤다. 여성들은 주로 교회에서 시간을 보냈고, 남성들은 칸티나(Cantina)라 불리는 술집이나 당구장을 즐겨 드나들었다. 특히 16세기 초부터 멕시코에서 유행했던 투계는 여기서도 인기몰이를 했다. 행사가 있는 주말이면 공원에서 축제와 퍼레이드가 열렸고, 마리아치 밴드의 음악이 흥을 돋웠고 향수를 달랬다.[6] 그러나 로스앤젤레스의 급속한 성장이 경제 시스템의 전면적 변화를 가져온 것은 아니었다. 1940년대까지도 로스앤젤레스는 여전히 농업 도시의 성격을 띠고 있었다. 도시 외곽의 광활한 오렌지 과수원과 넓게 펼쳐진 채소밭은 여전히 이 도시의 경제를 떠받치는 중요한 축이었다. 이는 많은 멕시코 이민자들이 여전히 저임금 농업 노동에 종사했음을 시사한다.[7]

경제 불황과 대규모 강제 추방에도 불구하고, 로스앤젤레스는 멕시코 이민자들을 계속해서 끌어들였다. 이는 도시의 산업 구조와 노동 수요, 그리고 이미 형성된 이민자 네트워크의 결과였다. 1950년대에 이르러 로스앤젤레스는 멕시코시티 다음으로 세계에서 가장 많은 멕시코계 주민이 사는 도시가 되었다. 이러한 인구 변화는 도시의 문화적, 경제적 지형을 크게 변화시켰다. 산체스는 이를 '조용한 침투(quiet invasion)'라고 표현했는데, 이 비유는 멕시코계 이민자들이 평화롭게, 그러나 지속적으로 로스앤젤레스의 사회 구조를 변화시켜 갔음을 의미한다.

— 『앵무새』: 1930년대 치카노 공동체의 형성과 도전

앞서 언급했듯, 1930년대 로스앤젤레스는 멕시코계 이민자들에게

꿈과 현실이 교차하는 장소였다. 당시 이 도시는 이민과 송환이라는 거시적 흐름 속에서도 다양한 개인들의 경험이 공존하는 곳이었다. 바리오라 불리는 멕시코계 거주지역에 형성된 공동체와 그 구성원들의 일상은 단순한 이주 통계로는 포착하기 어려운 역사적 실체를 보여 준다. 도시 내면에 살아 숨 쉬는 사람들, 즉 바리오를 구성하고 거기에 뿌리를 내린 사람들의 생생한 이야기. 그들의 희로애락을 들여다보는 것은, 역사의 틈새를 메우는 작업이자 삶의 다양한 실체를 총체적으로 살펴보는 일이 된다.

다니엘 베네가스(Daniel Venegas)의 소설 『돈치포테의 모험 또는 앵무새가 젖을 먹일 때 *Las aventuras de Don Chipote o Cuando los pericos mamen*』는 바로 이 틈새를 메우는 중요한 작품이다.[8] 작가의 자전적 경험과 날카로운 사회 비평이 녹아든 이 소설은 마치 만화경처럼 복잡한 현실을 비춰 낸다. 소설의 주인공 돈치포테는 우리에게 익숙하면서도 동시에 낯선 인물이다. 그는 아메리칸드림을 좇아 국경을 넘은 수많은 멕시코인 중 한 명이다. 철도 브라세로(Bracero, 이주 노동자), 즉 트라케로(Traquero)로 일하기 위해 미국 땅을 밟았지만, 예기치 않은 사고로 그 꿈은 좌절된다. 곧이어 그는 로스앤젤레스라는 거대하고 낯선 도심 속에 툭 던져진다. 어느새 접시닦이가 되어 바리오의 한 구석을 차지한 돈치포테의 모습은 우스꽝스러우면서도 어딘가 처연하다. 그의 '바람난 남정네' 행각은 때로는 실소를, 때로는 한숨을 자아낸다. 언뜻언뜻 이 '웃픈' 에피소드들 사이로 이방인으로서의 고독과 불안이 스며드는데, 이는 이민자들의 삶이 지닌 양가성의 반영일 것이다. 고향에 대한 그리움과 새로운 세계에 대한 호기심, 생존을 위한 몸부림과 도덕적 해이 사이의 아슬아슬한 줄타기가 그들의 일상이다.

『앵무새』는 한 개인의 이야기에 그치지 않고, 당시 바리오 공동체의 '현장 스케치'로 읽힌다. 하루하루 힘겹게 살아 내는 노동자들, 동포를 속여 잇속을 챙기는 사기꾼들, 유흥문화에 심취한 자들. 이 다양한 인물 군상은 때로는 역동적이고, 때로는 추하기 그지없다. 그러나 그 모든 것이 1930년대 로스앤젤레스 바리오의 실체이자 민낯에 가깝다.

『앵무새』의 작가는 '말크리아도(Malcriado)'라는 예명으로 활동한 망명 지식인이었다. 『멕시코 헤럴드(El Heraldo de México)』라는 스페인어 신문에 크로니카(Crónica)와 문화비평을 발표하며, 시대를 기록하고 해석하는 크로니스타(Cronista)의 소임을 다했다.[9] '말크리아도'라는 필명은 '버릇 없는', '반항적'이란 뜻으로, 비판적 지식인을 표방하는 그의 정체성을 교묘하게 감추면서도 드러내는 효과를 지닌다.

1910년 멕시코 혁명은 역사의 물줄기를 바꿔 놓았다. 그 물줄기를 국경 너머로 밀어냈다고 하는 편이 정확할 것이다. 정치적 혼란을 피해 수많은 멕시코인이 국경을 넘어 로스앤젤레스로 향했다. 이들 중에는 말크리아도와 같은 지식인들도 상당수 포함되어 있었다. 그들은 새로운 땅에서 자신들의 정체성을 지키고자 했고, 그 수단으로 스페인어 인쇄물을 선택했다. 이 시기 로스앤젤레스의 스페인어 신문들은 단순한 정보전달 매체의 기능을 넘어서 망명 공동체의 정신적 구심점이자 멕시코 민족주의 담론의 전파지 역할을 담당했다. 말크리아도와 같은 크로니스타들은 이런 인쇄매체를 통해 고국에 대한 그리움, 새로운 환경에 대한 비판적 인식, 자신들의 정체성에 대한 실존적 고민 등을 거침없이 쏟아 냈다.

『앵무새』의 마지막 부분에 작가, 혹은 크로니스타로서의 소명 의식을 명징하게 드러낸다. "빗자루로 돈을 쓸어 담는다면서 미국을 향해 떠난 이들의 이야기에 속아 자신의 모국을 등진 치카노들이 겪는 실패, 그것을 잊지 않도록"[10] 이 소설을 창작했다는 것이다. 이는 동포들을 향한 애정 어린 충고이자 작가-크로니스타로서의 사명 선언으로 볼 수 있다.

말크리아도의 이러한 태도는 당시 멕시코 지식인들 사이에서 널리 퍼져 있던 '문화민족주의'의 한 표현이라고 볼 수 있다. 이들은 미국의 물질주의와 개인주의를 비판하면서 멕시코의 전통적 가치와 공동체 정신을 강조했다. 이러한 흐름 속에서 『앵무새』는 아메리칸드림의 허상을 폭로하고, 고국을 떠난 이들의 정체성 위기를 경고하는 작품으로 읽힌다. 그렇다고 말크리아도의 시각이 보수적이거나 배타적이라는 뜻은 아니다. 실제로 그는 대단히 유연한 '탈경계적' 가치관을 장착한 것으로 보인다. 그 때문일까. 그는 로스앤젤레스에 형성된 멕시코 공동체를 '탈국가적' 성향을 지닌 모습으로 그려 낸다.

이런 맥락에서 주인공 돈치포테의 여정은 말크리아도가 경험한 멕시코 이민자들의 현실을 생생하게 보여 준다. 다음은 돈치포테가 국경을 넘어 처음 도착한 엘패소에서 맞닥뜨린 현실을 그리고 있다.

이 도시, 엘패소에 수천 명의 멕시코 브라세로들이 몰려든다. 그들의 눈에는 지금까지의 비참한 삶에 마침표를 찍고자 하는 간절한 희망이 깃들어 있다. 이곳은 또한 많은 정치가가 멕시코 여당의 박해를 피해 안식처를 찾는 곳이기도 하다. 돈치포테도 이 무리 속에 있다. 그는 고국에서의 견딜 수 없는 불행한 삶을 뒤로하고, 달러의 유혹에 넘어가 자신의 땅을 등졌다. 하지만 그는 이제 더 큰 고통 속으로 뛰어들고 있다는 사실을 알지 못한다. 그의 주위에는 같은 운명을 짊어진 수많은 동포가 있다. 엘패소. 이 도시는 꿈과 현실이 충돌하는 장소다. 희망의 문턱이자 절망의 시작점. 돈치포테와 그의 동포들은 지금 그 경계에 서 있다.[11]

돈치포테의 여정은 흡사 현대판 피카레스크 소설을 보는 듯하다. 그는 현대의 라사로처럼 미국 땅에서 불의와 착취, 기아를 겪으며 생존을 위해 고군분투한다. 엘패소에서 시작된 돈치포테의 여정은 곧 고난의 연속이 된다. 충견 수프레람브레(Suprelambre, 극심한 굶주림)와 함께 감옥에 갇히는가 하면, 새로 사귄 친구 폴리카르포(Policarpo)와 함께 도둑을 당하기도 한다. 그들에게 미국은 기회의 땅인 동시에 위험이 도사린 미지의 세계다. 약속의 땅이자 기만의 무대인 셈이다.

애리조나의 한 마을에서 철도 노동자로 일하게 된 돈치포테는 노동 현장의 실상과 마주한다. 고된 노동과 부당한 처우에 분개하고 항의하는 그의 모습은, 당시 멕시코 노동자들의 처우와 그들의 저항을 대변한다. 그러나 그의 투쟁은 큰 사고로 인해 중단되고 만다. 심각한

다리 부상으로 병원 치료차 로스앤젤레스로 가게 되었기 때문이다. 병원 신세를 지고 간신히 죽을 고비를 넘긴 돈치포테는 이번에는 도시 빈민의 삶을 경험한다. 그의 충견의 이름처럼 돈치포테가 겪는 극심한 배고픔은 그로테스크하게 묘사되는데, 이는 대공황 시기의 도시 빈민들의 처절한 현실을 반영한다. 이때 어렵사리 얻은 식당 접시닦이 일자리는 그의 백일몽을 연장시킨다.

이후 점차 도시 생활에 적응해 가는 돈치포테의 변신은 흥미롭게 그려진다. 그는 백인 플래퍼(Flapper, 자유분방한 신여성)를 만나 극장을 드나들면서 '아메리칸 라이프'를 동경하기 시작한다. 이 과정에서 멕시코에 있는 가족을 잊어 가는 그의 모습은, 새로운 도시 문화에 적응해 가는 이민자들의 보편적 '수순'을 보여 준다. 한편, 멕시코에 남겨진 아내 도냐 치포타는 당시 여성 이민자들의 강인함을 대변하는 인물처럼, 남편의 연락이 끊기자, 가축을 팔아 여비를 마련해 어린 자식들을 데리고 월경을 감행한다. 그녀의 여정은 돈치포테의 그것보다 훨씬 더 번거롭고 위험하다.

이들이 로스앤젤레스의 한 극장에서 우연히 재회하는 것으로 소설은 클라이맥스에 이른다. 5달러의 상금과 연인의 사랑을 얻기 위해 무대에 오른 돈치포테와 그런 그를 발견한 가족. 희극과 비극이 교차하는 절묘한 순간이 연출된다. 난장판이 된 상봉식과 이어진 투옥과 추방. 마치 당시 멕시코 이민자들의 불안정한 지위를 압축한 듯하다. 소설 말미에서 가족이 다시 멕시코로 돌아가 마을 사람들 앞에서 성공한 척 연기를 하는 '웃픈' 모습은 아이러니하다. 이는 단순한 '연기'나 허세가 아니라 실패한 아메리칸드림에 대한 자조 섞인 쓴웃음이다. 이민자-피카로-돈치포테가 겪은 환멸이자 현실 세계에서 무참하게 깨져 버린 '돈키호테'의 환상으로 읽힌다. 그래서 어쩌면 소작농으로의 회귀는 그들에게 가장 안전하고 익숙한 삶의 방식으로의 복귀를 의미할지도 모른다.

작품의 결말에서 작가는 멕시코의 농경 사회적 정서와 문화로의 회귀를 강조한다. 그러나 독자들은 이런 뻔한 교훈보다는 로스앤젤레스에서 태동하는 치카노 이민자 공동체의 탈국가적 생활양식과 그들이 직면한 현실적 문제들에 더 큰 관심이 쏠린다. 이것은 작가의 의도와 작품의 수용 사이에 흥미로운 괴리가 존재함을 의미한다.

작가는 멕시코 출신 망명 지식인이자 논평가로서 날카로운 사회 비판 의식을 견지하면서도, 멕시코의 전통적 도덕관과 남성 중심적 이데올로기로부터 완전히 자유롭지 못하다. 특히 작가는 미국화된 멕시칸 아메리칸이나 미국 문화를 맹목적으로 추종하는 신참 이민자들을 비판적으로 바라본다. 그러나 이러한 비판적 시각과는 별개로, 그는 '지금/여기'라는 공통의 시공간적 경험을 매개로 독자들과 정서적 유대감을 구축하고자 시도한다. 이를 위해 그는 자신을 중산층 지식인이 아닌 노동자 계급과 동일시하며, 독자들과의 심리적 거리를 좁히는 데 주력한다. 그래서인지 그가 그려 낸 공동체의 모습은 그의 비판과 훈계의 의도를 뛰어넘어 한층 더 역동적이고 다층적인 생명력을 획득하게 된다.

자신의 뿌리마저 부정하면서 그링고처럼 보이려 모국어 사용을 거부하는 이들보다 더 큰 배신이 있을까? 내 생각엔 없다. 그들은 영어도, 스페인어도 아닌 어중간한 말을 지껄이며 어느 쪽에도 속하지 못하는 배신자들이다. 이 무지한 자들이 오히려 우리를 향해 가장 악의에 찬 말을 내뱉는다. '촌뜨기', '풋내기', '멍청이 멕시칸'… 이 모욕적인 단어들로 그들은 멕시코에서 막 도착한 동포들을 비하한다.[12]

작가는 마치 직접 대화하는 듯한 어조로 독자를 이야기 속으로 끌어들인다. "자, 독자 여러분. 이제 돈치포테가 캘리포니아로 향하고 있습니다. 과연 그는 무사히 도착할 수 있을까요? 철도 일을 해 보신 분이 계시면 한 말씀 해 주시지요. 아직 갈 길이 멀었나요?"[13] 이 대화체는 자신의 경험을 독자와 공유하려는 욕구의 표현이다. 작가의 개인사는 소설에 살을 보태고 개연성과 몰입감을 높인다. 현장 체험에 근거한 폭로와 비판은 텍스트 곳곳에 녹아 있다. "이 글을 쓰는 사람은 철도에서 일할 때 한 번도 일한 시간만큼 정확히 임금을 받아 본 적이 없소. 주문한 만큼 식량을 제대로 받았던 적도 없고. 그 유명하다는 회사 매점은 마음대로 물건값을 매기고 원하는 대로 돈을 뜯어가지."[14] 이 증언 속에는 당시 철도 노동자들의 고단한 현실이 집약되어 있다.

흥미롭게도, 베네가스의 이런 묘사는 후대의 학술 연구인 2012년에 출간된 『트라케로스 *Traqueros*』를 통해 확인된다. 이 연구에 따르면, 트라케로라 불린 멕시코 출신 철도 노동자들은 1880년부터 1910년까지 일당 1달러를 받았는데, 이는 멕시코 현지 임금의 4배였지만, 동일 노동을 하는 아일랜드 출신 이민자의 3분의 1에 불과한 차별적인 저임금이었다. 당시 미국 사회에서 멕시코 출신 노동자들이 겪은 차별은 단순한 편견의 차원을 넘어서는 사회구조적 문제였다.

— 트라케로의 삶과 마르틴 라미레스의 예술

1930년대 로스앤젤레스의 치카노 바리오를 그린 베네가스의 『앵무새』는 허구이지만, 실제 현실에서 그보다 더한 극적인 삶으로 마르틴 라미레스(Martín Ramírez)를 꼽을 수 있다. 그의 삶과 죽음은 트라케로의 고단한 현실을 예술로 승화한 놀라운 사례다.

1931년, 로스앤젤레스의 한 공원에서 발견된 라미레스. 그가 발견된 곳이 아마도 라플라시타 공원이었을 것이라는 추측은 당시 멕시코 이민자들의 주요 집결지였던 이 장소의 상징성을 고려할 때 꽤 신빙성이 있어 보인다. 부랑아라는 죄명으로 구치소에 구금되었다가, 송환 과정에서 그의 정신 상태가 드러났다. 실어증과 정신분열증 진단을 받은 그는 결국 정신병원에 수용된다.

라미레스의 예술 인생은 이 비극의 한가운데서 꽃을 피웠다고 할 수 있다. 1935년 드윗 주립 병원으로 이송된 후, 그는 40년대 중반부터 작은 종이 쪼가리에 그림을 그리기 시작한다. 병원 내 잡다한 재료들을 이용한 그의 그림은 50년대 초 타르모 파스토(Tarmo Pasto) 교수에 의해 '발견'되었고, 이후 본격적으로 창작 활동을 시작한다. 라미레스의 작품에서 가장 눈에 띄는 것은 반복되는 선로와 터널의 이미지다. 이점은 그가 정신병 발병 전 트라케로로 일했을 가능성을 강하게 시사한다. 실제로 1920년대 애리조나를 관통하는 산타페 철로와 로스앤젤레스의 대규모 수로 건설 사진을 그의 작품과 비교해 보면 놀라울 정도로 유사한 패턴을 발견할 수 있다.

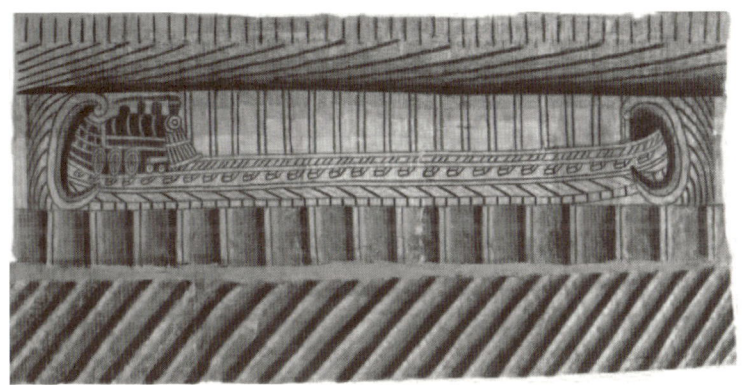

1953, 마르틴 라미레스가 종잇조각에 그린 기차 그림

이 반복되는 이미지들은 파편화된 기억의 단순한 조합이나 재현을 넘어선다. 그것은 트라우마화된 기억의 재생 패턴이자, 강도 높은 노동과 육체적·정신적 착취에 대한 무언의 절규하고 해도 무방하다. 제프리 마르코스 가르실라소(Jeffrey Marcos Garcilazo)는 『트라케로스, 1870년에서 1930년까지 멕시코계 철도 노동자들과 미국 서부의 건설』에서 이런 노동의 실상을 자세히 기록하고 있다. 그의 연구에 따르면, 실제로 라미레스와 같은 트라케로들은 극한의 기후 조건 속에서 하루 10~12시간씩 중노동에 시달렸고, 산업 재해의 위험에 항상 노출되어 있었다.

라미레스의 작품에 나타나는 공간적 왜곡은 이주자의 분열된 정체성을 반영하는 시공간의 재구성으로 해석된다. 멕시코와 미국, 과거와 현재, 현실과 환상이 뒤섞인 라미레스의 화폭은 이민자의 복잡한 심리 상태를 시각적으로 표현한 것이다. 그래서 베네가스의 소설 속 돈치포테와 실제 인물 라미레스의 삶은 미묘하게 중첩된다. 철로 노동 현장과 로스앤젤레스 도심에서 입에 풀칠이라도 하기 위해 도심을 배회하는 돈치포테의 모습은 라미레스의 고통을 대변하는 듯하다. 두 이야기는 모두 1930년대 미국에서 멕시코 이민자들이 겪은 고난과 소외, 그리고 그 속에서도 꺾이지 않는 인간의 창조성을 보여 준다. 결국 라미레스는 1963년 병원에서 생을 마감하며 붓을 꺾었다. 가족과 재회하지 못한 채 외롭게 떠난 그였지만, 그의 예술은 오늘날 현대미술의 중요한 한 표현 방식으로 평가받고 있다.

— 멕시코계 이민자들의 아메리칸드림

『앵무새』는 엘파소에서 시작해 애리조나를 거쳐 로스앤젤레스에 이르는 치카노 이민자들의 여정을 상세히 추적한다. 특히 로스앤젤레스의 도심부에서 펼쳐지는 장면들은 초기 치카노 이민 사회의 형성 과정을 마치 파노라마처럼 생생하게 보여 준다. 작가는 구체적인 지명과 거리 이름을 언급하며 독자를 도시 곳곳으로 끌고 다닌다. 도시의 속살을 들여다볼 수 있는 이 '플라뇌르(Flaneur)'의 동선은 당시 치카노 공동체의 지리적, 사회적 지형도를 그려 내는 동시에, 이민자들의 내면 풍경을 투영하는 효과를 준다. 폴리카르포가 4번가에서 산타페 애버뉴를 거쳐 1번가의 라플라시타에 도착하는 장면은 마치 그와 함께 걷는 듯한 착각을 불러일으킨다.

　　배낭을 메고, 폴리카르포는 4번가로 내려와 산타페 애버뉴와 마주쳤다. 이 길을 따라가다 곧 기차역이 보였지만, 그는 그냥 지나쳐 1번가까지 걸어갔다. 마치 자석에 끌리듯 그는 무의식적으로 플라시타를 향해 갔다. 사실, 이건 그리 나쁜 선택이 아니었다. 왜냐면 이곳에 많은 치카노들이 모여든다는 것을 눈치챘기 때문이다.[15]

　이 장면은 이동 경로의 나열이라기보다는 내면 지도에 가깝다. 라플라시타에서 이민자들은 일자리 정보를 교환하고, 고향 소식을 나누며, 때로는 노숙을 하기도 했다. 앞서 언급한 '라플라시타 습격' 사건의 배경이 되는 장소이기도 하다.

　소설 『앵무새』와 민속 가요 장르인 코리도 〈접시닦이(El lavaplato)〉는 1920~30년대 로스앤젤레스 멕시코계 이민 사회의 내면을 예술적으로 형상화한다. 이 작품들의 구조적 유사성은 주목할 만하다. 양자 모두 주인공이 철도 노동자와 시멘트 작업 인부를 거치고, 미국 문화에 매료되었다가 결국 환멸을 느낀 후 멕시코로 귀향하는 서사를 따른다. 그럼에도 두 작품은 분명한 차별성을 보인다. 코리도가 이민자의 고단한 삶을 직설적으로 토로한다면, 『앵무새』는 이를 풍자와 해학을 곁들여 희극적으로 과장한다. 코리도의 주인공과 돈치포테 모두 아메리칸드림의 환상과 현실 사이에서 고뇌하다 결국 고향으로 돌아가는데, 이는 단순한 '실패'가 아닌 일종의 '각성'으로 풀이된다.

　〈접시닦이〉는 1926년 5월 11일 로스앤젤레스에서 처음 상업적으로 녹음된 코리도로, 당시 이민자들의 삶과 애환, 꿈이 서려 있는 중요한 문화적 유산이다. 1920~1930년대 도시 생활상을 담아낸 이런 민속 가요들을 통해 이민자들은 자신들의 고난과 좌절을 예술로 승화시켰고, '치카노'라는 새로운 정체성을 구축해 갔다. 당시 로스앤젤레스는 극장, 라디오 방송국, 음반 제작소 등이 밀집한 문화의 용광로였다. 이런 환경에서 〈접시닦이〉 같은 코리도와 『앵무새』 같은 소설이 탄생했다는 사실은, 도시 공간이 어떻게 새로운 문화의 모태가 되는지를 보여 주는 상징적인 사례라 할 수 있다.

『앵무새』가 담아내는 로스앤젤레스 도심은 이민자들의 애환이 녹아 있는 삶의 현장이다. 병원에 누워 있는 돈치포테를 걱정하는 폴리카르포의 모습, 일자리를 찾아 도시의 이곳저곳을 헤매는 장면, 고독에 짓눌려 눈물 흘리는 순간, 시멘트 작업장에서 겪는 극한의 노동. 이민자들의 고단한 현실이 묻어나는 이 모든 것들이 스냅 사진처럼 독자들의 눈에 파고든다. 그래서 돈치포테가 로스앤젤레스의 치카노 바리오에 적응해 가는 과정은 여느 정착기와는 사뭇 다르다. 그의 '모험'과 '편력'은 복잡다단한 이민 사회의 실상과 미국 사회의 허상을 깨닫는 여정이다.

로스앤젤레스에는 일종의 무뢰한들이 활개 친다. 이들은 오직 돈벌이에만 혈안이 된 자들로, 영어에 서툰 순진한 동포들의 주머니를 털어 생계를 유지한다. 이 파렴치한들은 사무소를 차려 놓고 온갖 종류의 서비스를 제공한다고 호언장담한다. 심지어 비밀처방으로 원하는 여인의 마음을 사로잡게 해 준다는 엉터리 점쟁이까지 있다. 어떤 이들은 번역이나 연애편지 대필을 해 주기도 하지만, 결국은 동포들을 속이기 위한 미끼일 뿐이다. 순진한 동포들은 이들의 사탕발림에 속아 마치 도살장으로 끌려가는 양처럼 이 사기꾼들의 마수에 걸려든다. 양심이라고는 찾아 볼 수 없는 작자들이 눈앞의 사람들을 현혹하는 것이다.[16]

작가는 이민자 사회의 취약성과 그 틈을 비집고 들어오는 착취의 메커니즘을 포착하고 있다. 언어의 장벽, 문화적 이질감, 그리고 새로운 환경에 대한 불안감 탓에 어떻게 신참 이민자들이 기회주의자들의 손쉬운 먹잇감으로 전락하는지를 생생하게 보여 준다.

— 이민자들의 삶, 노동과 문화의 교차

지식인 망명자, 브라세로 노동자, 초기 정착민, 불법 노동자 등 다양한 배경의 이민자들이 어우러져 형성한 이 공동체의 모습은 인간 사회의 보편적 모순과 갈등을 응축해 보여 준다. 그러나 『앵무새』가 특히 주목받는 이유는 당시 치카노 엔터테인먼트 산업의 역동적인 모습을 포착했다는 점에 있다. 이 소설은 이스트 로스앤젤레스의 스페인어 극장을 중심으로 펼쳐지는 문화생활을 마치 드라마의 한 장면처럼 사실적으로 묘사한다. 주인공 돈치포테가 접시닦이로 간신히 생계를 이어 가는 와중에도 보드빌 쇼에 빠져드는 모습은, 이민자들의 삶이 단순히 노동 현장에 국한되지 않는다는 점을 상징적으로 드러낸다. 플라시타 광장 주변의 메인가(Main Street)를 중심으로 펼쳐지는 보드빌 쇼와 치카노 음악가들의 생동감 넘치는 장면은 작가의 직접적 경험에 근거한 것이다. 비록 비판적 의도이긴 하지만, 그의 사실적 묘사 덕분에 독자는 당시 소비 주체로 부상하는 치카노 사회의 모습을 엿볼 수 있게 된다.

'재즈 시대'라고 불리던 당시의 문화적 흐름은 자연스럽게 치카노 사회에도 큰 영향을 미쳤다. 또한 교통의 발달로 증가한 인구 이동과 오락 산업의 번성은 치카노들의 생활 방식을 근본적으로 변화시키는 계기가 되었다. 마누엘 곤살레스(Manuel Gonzales)의 『메히카노스 Mexicanos』는 1930년대 로스앤젤레스 치카노 사회의 문화적 역동성을 보여 준다. 이 책에 따르면, 당시 멕시코계 이민자들은 적극적인 문화소비자로서 극장과 라디오를 통해 여가 생활을 누렸다. 그래서 "미국과 멕시코의 최신 영화를 상영하는 영화관들, 그리고 고국과의 유대를 강화해 준 카파 극장 투어는 늘 관객들로 넘쳐 났다."[17] 라디오 또한 치카노 문화 형성에 중추적인 역할을 했다. 스페인어 방송은 바리오 주민들의 주요 소통 창구였다. 특히 1930년대 초 페드로 J. 곤살레스 같은 포크 가수 겸 라디오 스타의 등장은 치카노 대중문화에 새바람을 일으켰다. 이들은 요즘 표현으로, 탄탄한 팬덤을 보유한 공동체의 문화 아이콘으로 부상했다. 라디오 프로그램의 레퍼토리도 장르를 넘나들며 다채로웠다. 멕시코 대중음악이 주를 이뤘지만, 루벤 다리오의 시, 코리도, 이탈리아 오페라, 프랑스 군가, 그리고 다양한 클래식 음악도 함께 전파를 탔다. 곤살레스는 이를 두고 치카노 대중문화의 수준이 놀라울 정도로 높았다고 평가한다.[18]

『앵무새』 후반부에 등장하는 보드빌 공연 장면은 1930년대 로스앤젤레스의 문화적 열기를 고스란히 담아낸다. 화려한 조명, 흥겨운 음악, 그리고 관객들의 열광적인 반응이 그야말로 '라이브'로 전달된다. 보드빌 극장은 멕시코의 전통문화와 미국의 대중문화가 한데 어우러져 새로운 이민자 문화를 주조해 내는 실험장이었다고 할 수 있다. 산체스는 "보드빌 극장들은 단순한 오락 공간이 아니었으며, 멕시코계 미국인 공동체의 정체성이 형성되고 협상되는 문화적 아레나였다."[19]라고 강조한다.

『앵무새』에서 돈치포테가 시 암송 경연과 노래자랑에 참가하는 장면은 이러한 문화적 실험의 한 단면을 보여 준다. 그의 서툰 영어 발음과 멕시코 민요의 변주는 두 문화 사이에서 균형을 잡으려는 치카노들의 노력을 상징적으로 드러낸다. 여기서 등장하는 '펠로나(Pelona)' 혹은 '플래퍼(Flapper)'로 불리는 신여성들은 치카노 사회의 내부 갈등을 수면 위로 끌어올리는 역할을 했다. 짧은 치마, 단발머리, 대담한 화장을 한 이들은 이민자 사회에 신선한 충격을 안겨 주었고, 전통적 가치관과 가부장제에 대한 도전으로 비쳤다. 펠로나들의 출현은 세대 간, 성별 간 갈등을 초래하며, 부상하는 치카노 정체성에 대한 논쟁의 불씨가 되었다.

당시 히스패닉 언론의 논조는 이러한 갈등의 양상을 생생하게 보여 준다. 보수적인 스페인어 신문들은 마치 전통의 수호자를 자처하듯 플래퍼리즘(Flapperism)을 신랄하게 비판하고 전통적 여성상을 옹호했다. 그러나 역설적이게도, 이러한 집요한 딴지 걸기와 마리아니스모(Marianismo)[20]는 오히려 플래퍼 문화의 영향력을 반증하는 결과를 낳았다. 신문 지면을 가득 메운 비판 기사들은 펠로나 문화의 확산과 인기를 방증하는 셈이 되었다.

로스앤젤레스엔 치카노들이 즐겨 찾는 극장이 있는데, 이걸 황금알을 낳는 거위로 본 눈 밝은 사업가들이 끊임없이 새로운 오락거리를 선보인다. … 이곳에선 연인에게 마음을 전할 용기가 없는 수줍은 남자들도 노래 한 곡조로 속마음을 털어놓는다. 어떤 이들은 눈이 뒤집힐 정도로 열창을 하지. 매일 밤 웃음바다가 되는 이곳에서, 사업가들은 주머니를 두둑이 채우고 나간다.[21]

베네가스의 관찰자적 시선 덕분에 독자는 1920년대 로스앤젤레스 보드빌 극장의 생동감 넘치는 분위기에 온전히 빠져들게 된다. 배우들의 열정적인 목소리와 관객들의 환호성이 어우러진 무대 풍경, 그리고 극장 전체를 감싸는 흥분과 열기가 생생히 전달된다. 여기서 베네가스는 단순한 관찰자가 아닌 이 문화의 능동적 참여자였다. 그는 보드빌 쇼의 연출자로 활동하며 실제 무대 경험을 쌓았고, 동시에 비평가로서 신문에 관련 평론을 게재하기까지 했다.[22] 이러한 그의 행보는 당시 주류 멕시코 출신 비평가들의 시각과 극명한 대조를 이룬다. 많은 이들이 보드빌을 비도덕적이고 저급한 장르로 폄하했던 반면 그는 이 대중문화를 즐기고 그 가치를 인정했던 것으로 보인다.

돈치포테가 새로운 '둘시네아(Dulcinea)'[23]인 펠로나의 사랑을 얻기 위해 고군분투하는 모습과 우스꽝스러운 구애 과정은 변화의 소용돌이 속에서 방황하는 치카노 사회의 모습을 익살스럽게 대변한다. 전통적 가치관과 새로운 문화 사이에서 갈팡질팡하는 돈치포테의 모습은 당시 이민자들의 고민과 갈등을 반영한다.

> 멕시코 관중들은 열광적으로 소리치며 난리법석을 떨었다. 그들이 기대하던 매력적인 여가수 대신, 선인장 열매 풀케(Pulque) 술에 취한 듯한 남자가 멕시코 전통 의상을 입고 나와 신소리를 늘어놓았다. 그의 말장난은 앞서 나온 가수의 노래보다 더 야했다. 결국 광대의 농담은 시시했지만, 고향에서의 술자리를 연상케 하는 그의 몸짓이 관객들의 흥을 돋웠다. 그들은 환호하며 박수를 쳤고, 광대는 무대를 활보하다 감사 인사를 하며 퇴장했다.[24]

이 장면은 치카노들의 향수, 그들의 웃음과 눈물, 그리고 새로운 환경에 적응하려는 노력을 모두 담고 있다. 무성영화와 보드빌 쇼는 언어의 장벽을 넘어 모든 이들이 즐길 수 있는 대중문화였고, 베네가스는 이를 통해 이민자 사회의 욕망과 불안, 향수와 희망이 뒤섞인 시대상을 형상화한다. 앞서 언급했듯, 베네가스의 『앵무새』는 클라이맥스에서 극적인 재회 장면을 연출한다. 돈치포테가 새 연인을 위해 무대에서 시를 낭송하는 순간, 멕시코에서 건너온 아내 도냐 치포타가 그를 발견한다. 이 우연한 조우는 멜로드라마적 장치를 통해 이민자들의 삶에 내재된 긴장과 모순, 그리고 이산가족의 의미를 상징적으로 응축해 낸다.

이 작품은 1920~1930년대가 치카노 연극과 대중오락 문화의 불모지가 아니었음을 증명한다. 오히려 이 시기는 새로운 문화의 씨앗이 뿌리내리기 시작한 때였다. 극장은 도덕적 메시지를 전달하는 창구이자, 멕시코 본토 문화의 전달자였으며, 새로운 사회 규범을 학습하는 공간이었다. 동시에 순수한 창작의 장이자 이민자 예술가들의 일터이기도 했다. 그래서 『앵무새』는 치카노 문학사의 잃어버린 한 페이지를 복원한다.

─ 극장 너머: 1930년대 치카노 문화의 다양한 스펙트럼

『앵무새』는 1930년대 로스앤젤레스 멕시코계 이민자 문화의 한 단면을 생생하게 보여 준다. 그러나 이 시기 치카노 문화 지형은 도심의 극장과 보드빌 쇼를 훌쩍 넘어 훨씬 더 광범위하고 다채롭게 펼쳐지기 시작했다. 당시 대다수 이민자들은 농업, 철도 건설, 공장 노동 등 저임금 직종에 종사했다. 그러나 이러한 경제적 어려움과 사회적 차별 속에서도 그들만의 독특한 문화적 삶을 영위했다. 일례로, 매트 가르시아(Matt García)는 『독자적인 세계 A World of Its Own』에서 로스앤젤레스 외곽의 감귤 농장 노동자들이 주말마다 참여했던 바일레(Baile, 댄스 파티)를 소개한다. 당시 노동자들이 바일레를 통해 공동체 의식을 강화하고 문화적 정체성을 유지했다고 설명한다.[25] 아울러 중산층 지식인 치카노들은 다양한 문화 활동을 통해 자신들의 문제의식을 드러내고 정치적 소신을 표출했다. 데이비드 G. 구티에레스(David G. Gutiérrez)는 『벽과 거울 Walls and Mirrors』에서 1930년대 로스앤젤레스에는 비록 작은 규모이지만 영향력 있는 치카노 지식인 그룹이 이미 형성되어 있었다고 얘기한다. 이들은 신문사를 운영하고, 문학 서클을 조직하며, 때로는 정치적 활동에도 참여했다.[26]

산체스의 연구는 이 시기 치카노 문화의 더 넓은 스펙트럼을 조명한다. 예컨대, 앞에서 언급했던 라디오 문화는 실제로 치카노 사회에서 중추적인 역할을 했다. 〈멕시코 시간(La Hora Mexicana)〉과 같은 프로그램들은 『앵무새』의 주인공들이 극장에서 경험한 문화적 향수와 현실 감각을 더 다양한 청취자들에게 전달했다. 이 시기 치카노들은 멕시코의 전통 음악을 유지하면서도 미국의 대중음악을 적극적으로 수용했다. 예를 들어, 멕시코 전통 음악을 미국식으로 편곡하거나, 영어 가사를 스페인어로 번안하는 등의 시도가 이루어졌다. 특히 젊은 세대들 사이에서는 미국의 스윙과 재즈가 인기를 끌었다.

또한 『라오피니온(La Opinión)』 같은 스페인어 신문의 역할은 『앵무새』에서 암시된 치카노 사회의 정보 교류와 문화 형성 과정을 더욱 구체화한다. 이러한 문화적 다양성과 역동성은 『앵무새』가 그려 낸 세계를 넘어, 실제 1930년대 로스앤젤레스 치카노 사회의 복잡하고 풍부한 현실을 반영한다.

이 시기 로스앤젤레스의 멕시코계 이민자들은 극장과 라디오, 댄스홀과 야구장, 그리고 신문 지면을 통해 자신들의 정체성을 끊임없이 재정의하고 재창조해 나갔다. 이는 이민자 공동체가 미국 사회 내에서 자신들의 위상을 재정립하고 독자적인 문화적 발화력을 구축해 나가는 과정이었다. 이렇듯 1930년대 치카노 문화는 공동체의 정체성 형성과 사회적 적응 과정에서 핵심적인 매개체 역할을 수행했다.

1930년 12월 22일 『라오피니온』 극장 광고란

이 과정을 통해 치카노 문화는 단순히 멕시코 문화의 연장이나 미국 문화로의 동화에 그치지 않고, 독특하고 창조적인 제3의 문화로 발전해 나갔다.

History of Mexican American

제4장

파추코의 문화
- 저항, 예술, 그리고 정체성의 정치학

1940년대와 50년대, 치카노 공동체에겐 변혁과 시련이 교차하는 시기였다. 한편으로는 의미심장한 사회적 변화를 이루어 냈지만, 다른 한편으로는 제2차 세계대전이라는 역사의 광풍 속에서 뿌리 깊은 차별 의식과 대면해야 했다. 이 격동의 시기에 멕시코계 미국인은 마침내 자신들의 목소리를 높이기 시작한다. 1930년대 LULAC의 투표 독려와 차별법 반대 운동, 그리고 참전 용사들의 시민권 요구는 작지만 강렬한 외침이었다. 그리고 마침내 1948년, 학교 차별 금지법 소송에서의 승소. 이는 단순한 법정 승리를 넘어 치카노 공동체의 의식을 깨우는 계기가 되었다.
　이 시기 미국 대도시 주변에 형성된 바리오는 치카노 문화의 산실이자 그들의 딜레마를 고스란히 담은 공간이었다. 바리오는 치카노들에게 심리적 안식처였지만, 동시에 그들을 주류 사회로부터 격리하는 보이지 않는 섬이기도 했다. 이곳은 멕시코의 전통문화가 꽃피운 터전이면서도, 한편으로는 빈곤과 범죄의 이미지가 덧씌워진 모순적 공간이었다. 바리오야말로 치카노들의 이중적 정체성을 가장 잘 보여 주는 곳이었다. 미국 국기와 멕시코 국기가 나란히 걸리고, 양국의 국가가 함께 울려 퍼지는 이 공간은 그들의 갈라진 충성심과 경계적 정체성을 극명하게 드러내는 증거였다.

1940년대의 또 다른 중요한 변화는 브라세로 프로그램의 시행이었다. 이 프로그램을 통해 유입된 멕시코 이민노동자들은 기존 치카노 공동체와는 다른 생활 방식과 문화의 양상을 몰고 왔다. 그러나 주류 사회의 관점에서 이들은 모두 구분 없이 '멕시코인'으로 취급되었다. 이러한 획일적 시선은 역설적으로 멕시코계 공동체의 결속을 강화하는 결과를 낳았다.

20세기 중반에 이르러 이민자들의 후손 세대는 새로운 정체성을 모색하는 국면에 접어들었다. 그들은 미국 사회에 완전히 동화되기를 거부하면서도 멕시코의 전통적 가치관과도 일정한 거리를 유지했다. 그들의 정체성 탐구는 청년문화, 대중문화, 그리고 도시 문화의 맥락에서 이루어졌다. 특히 파추코(Pachuco) 문화는 치카노 사회 내부의 갈등과 고민을 집약적으로 보여 주는 청년 문화의 대표적 현상이었다. 파추코들의 독특한 복장과 언어는 기성세대와 주류 사회에 대한 저항의 상징적 표현이었다. 1943년의 주트 수트 폭동(Zoot Suit Riots)은 이러한 문화적 충돌이 극단적으로 터져 나온 사건이었다.

이처럼 1940년대와 50년대는 치카노 공동체에게 도전과 기회가 공존하는 시기였다. 사회적 차별과 편견에 맞서 싸우는 한편, 그들만의 독특한 문화와 정체성을 형성해 나갔다. 그래서 파추코의 존재는 치카노 공동체 전체가 직면한 정체성의 위기와 새로운 문화 창조의 가능성을 동시에 의미한다. 이 시기의 경험은 이후 1960년대 치카노 운동(Chicano Movement)의 토대가 되었으며, 오늘날 미국 사회에서 라티노/라틴계의 위상을 정립하는 데도 중요한 역사적 기반이 되었다.

— 파추코, 그들은 누구인가?

1920년대의 멕시코 이민 물결은 미국 남서부 바리오의 인구 구성과 문화적 특성을 크게 변화시켰다. 이 시기의 대규모 이민은 바리오 내 멕시코 문화의 영향력을 강화하는 결정적 계기가 되었다. 그러나 1930년대 대공황 시기에 진행된 대규모 강제 송환 정책은 역설적으로 '멕시코계 미국인'이라는 새로운 정체성의 태동을 촉진했다. 이 정체성의 주체는 주로 1920년대 이민자들의 자녀 세대로, 1930년대 말에서 1940년대 초에 성인기에 진입한 이들이었다. 이 젊은이들의 삶은 모순으로 가득했다. 미국의 토양에서 자라났으나 정서적 뿌리는 여전히 멕시코 땅을 그리워했고, 미국식 교육을 받았으나 그들의 영어는 여전히 '이방인'의 흔적을 지우지 못했다. 법적으로는 미국 시민이었지만, 현실에서는 만년 2등 시민으로 규정되었다. 이런 아이러니한 상황은 그들을 정체성의 미로 속으로 밀어 넣었다.

그 미로 속에서 그들은 각자의 방식으로 출구를 찾아 헤맸다. 어떤 이는 시민권을 외치며 거리로 나섰고, 또 다른 이는 '법적 백인'이라는 모순적 지위를 갈망했다. 그리고 일부는 그들만의 문화라는 새로운 활로를 개척했다. 완벽한 미국인도, 순수한 멕시코인도 될 수 없었던 그들은 두 문화의 경계에서 춤을 추기 시작했다.

그 춤이 바로 파추코 문화다. 파추코들은 과장된 스타일의 주트 수트(Zoot suit)를 착용하고, 스윙 재즈에 맞춰 춤을 추며, 칼로(Caló)라 불리는 독특한 은어를 사용했다. 이는 단순한 청년 반항 문화를 넘어, 미국과 멕시코 양국의 문화적 요소를 융합한 새로운 정체성의 표현이었다. 파추코 문화에는 도시적 감성, 대담한 패션 감각, 젊은이들의 음악, 그리고 자동차(로우라이더) 문화 등 당대의 다양한 문화적 요소가 녹아들어 있었다.

1940년대 남서부에서 치카노를 향한 차별의 날은 더욱 날카로워졌다. 파추코의 도발적 존재감은 이 긴장을 증폭시켰다. 백인 중심의 주류 사회뿐만 아니라 치카노 공동체 내의 기성세대조차도 파추코를 문제적 집단으로 인식했다. 대중 매체는 파추코를 범죄와 저급 문화의 상징으로 묘사했으며, 미국 주류 사회와 멕시코 지식인층 모두 이들을 비판의 표적으로 삼았다. 그러나 역설적으로, 이러한 사회적 낙인과 갈등은 파추코 문화를 치카노 역사의 중요한 전환점으로 만들었다. 파추코 문화의 등장은 치카노 사회가 독자적인 문화적 정체성을 형성하기 시작했음을 알리는 전조였다. 주류 사회와의 충돌과 세대 간 갈등은 오히려 다음 세대의 치카노 운동의 토대가 되었고, 나아가 이후 전개될 대규모 시민권 운동의 정서적 기반을 마련하는 역할을 했다.

— 1930~1940년대 멕시코계 인구와 문화 이동

파추코 문화는 바리오의 2세대를 중심으로 형성된 독특한 현상이다. 단순한 동화 거부를 넘어, 그들은 억압과 차별에 맞서 자신들만의 방식으로 존재감을 드러내는 창조적 대응을 시도한다. 그러나 이 문화의 정확한 기원과 발전 과정에 대해서는 학계에서도 정확히 일치하지 않는다.

파추코 문화의 궤적을 추적하는 작업은 멕시코계 이민자들의 이동 경로와 문화 전파, 그리고 그 과정에서 일어난 문화적 혼종화를 이해하는 데 중요한 시각을 제공한다. 국경 도시를 통해 미국에 진입한 멕시코계 이민자들이 일자리를 찾아 남서부 지역을 횡단하면서, 그들이 거쳐 간 주요 도시들에서 파추코 문화가 뿌리내리고 발전했다. 그래서 각 도시의 고유한 문화적 특성과 교류하면서 파추코 문화의 새로운 변주가 만들어졌다.

파추코 문화는 흔히 1940년대 로스앤젤레스에서 주트 수트를 입은 멕시코계 미국인 청년들의 문화로 정의되곤 한다. 그러나 이는 복잡한 현실을 지나치게 단순화한 해석이다. 실제로 파추코 문화는 더 넓은 지역과 시간대에 걸쳐 형성되고 발전했다. 에두아르도 파간(Eduardo Pagán)의 연구에 따르면, 로스앤젤레스의 주트 문화에 참여한 청년들을 '파추코'라고 부르기 시작한 것은 엘패소 출신 청년들이 이 도시에 도착한 이후부터였다. 1940년대 이전, 멕시코의 후아레스와 텍사스의 엘패소 사이에는 활발한 인구 이동이 있었고, 이 접경지대에 '티릴리(Tirili)'라고 알려진 독특한 문화가 존재했는데, 이것이 후일 '파추키스모(Pachuquismo)'의 원형이 되었다는 것이다.

  엘패소는 국경을 넘어온 이민자들이 집결하는 장소였기에 유동 인구가 많았고, 그 결과 대규모 바리오가 형성되었다. 이 문화는 마리화나, 독특한 은어, 밀수와 연관되어 있었다. 1940년대에 접어들면서 엘패소, 투손, 샌안토니오, 로스앤젤레스와 같은 도시들이 파추코 문화의 중심지로 성장했다. 파추코 문화는 철도를 따라 투손을 거쳐 로스앤젤레스로 퍼져 나갔다. 투손에서는 야키족을 비롯한 원주민들이 파추코 문화에 독특한 요소를 더했는데, 십자가 문신이 그 대표적 예시다. 로스앤젤레스에서는 아프리카계 미국인의 재즈 문화가 큰 영향을 미쳤다. 이처럼 파추코 문화는 각 지역의 특성을 흡수하며 진화했다.

  1943년 주트 수트 폭동 이후, 파추코에 대한 인식은 크게 변화한다. 그들은 전국적으로 알려진 존재가 되었지만, 동시에 청소년 비행과 강하게 연루되었다. 그러나 이것은 파추코 문화의 한 단면일 뿐이었으며, 그 복잡성과 다양성을 온전히 반영하지는 못했다.

— 1920년 엘패소와 시우다드 후아레스의 국경 문화

  1920년대 이후 엘패소와 시우다드 후아레스 지역은 가장 활발한 인적 이동이 이뤄지던 곳이다. 멕시코 혁명의 여파와 미국의 농업, 광업, 건설업 노동력 부족이 맞물리면서 대규모 이민 물결이 이 국경 도시들을 휩쓸었다. 광산과 농장, 철로 건설 현장에서 값싼 노동력에 대한 수요가 폭증했고, 멕시코인들은 이 기회를 놓치지 않았다. 미국의 이민법 개정 또한 이러한 흐름에 일조했다. 중국인 배제법, 신사협정 등의 이유로 다른 국가로부터의 노동력 유입이 제한되면서, 멕시코 노동자들의 중요성이 더욱 높아졌다. 엘패소는 이 대이동의 관문이 되었고, 도시는 급격히 팽창했다.

금주법 시행 이후, 시우다드 후아레스는 도박과 마약, 밀수와 매춘, 재즈와 술의 천국으로 탈바꿈했다. 두 도시를 오가는 사람들로 국경은 더욱 활기를 띠었고, 독특한 문화적 혼종이 이루어졌다. 후아레스의 도박장에는 "캘리포니아와 동부에서 온 잘 차려입은 관광객, 구부정한 모란, 중국인, 흑인, 멕시코인, 도박꾼, 바텐더, 형사, 간수, 경찰, 여성, 호프집 주인, 부유한 밀주업자 등 다양한 사람들이 테이블에서 어깨를 나란히 하고 있었다."[1] 이 도박장에서는 돈만 있다면 계급의 경계가 무너졌다. 부자든 빈자든, 백인이든 유색인종이든 상관없이 같은 테이블에 앉을 수 있었다. 이 장면은 당시의 엄격한 신분 질서를 고려할 때, 매우 이례적 현상이었고 특이한 문화였다.

불법 활동의 양상도 변화했다. "멕시코 혁명 이후 일부 전직 비밀요원들은 무기, 탄약, 현금을 멕시코로 밀수하는 일에서 미국으로 마약, 특히 술과 마리화나를 밀수하는 일로 직업을 바꿨다."[2] 이처럼 엘패소와 시우다드 후아레스에 대규모 이민, 문화적 충돌, 불법적 지하경제가 뒤엉킨 복잡한 사회가 형성되었다. 그런데 이 격동의 시기가 파추코 문화가 싹틀 수 있는 독특한 토양을 배양했다. 계급과 인종의 경계가 모호해지고, 불법과 합법의 경계를 넘나드는 삶이 일상화되면서, 새로운 문화적 정체성이 싹틀 수 있는 여건이 마련된 것이다. 엘패소와 시우다드 후아레스는 그저 그런 국경 도시가 아니라, 새로운 문화가 생성되는 지대로 변모했다. 이 두 도시의 변화는 20세기 초 미국 남서부의 급격한 사회 변동을 상징적으로 보여 주는 사례로, 파추코 문화의 형성에 중요한 배경이 되었다.

— 엘패소 바리오 형성

20세기 초 미국 남서부 철로 건설 노동자들과 농업 노동자들은 엘패소를 통해 대거 유입되었다. 멕시코 노동자의 수요가 급증함에 따라 엘패소의 멕시코계 바리오는 급속도로 팽창했다. 1900년부터 1930년대까지 엘패소의 멕시코 이민자 인구는 거의 10배가량 증가했는데, 주목할 만한 점은 이 중 절반가량이 13세에서 24세 사이의 청소년들이었다는 사실이다. 이 젊은 층은 새로운 문화를 수용하는 데 거부감이 없었고, 이러한 경향은 이후 파추코 문화가 빠르게 확산하는 토대가 되었다.

특히 엘패소 남쪽의 '세군도 바리오(Segundo Barrio)'는 멕시코계 이주민들의 핵심 거주지였다. 이 지역은 지리적으로 시우다드 후아레스와 인접해 있어 두 도시 간의 문화적 교류가 활발했다. 이 동네는 일반 주거지 기능뿐만 아니라 멕시코계 이주민들의 정체성과 문화가 형성되고 유지되는 중심지 역할을 했다. 이런 상황 하에서 1930년대 초, 후아레스와 엘패소에서 파추코의 전신이 등장한다. 엘패소의 스페인어 신문 『엘콘티넨탈(El Continental)』의 보도에 따르면, 이 지역의 초기 파추코 문화는 로스앤젤레스의 그것보다 훨씬 다양한 양상을 띠었다. 이들은 '티릴리스', '칼리파스(캘리포니아 출신 의미)', '타르사네스(멕시코의 마초 의미)' 등 다양한 이름으로 불렸다. 이 세 군도 바리오의 특정 거리 모퉁이에 모이는 젊은이들을 '엘 추코'라 불렀는데, 이는 훗날 '파추코'라는 명칭의 어원이 되었다. 이들은 백인 청년들의 적대감과 폭력으로 인해 도심의 극장이나 식당을 드나들기 어려웠고, 자주 싸움에 휘말렸다. 이러한 사회적 배제와 갈등은 파추코 문화가 형성되는 데 중요한 배경이 되었다.[3]

국경 지역에서 발생한 파추코 문화는 복합적 면모를 지녔는데, 인종적으로는 멕시코계 미국인이었지만, 언어적으로는 독특한 파추코 칼로 방언을 사용했다. 음악적으로는 1920년대와 1930년대의 재즈, 그리고 1910년대부터 1940년대까지의 멕시코 코리도를 즐겼다. 이러한 문화적 혼종성은 파추코 문화의 본질적 특징으로 자리 잡았다.

─ 서던 퍼시픽 철도를 통한 인구 이동

20세기 초중반 미국 남서부의 인구 이동과 문화 변동은 서던 퍼시픽(남태평양) 철도를 중심으로 전개되었다. 이 철로는 엘파소/후아레스의 국경지대에서 로스앤젤레스까지 연결되어 멕시코 이민자들의 주요 이동 경로가 되었다. 이 철로를 따라 형성된 인구 이동의 흐름은 시대적 상황에 따라 역동적으로 변화했다. 대공황 이전까지는 멕시코에서 로스앤젤레스로 향하는 이주가 주를 이뤘다. 그러나 1930

년대 초중반, 경제 위기로 인해 이 흐름이 역전되어 로스앤젤레스에서 시우다드 후아레스로 인구 이동이 이루어졌다. 1930년대 후반에 이르러 이주민의 흐름은 불규칙적으로 변동했다. 이는 미국 경제의 점진적 회복과 멕시코의 정치·경제적 상황 변화가 복합적으로 작용한 결과로 볼 수 있다. 1940년대 초반 다시 서쪽을 향한 이주가 우세해졌는데, 이는 제2차 세계대전으로 인한 노동력 수요 증가와 관련이 있다. 1942년에 시작된 브라세로 프로그램은 이러한 흐름을 더욱 강화했다.

이 과정에서 멕시코 이민자들은 자신들의 문화를 미국 남서부로 가져왔다. 고국의 생활 방식을 새로운 환경에서 고수하기 위해 애썼다. 그것은 단순한 향수병이라기보다는 정체성을 지키려는 몸부림이었다. 남서부 여러 지역을 이동하며 정착하는 과정에서, 이민자들은 다양한 지역 출신의 멕시코인들과 만났다. 이를 통해 멕시코 각 지역의 특색 있는 문화들이 미국 남서부에서 융합되는 현상이 일어났다. 예를 들어, 북부 출신들의 노르테뇨 음악(Música Norteña)과 중부 출신들의 마리아치(Mariachi)가 미국에서 만나 새로운 형태의 멕시코계 미국 음악이 탄생하기도 했다.

그 당시 로스앤젤레스로 이주한 대부분의 멕시코인들은 시우다드 후아레스와 엘패소를 경유했다. 그들은 '포치스모(Pochismo)'라 불리는 독특한 언어를 사용했고, 도시 내 특정 구역에 밀집해 거주했다. 이렇게 게토화된 거주 구역은 차별과 배제 속에서 형성된 '도시 안의 작은 멕시코'와 같았다.

1920년대부터 1940년대 초반까지 진행된 이러한 흐름은 단순한 인구 이동 이상의 의미를 지녔다. 이는 문화의 이동이자 정체성의 재구성, 그리고 새로운 공동체의 탄생 과정이었다. 대공황으로 인한 경제적 어려움, 이에 따른 송환, 그리고 이어진 재이주 과정에서 멕시코계 미국인이라는 새로운 정체성이 서서히 형성되기 시작했다.

— 로스앤젤레스의 파추코 문화

엘패소의 '엘 추코'들은 국경 도시의 특성을 반영하는 삶을 살았다. 마리화나 거래와 밀매가 일상화된 환경에서, 그들은 더 나은 기회를 찾아 LA로의 이주를 꿈꿨다. 서던퍼시픽 철도를 따라 이들의 서부 이동이 시작되었고, 이는 파추코 문화의 지리적 확산의 시작점이 되었다.

LA에 도착한 엘패소 출신들은 현지 청년들과의 문화적 교섭을 통해 새로운 문화적 정체성을 형성해 갔다. 파추코와 포초라는 호칭의 교환은 두 집단 간의 문화적 충돌과 융합을 상징했다. 점차 파추코라는 명칭이 보편화되었지만, 그 과정이 순탄치만은 않았다. 일부 LA 청년들이 이 명칭에 거부감을 표현한 것은 당시 파추코 문화에 대한 사회적 인식과 편견이 반영되었기 때문이다.

파추코 문화의 언어적 특성은 파추코들의 독특한 정체성 형성에 중요한 역할을 했다. 엘패소 출신들이 주로 사용한 칼로(Caló)는 스페인어와 영어가 혼합된 언어로, 국경 지역의 이중언어 환경의 (부)산물이었다. 이는 파추코 문화가 미국과 멕시코 문화 사이의 경계에 위치함을 보여 주는 중요한 지표였다. LA에서 파추코 문화는 아프리카계 미국인 문화와의 만남을 통해 더욱 풍성해졌다. 재즈 음악, 주트 수트 패션, 자이브(Jive) 어법 등 아프리카계 미국인 하위문화의 요소들이 파추코 문화에 흡수되었다. 이로써 파추코 문화는 단순히 멕시코계 이민자들만의 문화가 아닌, 다양한 소수집단의 문화가 융합된 새로운 형태의 도시 하위문화로 진화해 갔다.

1940년대 초 LA에서 주목받기 시작한 파추코 문화는 이후 역동적인 여정을 밟는다. 미국 남서부를 넘어 멕시코시티까지 확산되었다가, 멕시코에서 국경을 넘어 다시 미국으로 유턴하는 문화적 역류 현상이 일어난 것이다. 특히나 1943년 주트 수트 폭동은 파추코 문화의 전환점이 되었다. 폭동 이전에는 칼로의 사용이 파추코를 정의하는 주요 특징이었다면, 폭동 이후에는 의상이 더 중요한 식별 코드가 되었다. 또한 재즈 음악, 댄스, 아프리카계 미국인 문화와의 연관성이 더욱 강화되었다.

파추코 문화의 확산에는 여러 요인이 작용했다. 초기에는 군 복무나 취업을 위한 물리적 이동이 주요 요인이었는데, 1943년 이후에는 대중 매체의 영향력이 커졌다. 음반, 라디오, 주크박스, 영화 등을 통해 파추코 문화는 미국 남서부와 멕시코 도시 전역으로 빠르게 퍼져 나갔다. 이러한 과정을 통해 파추코 문화는 20세기 중반 미국 남서부에서 국경, 인종, 언어의 경계를 넘나드는 사회적 흐름을 반영하게 되었다.

─ 주트 수트 사건의 정치·사회적 의미

〈아메리칸 미(Amerian Me)〉(1992)의 강렬한 오프닝 장면은 1940년대 로스앤젤레스의 긴장감 넘치는 밤을 생생하게 그려 낸다. 페드로 산타나, 젊은 멕시코계 미국인의 사랑의 맹세를 상징하는 문신과 그의 아내 에스페란사의 평화로운 산책이 폭력적인 현실과 충돌하는 상황은 당시의 사회적 갈등을 극적으로 보여 준다.

이 영화의 시작 장면은 1943년 6월에 실제로 발생한 주트 수트 폭동의 전조를 암시한다. 주트 수트 폭동은 백인 군인들이 캘리포니아 남부 도심에서 약 10일간 주트 수트 차림의 치카노 청년들을 무차별적으로 공격한 비극적 사건이었다. 이 폭력적 충돌은, 표면적으로는 옷차림을 둘러싼 갈등이었지만, 그 본질은 뿌리 깊은 인종차별과 사회적 불평등에 대한 폭발이었다. 영화에서 묘사된 것처럼, 실제 사건에서도 군인들은 구타뿐만 아니라 청년들의 머리카락을 강제로 자르거나 옷을 벗기는 등의 인권 침해 행위를 저질렀다. 또한 유색인종의 상점과 주거지에 난입하여 주민들을 위협했다.

이 폭동의 저변에는 사회적, 경제적, 문화적 요인들이 복잡하게 얽혀 있었다. 2차 세계대전으로 인한 외국인 혐오 정서, 심화된 경제적 불평등, 제도화된 인종차별 등이 중층적으로 작용했다. 특히 전쟁 시기라는 특수한 상황은 이 갈등을 더욱 증폭시켰다.

주트 수트 사건의 근원을 이해하기 위해서는 당시 로스앤젤레스의 독특한 지리적, 인구학적 특성을 살펴볼 필요가 있다. 로스앤젤레스의

주트 수트 폭동의 피해자들. 1943년 6월

차베스 라빈(Chavez Ravine) 지역은 해군 예비역 기지와 멕시코계 미국인 주거촌이 공존하는 곳이었다. 이 지역의 특성은 폭동의 발생과 직접적인 연관이 있었다. 제2차 세계대전의 발발은 로스앤젤레스의 인구 구성에 급격한 변화를 가져왔다. 1940년에서 1944년 사이 일시적으로 주둔한 군인들과 방위산업 노동자들의 유입으로 인해 로스앤젤레스 카운티의 인구는 280만 명에서 350만 명으로 증가했다. 이러한 급격한 인구 변화는 로스앤젤레스를 30년 만에 가장 다인종적인 도시로 만들었다. 그러나 이는 동시에 백인 주민들 사이에 인종적 불안과 불만을 증폭시켰고, 결과적으로 백인 우월주의와 인종 분리 이데올로기가 강화되는 결과를 낳았다.

이런 와중에 차베스 라빈 지역에서 엘패소 출신 청년들이 자주 모이던 공간이 군인들의 동선과 겹치면서 일촉즉발의 긴장 상황이 조성됐다. 군인들과 멕시코계 미국인 청년들 간의 긴장은 도시의 급격한 변화와 그에 따른 사회적 불안정성의 표출이었다. 게다가 전쟁으로 인한 자원의 부족과 사회적 스트레스는 이러한 갈등을 더욱 악화시켰다. 주택 부족, 일자리 경쟁, 그리고 전시 체제하의 엄격한 사회 규범은 다양한 인종 집단 간의 마찰을 표면화했다. 앞서 지적했듯이, 이런 지역적 특성은 주트 수트 폭동의 계기가 되었고, 이후 모든 멕시코계 미국인 주트 수터들을 파추코라 부르게 된 배경이 되었다.

마우리시오 마손(Mauricio Mazón)의 분석처럼, 파추코들은 당시 사회가 필요로 했던 '반영웅'의 역할을 맡게 되었다. 전쟁 중 국민들은 '영웅적 군인'을 요구했고, 해군은 전장에서 만나지 못한 '적'이 필요했다. 파추코들은 그들의 독특한 패션과 문화로 인해 가장 눈에 띄는 표적이 되었다.[4]

주트 수트 폭동은 이미 슬리피 라군 살인 사건을 통해 드러난 인종차별적 사법 집행의 연장선상에 있었다. 슬리피 라군 사건에서 멕시코계 미국인들이 충분한 증거 없이 용의자로 체포, 구금되고 부당하게 재판에 회부되었듯이, 주트 수트 사건에서도 멕시코계 미국인들은 불공정한 법 적용의 희생양으로 전락했다. 아울러 이 사건은 1940년대 미국 주류 미디어의 주목을 받으면서, 파추코 문화를 전국적으로 알리는 계기가 되었다. 언론은 '범죄를 저지르는 멕시코계 청년'과 '대의를 위해 희생하는 미국인 군인', '과시적인 헐렁한 의상'과

'단정한 군복' 등을 대비시키며 갈등 구도를 첨예화했다.

주트 수트 복장은 파추코 문화의 아이콘이자 시대의 논란거리였다. 하지만 이 의상의 실체는 우리의 상상과는 조금 달랐다. 이와 관련하여 파간의 연구는 흥미로운 사실을 지적한다. 재즈 스타일은 로스앤젤레스 노동계급 젊은이들 사이에서 늦게 나타났고, 1930년대 중반까지도 주트 수트는 로스앤젤레스에서 널리 유행하지 않았다. 실제로 주트 수트를 착용하는 청년들은 소수였다. 전체 멕시코계 미국인 인구의 3~5퍼센트만이 주트 수트를 입었다는 것. 이는 마치 소수의 반란이 다수의 상상력을 자극한 셈이었다.

1943년 6월 9일, 로스앤젤레스 카운티 교도소에서 부랑죄로 구금된 프랭크 H. 텔레스(22세). 주트 수트 복장을 착용

그럼에도 주트 수트의 상징성은 강렬했다. 주트 수트는 단순한 의복이 아니라 사회적 불평등에 대한 저항의 상징이었다. 한 벌의 옷이 어떻게 사회적 메시지의 전달자가 될 수 있었을까. 우선 주트 수트의 보급이 제한된 데에는 경제적 이유가 컸다. 의복 비용 125달러는 1940년대 초 평균 연봉이 1,300달러였음을 고려하면, 이는 거의 한 달 치 월급에 해당하는 금액이었다.[5] 의복 한 벌에 월급을 쏟아부어야 했던 젊은이들의 열정은 단순한 사치 이상의 의미이자 집단 의지를 드러내는 '기호 소비'였다.

더욱이 1942년 3월, 전시생산위원회의 원단 사용 제한 규정은 주트 수트에 대한 직접적인 도전장이었다. 이제 전쟁 물자 동원 및 군수 물자 공급 문제와 연루되면서 주트 수트는 급기야 비애국적 행위의 상징이 되어 버렸다. 파추코들은 의도치 않게 '반영웅'의 위치에 서게 되었다. 이들은 전쟁 영웅의 반대편에 선 존재들이었다. 결국 주트 수트는 실제 착용률과는 무관하게, 파추코 문화의 얼굴이자 시대의 갈등을 반영하는 상징이 되었다.

〈아메리칸 미〉의 오프닝 장면은 바로 이 역사의 한 페이지를 스크린에 생생히 되살린다. 루이스 알바레스(Luis Alvarez)의 『주트의 힘 The Power of the Zoot』은 이 영화가 그린 드라마틱한 장면들 뒤에 숨은 진실을 파헤친다. 이 책은 미국 도시의 인종적 긴장을 통해 당대 사회에 만연했던 집단적 편견과 공포의 메커니즘을 드러내는 데 주력한다. 특히 파추코 문화가 당시의 노동 윤리와 충돌하는 지점에 주목한다. 파추코들은 '노동자 계층'이라는 틀에 박힌 일상은 물론이거니와 전시 노동 윤리라는 무거운 갑옷도 거부했다. 진짜 '일'이라는 것에 무심해 보이는 그들의 태도는, 당대 사회의 주류 백인 중산층의 눈에는 사회적 규범에서 벗어난 일탈로 보였을 것이다. 이는 영화에서 묘사된 파추코 캐릭터들의 자유로운 생활 방식과 맞닿아 있으며, 그들이 겪는 사회적 갈등의 한 축을 설명한다.

영화에서 재현된 백인 군인들의 폭력적 행동은 알바레스가 지적한 '침공' 프레임과 맞닿아 있다. "제2차 세계대전 초기 내내 아프리카계 미국인과 멕시코계 미국인이 도시를 침공하여 백인 시민에게서 전시 일자리를 탈취하고, 도시의 질서를 교란하고 있다는 두려움이 백인들 사이에서 퍼졌다."6 알바레스의 이러한 지적은 전후 사회의 불안정성이 특정 인종 집단에 투영된 양상을 포착한 것으로, 영화 속 폭력 장면의 심층에 작동하는 집단적 공포와 그 비합리성을 해부한다.

〈아메리칸 미〉에서 페드로와 에스페란사가 겪은 집단 구타와 성폭행 및 부당한 대처는 알바레스가 지적한 제도권의 편견 재생산과 직결된다. 도시 당국, 언론 통제와 정보의 왜곡, 심지어 사회개혁가들까지 비백인 청소년을 '문제아'로 낙인찍고 그들의 시민권마저 의심했던 현실은, 영화 속 캐릭터들이 직면한 제도화된 인종주의의 실체를 보여 준다. 파추코 문화가 지닌 독특한 패션과 생활 방식은 알바레스가 분석한 '백인 남성성에 대한 도전'으로 해석될 수 있다. 이는 전쟁에 참여해 목숨을 바친 많은 멕시코계 미국인의 현실과 극명하게 대비되는데, 이러한 모순된 인식은 영화 속 캐릭터들이 겪는 정체성 혼란과 사회적 갈등의 근저를 이해하는 단초가 된다.

알바레스는 파추코들의 생활 방식이 당시 사회의 눈에는 일종의 반역처럼 보였을 것이라고 분석한다. 그러나 동시에 그는 이러한 '이해'가 위험한 함정이 될 수 있음을 경고한다. 파추코들에 대한 사회적 반감을 이해하는 것과 그들을 향한 폭력을 정당화하는 것은 본질적으로 다른 차원의 문제라는 것이다. 이런 지적은 이들을 향한 폭력의 부당성과 비인도성을 더욱 뚜렷하게 드러내는 논리적 기반이 된다.

— 아프리카계 미국인 공동체와의 문화 교류와 혼종

1940년대 LA의 파추코 문화는 멕시코계와 아프리카계 미국인의 교류가 빚어낸 독특한 문화적 산물이었다. "제2차 세계대전 시기, 수천 명의 남부 흑인들이 서부로 이주하면서 '제2차 대이민'이라 불리는 현상이 일어났다. 이는 제1차 세계대전 이후 가장 큰 규모의 아프리카계 미국인 남부 이주였다. 1940년대 전체적으로 20만 명 이상의 아프리카계 미국인이 로스앤젤레스로 이주해 왔고, 그 결과 1950년까지 도시의 흑인 인구가 두 배로 증가했다."[7] 그리고 이들 중 일부는 멕시코계 미국인들이 주로 거주하는 바리오로 이주했는데, 이는 두 커뮤니티 간의 문화적 교류를 촉진하는 계기가 되었다.

로스앤젤레스와 뉴욕시에서 멕시코계와 아프리카계 미국인 청년들은 정기적으로 교류하며 문화적 관습을 공유했다. 특히 노동계급 청년들 사이에서 이러한 교류는 더욱 두드러졌다. 공장과 조선소, 그리고 산업 현장에서 함께 흘린 땀이 유대감으로 이어진 것이다. 센트럴 애비뉴는 이러한 문화적 교류의 중심지였다. '서부의 할렘'이라 불리던 이 거리에서, 아프리카계와 멕시코계 미국인들은 함께 춤을 추며,

양 문화의 요소를 결합하여 새로운 춤 스타일을 만들어 냈다. '파추코 부기'의 탄생은 이 문화적 융합의 살아 있는 증거였다.[8]

멕시코계 미국인 청년들의 재즈 음악과 아프리카계 미국인 문화의 수용은 단순한 취향 공동체 형성 그 이상이었다. 당시 인기 있던 캡 캘러웨이, 듀크 엘링턴과 같은 아프리카계 미국인 뮤지션들의 음악은 파추코들의 스타일과 태도에 영향을 크게 미쳤다. 이런 교류는 주류 백인 사회의 인종적 범주화에 대한 일종의 저항임과 동시에 새로운 대안적 정체성을 모색하는 과정의 한 단계였다. 아프리카계 미국인 재즈 뮤지션들의 패션을 차용하면서도, 그것을 멕시코 전통과 결합하는 파추코들의 모습은 문화적 저항의 제스처나 다름없었다. 언어도 예외는 아니었다. 마시아스는 "칼로는 스페인어, 영어, 그리고 아프리카계 미국인 슬랭의 혼합체로, 파추코들의 혼종적 정체성을 반영했다."[9]라고 강조한다. 'Cool(쿨)'이 'Cool-io(쿨리오)'[10]로 변형되어 사용된 것은 이러한 언어적 혼종의 대표적 사례다.

그러나 이 교류의 과정이 항상 평탄했던 것은 아니다. 멕시코계 커뮤니티 내부의 인종적 편견과 외부로부터의 차별이 종종 이러한 문화적 교류에 긴장을 초래했다. 예를 들어, 일부 보수적인 멕시코계 미국인 가정에서는 자녀들이 아프리카계 미국인 문화를 받아들이는 것을 우려하기도 했다. 문화적 융합의 이면에 숨겨진 갈등의 그림자는 당시 사회의 복잡한 인종 관계를 여실히 보여 준다.

― 파추카의 존재와 문화적 의미

 파추코 문화에 대한 학계의 관심은 주트 수트 폭동 이후 꾸준히 이어져 왔지만, 그 분석의 초점과 깊이는 시대에 따라 변화해 왔다. 초기 연구들은 주로 '안티멕시코 히스테리 이론'을 중심으로 전개되었다. 이는 멕시코계에 대한 비정상적 수준의 반감을 지적하는 것으로, 멕시코계 미국인에 대한 인종차별과 그로 인한 희생이 주요 담론으로 자리 잡았다. 1960~1970년대 치카노 운동 시기에 이르러 파추코는 저항의 상징으로 재해석되었다. 그러나 이 시기에도 인종 간 갈등이라는 틀에서 벗어난 다각도의 논의는 제한적이었다. 특히 젠더 관점에서의 분석은 전무한 실정이었다.

 이러한 맥락에서 캐서린 라미레스의 『주트 수트의 여성 *The Woman in the Zoot Suit*』은 파추코 문화 연구에 새로운 지평을 열었다고 할 수 있다. 라미레스는 그동안 간과되었던 파추카, 즉 여성 파추코의 존재에 주목했다. 그녀의 연구에 따르면, 젊은 여성들이 자신만의 주트 스타일을 발전시켰고 주트의 복잡한 젠더 문화 세계를 구성하기 위해 남성 동료들과 협력했다. 특히 젊은 멕시코계 미국인 여성들에게 스타일은 남성과 마찬가지로 정체성 표현의 핵심 수단이었다. 예를 들어, 파추카들은 주트 수트를 변형해 짧은 재킷에 무릎 아래까지 오는 치마를 입고, 머리를 높이 올린 포마두어 스타일을 즐겼다. 이는 당시의 보수적인 여성 패션과는 크게 대비되는 것이었으며, 파추카들의 대담하고 독립적인 기질을 상징적으로 표출했다.

 더 나아가 라미레스는 치카노 공동체 내의 불균등한 젠더 인식을 지적했다. 1930~1950년대 노동자 계층의 이민자 2세대 여성들이 파추코 문화에 활발히 참여했음에도, 이들의 존재는 영화, 문학, 학술 연구 등에서 거의 다뤄지지 않았다. 이는 미국 주류 미디어가 파추코 문화를 의도적으로 배제한 탓이기도 하고, 주요 문화 소비층이 여성이라는 사실 때문에 이중 차별을 한 결과이기도 하다.

엘리자베스 에스코베도 역시 파추카가 멕시코계 미국인 공동체와 주류 미국 사회 양쪽에서 모두 배제되는 이중의 소외를 경험했다는 점을 강조한다.[11] 이러한 소외 현상은 전쟁이라는 특수한 상황에서 여성의 사회 진출 증가와 맞물려 더욱 복잡한 양상을 띠게 되었다. 미디어는 이들을 도덕적 해이와 사회적 위험의 상징으로 과장되게 묘사함으로써, 기존 질서에 대한 불안감을 증폭시키는 역할을 했다. 에스코베도는 이러한 미디어의 묘사가 대중의 인식뿐만 아니라 정책 결정과 파추카들의 자기 인식에도 부정적 영향을 미쳤다고 지적한다.

두 학자의 연구는 상호보완적이며, 이 파추카 현상을 젠더, 인종, 계급, 세대 간 갈등 등 다양한 요소들이 교차하는 지점에서 조명한다. 라미레스의 연구가 문화적 표현과 정체성 정치에 방점을 둔 반면, 에스코베도의 연구는 사회경제적 맥락과 일상적 경험에 더 초점을 맞췄다. 이들의 연구가 지니는 의의는 과거의 일화를 복원하는 데 그치지 않는다. 이 연구는 이후 치카노 운동 세대에서 나타난 민족주의적 경향과 가부장적 구조, 그리고 이에 저항하며 자신들의 요구를 표출한 여성들의 도전과 연대를 이해하는 데 중요한 맥락을 제공한다.

─ 파추코 문화의 진화

 주트 수트 폭동 이후, 파추코 문화는 상당한 변화를 겪었다. 제2차 세계대전이 그 변화의 주요 동인이었다. 35만 명이 넘는 멕시코계 미국인들이 전쟁에 참여했고, 그중 많은 이들이 파추코의 영혼을 품은 이들이었다. 전쟁이 끝나고 이들이 민간인으로 복귀했을 때, 파추코 문화는 새로운 국면을 맞이했다.
 전역 후 파추코들의 행보는 다양한 양상을 보였다. 일부는 과거의 정체성을 버렸지만, 일부는 여전히 파추코임을 자랑스러워했다. 그리고 이 과정에서, 군 복무 경험을 밑거름 삼아 새로운 '파추키즘'이 태동했다. 미 육군의 강인함과 파추코의 반항기가 어우러진 이 새로운 스타일은 기존의 과감했던 파추코 룩을 좀 더 절제된 형태로 발전시켰다.
 1950년대와 1960년대를 거치며 파추코 문화는 다른 치카노 하위문화들과 상호작용했다. '바토 로코'와 '촐로' 문화의 등장은 파추코의 유산을 이어받되, 새로운 시대정신을 담아냈다. '바토 로코' 문화는 거리의 일탈을 더욱 강렬하게 표출했고, 로우라이더 문화는 파추코의 정신을 자동차 개조라는 새로운 미학으로 확장시켰다.
 파추코 문화의 영향력은 전후에도 그 기세를 이어 갔다. 특히 멕시코계와 아프리카계 미국인 사이의 문화적 교류는 리듬 앤 블루스 시대까지 이어졌다. 주트 수트와 스윙 음악의 인기가 시들해지긴 했지만, 그 정신은 새로운 형태로 진화했다. 또한, 파추코/파추카에서 촐로/촐라로의 변모도 문화적 진화라는 측면에서 바라볼 수 있다. 촐로 스타일은 파추코의 주트 수트에서 미학적 영감을 받았지만, 시대의 요구에 부응해 더욱 실용적으로 발전한 양식이다. 특히 드레이프(Drape) 형태의 고수는 과거와 현재를 잇는 연결고리로 작용했다. 이 새로운 음악과 스타일은 멕시코계 미국인의 문화적 표현을 한 차원 고양시켰고, 동시에 도시 내 '문화 전쟁'의 한 축을 구성했다. 파추코 문화는 폐기되거나 도태된 것이 아니고, 오히려 시대와 세대, 취향과 경향의 흐름에 맞춰 새롭게 재탄생한 것이다.

― 파추코 문화: 영화, 음악, 연극

파추코 문화가 1940년대 후반부터 1950년대 초반에 걸쳐 다양한 대중 예술적 표현으로 꽃피운 현상은, 한낱 하위문화로 치부되던 이들의 목소리가 미국 대중문화의 한 흐름으로 편입되어 가는 과정의 역동적 단면을 보여 준다. 이는 소수자 문화가 주류 사회와 어떻게 충돌하고, 협상하며, 궁극적으로는 그 경계를 허물어 가는지를 보여 주는 생생한 문화사의 한 장면이라 할 수 있다.

앞서 논의한 〈아메리칸 미〉는 파추코 문화와 주트 수트 폭동을 역사적 배경으로 활용하며, 1940년대부터 1970년대까지 로스앤젤레스 멕시코계 미국인 공동체의 변화를 추적한 작품이다.[12] 이 영화는 1940년대 로스앤젤레스의 인종적 긴장과 문화적 충돌을 스크린에 담아내며, 산타나의 문신 같은 상징적 기표를 통해 파추코 문화의 정체성과 저항 정신을 날것 그대로 포착한다. 주인공들이 활보하는 로스앤젤레스의 거리는 역사적 사건의 무대이자, 미디어가 창조해 낸 '상상된 위협'의 현장으로, 당시의 사회적 공포와 편견을 영리하게 재현한다. 〈아메리칸 미〉는 아들인 몬토야 산타나의 비극적 인생을 중심으로 구조화된 차별과 폭력이 개인과 공동체를 어떻게 휩쓸어 가는지 어둡게 묘사한다. 주요 서사는 갱 문화와 교도소 생활을 다루지만, 파추코라는 절규와 함께 폭발하는 도입 장면은 타자화된 존재들이 겪는 극단적 폭력을 함축하며, 이후 전개될 세대 간 트라우마의 기원을 상징적으로 제시한다.

1940년대 후반부터 1950년대 초반, 파추코 문화는 음악이라는 매체를 통해 그 영향력의 지평을 크게 확장했다. 이 시기의 음악적 유행은 파추코 문화를 지역적 현상에서 일반 대중문화의 주요 동력으로 탈바꿈하는 데 결정적 역할을 했다. 특히 주목할 만한 인물은 투손의 거친 땅에서 태어난 랄로 게레로(Lalo Guerrero)와 엘패소의 뜨거운 태양 아래 자란 돈 토스티(Don Tosti)다. 이들의 음악은 파추코의 영혼을 선율에 담아 미국 전역으로 퍼뜨렸고, 그 울림은 지금까지도 계속되고 있다.

게레로는 '치카노 음악의 아버지'라는 별칭에 걸맞게 파추코 문화의 본질을 음악으로 승화시켰다. 그의 대표곡 〈치카스 파타스 부기(Chicas Patas Boogie)〉[13]는 파추카 여성들의 자유분방한 몸짓을 선율로 풀어 냈다. 짧아지는 치마, 길어지는 재킷, 하늘을 향해 치솟는 헤어스타일. 이 모든 시각적 반란이 청각적 경험으로 변환되었다. 한편 토스티의 〈파추코 부기(Pachuco Boogie)〉는 파추코 특유의 슬랭을 활용해 그들의 라이프스타일을 노래했다. "나는 파추코, 너도 파추코, 우리는 모두 파추코, 부기우기를 추자, 예!" 이 단순하면서도 강렬한 가사는 마치 그들의 정체성에 대한 정의와도 같았다. 이 곡은 1948년 발매 직후 20만 장 이상 판매되는 이례적인 성공을 거두었다. 이로써 파추코 문화가 이제 주류 대중문화에 상당한 영향력을 행사하기 시작했음을 세상에 알렸다.

돈 토스티의 공연 사진을 표지에 담은 앨범

마시아스의 말을 빌리자면, "돈 토스티와 랄로 게레로는 부기우기를 자신들의 문화적 감수성에 맞게 각색했으며, 파추코 생활 방식을 직접 체화하지 않았음에도 이에 관해 마치 보고하듯 노래했다."[14] 게레로와 토스티의 음악은 파추코의 언어, 패션, 태도를 생생하게 전달하며, 멕시코계 미국인 청년들의 경험과 열망을 노래에 실었다. 그들의 음악적 스타일은 파추코 문화의 대중화에 일조했을 뿐만 아니라 음악적으로도 주목할 만한 혁신을 이뤘다. 빅밴드 스윙, 부기우기, 라틴 재즈라는 이질적인 요소들을 융합하여 당대의 문화적 다양성을 반영하였다. 즉, '그들만의 리그'에 안주하지 않고 문화적 혼종성의 생산적 가능성을 개척한 것이다. 그들의 음악은 예술적 표현이 어떻게 문화를 전파하고 정체성을 확립하는 강력한 무기가 될 수 있는지를 생생히 보여 주었다.

1940년대 초 로스앤젤레스의 거리를 수놓았던 주트 수트는 단순한 '의상 코드'가 아니라 한 시대의 정신을 옷깃에 새긴 전시품 역할을 했다. 이러한 파추코 문화의 예술적 표현은 음악에 이어 연극으로 그 영역을 확장했다. 치카노 운동의 핵심 인물인 루이스 발데스가 집필한 〈주트 수트〉 희곡은 이 옷에 깃든 역사와 저항 의식을 무대의 조명 아래 당당히 세웠다.

1978년, 첫 막이 오르고 치카노 연극으로 처음 브로드웨이에 입성했다는 사실만으로도 이 작품의 파급력을 짐작할 수 있다. 발데스는 1943년 로스앤젤레스를 뒤흔든 주트 수트 사건을 연극의 배경으로 삼았다. 1942년 슬리피 라군의 비극, 그리고 그 뒤를 이은 부당한 법정 다툼, 발데스는 이 역사의 한 페이지를 극의 중심축으로 삼아 무대 위에 펼쳐 놓았다. 2001년 인터뷰에서 발데스는 "오늘날에도 이러한 상황이 지속되고 있다. 법은 여전히 우리의 외양을 엄격하게 단속하고 있으며, 인종적 고정관념은 더욱 굳어지고 있다."[15]라며 비판의 목소리를 높였다. 그의 말은 〈주트 수트〉가 과거의 재현을 넘어서 현재에 대한 고발장으로 기능함을 역설한 것이다. 2017년 재상연을 앞두고 한 연극예술학과의 교수는 〈주트 수트〉가 초연된 지 30여 년이 지났음에도 여전히 현재성을 담보하고 있다고 강조했다. 그는 이 작품이 여전히 "멕시코계 미국인들의 아메리칸드림 참여를 거부하는 주류 미국 문화에 대한 날카로운 질책"[16]을 담고 있다고 평가하였다.

파추코의 영혼은 음악에서 연극으로, 그리고 이제 패션의 영역으로까지 그 영향력을 확장하고 있다. 전쟁 중 비애국적이라는 낙인이 찍혔던 이 의상은, 아이러니하게도 그 저항 정신을 더욱 강렬히 상징하는 문화 아이콘이 되었다. 시간이 흘러 주트 수트는 일시적으로 과거의 유물이 되는 듯했다. 그러나 그 정신은 새로운 형태로 부활했다. 오늘날 치카노 힙합 스타일로 알려진 통 큰 바지, 기다란 체인, 작고 긴 선글라스, 그리고 특유의 운동화. 이 모든 것은 주트 수트의 현대적 변주라 할 수 있다. 한 기사의 표현처럼, "치카노 스타일은 주트 수트의 현대화"이며, 멕시코 유산과 치카노 공동체의 문화 정체성을 동시에 표상하는 미학적 양식이 되었다. 이 스타일은 시대에 따라 변형을 거치며 문화적 자부심의 표현으로 자리 잡았다.[17]

더욱 흥미로운 현상은 이 스타일이 국경을 넘어 아시아의 청년들에게까지 영향을 미치고 있다는 것이다. '치카노족'이라 불리는 이들 커뮤니티는 헐렁하고 과장된 의상을 통해 자신들의 정체성을 표현한다.[18] 일탈과 저항의 경계를 넘나드는 듯한 느슨함과 자유로움, 껄렁함이 배어 있는 거친 태도는 이들이 갈구하는 가치이며, 이는 과거 주트 수트 청년들이 품었던 본질과 맞닿아 있다. 이처럼 주트 수트의 문화적 유산은 시간과 공간을 초월해 끊임없이 새로운 형태로 재해석되고 있다.

History of Mexican American

제5장

아메리코 파레데스
- '그레이터 멕시코'의 저항하는 민속학자, 행동하는 지식인

아메리코 파레데스(Américo Paredes)의 작품 세계는 낯선 풍경을 펼쳐 보인다. 20세기 초중반 텍사스-멕시코 국경지대, 급변하는 삶의 현장을 파레데스는 어떻게 바라보았을까? 그의 예리하고 풍부한 필체는 멕시코계 공동체의 삶을 해체하고 재구성하며, 우리가 미처 보지 못한 현실의 결을 드러낸다. 그의 작품이 지닌 독보적인 가치는 학계의 평가를 통해 더욱 선명히 드러난다. 라몬 살디바르(Ramón Saldívar)는 그의 연구를 '경계의 인류학'으로 규정한다. 파레데스가 국경이라는 공간을 지리적 구분 선이 아닌, 문화와 정체성이 교차하는 복합적 장으로 읽었기 때문이다. 한편, 호세 리몬(José Limón)은 '침묵당한 역사를 복원하는 고고학적 작업'이라고 평가하며, 망각된 목소리를 되살리는 증언자로서의 역할에 주목한다. 파레데스의 풍부한 관점은 국경지대의 문화적 역동성을 새로운 정체성과 저항의 원천으로 승화시켰다. 그의 작품을 통해 우리는 역사의 소용돌이 속에서 자신의 목소리를 찾아 가는 공동체의 모습을 바라보게 된다.

　이런 작품의 배경에는 파레데스가 유년기를 보낸 1920~1930년대 텍사스의 격동기가 존재한다. 1900년대 초부터 이후 30년간 테하노(Tejano) 사회는 앵글로계 미국인들이 대거 유입되면서 요동친다. 한때 이 지역을 이끌던 테하노 지주 계층은 '열등한 인종'으로 인식된 지 이미 오래였고, 인종 분리는 점차 일상이 되어 갔다. 브라운즈빌, 라레도 같은 몇몇 도시에서 테하노 상권이 겨우 명맥을 유지하는 정도였으나, 이마저 예외에 지나지 않았다. 대다수의 텍사스 남부 지역에서 테하노들은 정치, 경제, 사회 모든 영역에서 철저히 밀려나고야 만다. 파레데스는 바로 이러한 격변기 속에서 차별과 저항의 현장을 직접 목격하며 성장한다.

　당시 텍사스는 멕시코 이민자들에게 새로운 기회의 땅이었다. 텍사스의 멕시코계 인구는 1900년 7만 명에서 1930년 68만 명으로 폭증했다. 이는 같은 기간에 캘리포니아 인구수 36만 명을 크게 웃도는 높은 수치였다. 이런 급격한 인구 변동은 노동 시장과 사회 구조 전체를 흔들 만큼 큰 변수가 되었다. 특히 새로 유입된 멕시코계 이민자들이 주로 농업, 철도 건설, 광업 등 고된 노동에 종사하면서 기존 테하노 사회의 계급 구조가 한층 복잡해지기 시작했다. 이런 사회적 변화와 차별은 파레데스를 비롯한 많은 테하노 지식인들에게 문화적 저항의 불씨가 됐고, '코리도(Corrido)' 같은 민속 음악은 그들의 울분을 담아내는 그릇으로 기능했다. 후일 파레데스가 이 코리도를 자신의 연구와 창작의 중심축으로 삼은 것은 우연이 아니다.

　이 시기에는 또 다른 중대한 변화가 일어났다. 이전까지 모호하고 유동적이던 미국-멕시코 국경이 점차 엄격히 통제되는 경계선으로 고착화된 것이다. 이는 국경 지역 주민들의 정체성과 일상을 뿌리째 뒤흔드는 변화였다. 파레데스의 작품에서 국경이 하나의 핵심 주제로 부상하는 것은 바로 이러한 역사적 맥락 속에서다. 더불어 국경 저쪽 멕시코 혁명의 저항 정신과 승리의 서사는 그에게 강렬한 영감이 되었는데, 이것은 훗날 그의 작품 세계에 결정적 영감을 제공한다. 이런 환경은 텍사스 레인저스와 지역 치안 조직들의 인종차별과 폭력에 맞서는 도전 의식으로 발전한다.

─ 20세기 초반 텍사스 멕시코인의 삶과 파레데스의 연구

20세기 초 텍사스는 이 지역에 거주하던 주민들과 멕시코 이민자들이 어우러지면서 기존의 텍사스 멕시코계 공동체는 그 규모가 달라지고 복잡성이 늘어 간다. 당시 멕시코 혁명을 피해 미국으로 온 이주민이 100만 명을 넘어가면서 미국 전역의 멕시코계 인구는 1900년대 10만 명 수준에서 순식간에 150만 명 규모가 되었다. 그중 무려 70만 명이 텍사스에 밀집해 있었다는 사실은 당시 텍사스가 멕시코 이민자들에게 어떤 의미였는지를 잘 보여 준다. 당시 연구에는 그들의 삶이 얼마나 비참했는지 상세히 남겨져 있다.[1]

1940년 샌안토니오의 멕시코계 사람들의 거주 지역

대표적으로 샌안토니오 지역의 서부 바리오는 밀집 슬럼가나 다름없어 상하수도는커녕 전기 시설조차 갖추지 못한 곳이 대부분이었다. 열악한 환경으로 인해 전염병의 온상이 될 수밖에 없었고 사망률과 유아사망률은 하늘을 찌르는 수준이었다. 그때까지만 해도 법적으로 다뤄질 수 있는 사안은 아프리카계 미국인에 대한 격리 정도였기에 그 후로도 수십 년간 텍사스 멕시코인들이 얼마나 차별과 폭력에 일상적으로 노출되었을지 짐작할 만하다.

이러한 차별에 경제적 불평등까지 더해져 당시 연방 빈곤선이 1,700달러일 때, 텍사스 멕시코 노동자의 평균 임금은 고작 700달러에 불과했다. 전문직이나 기능직조차도 1,300달러 수준을 넘지 못했다. 이런 극심한 격차는 사회 전반에 '멕시코적인 것'은 점점 열등하거나 낙후된 것이라는 고정관념을 낳았다. 특히 1930년대 미국을 휩쓴 대공황은 텍사스 멕시코인들을 더욱 깊은 곤궁에 빠트린 기점이 되었다. 대공황의 여파는 가혹했다. 1929년부터 1937년의 사이의 통계를 보면, 35만~60만 명에 달하는 이들이 멕시코로 돌아갔다.

1940년대는 텍사스 멕시코계 공동체에게 새로운 전환점이었다. 1929년 설립된 'LULAC(League of United Latin American Citizens)'이 본격적으로 적극적인 행보를 보이면서 신진 작가들이 등장하여 자기 경험을 문학으로 형상화하기 시작했다. 특히 교육 기회 확대, 차별 철폐, 시민권 보장을 위한 그들의 노력이 법적 소송을 통해 결실을 맺으면서 공동체의 정치적 의식을 고양시켰다.

이러한 변화의 한복판에서 파레데스는 1948년 전쟁터에서 돌아와 그간 주류 학계가 외면한 텍사스 멕시코계 공동체의 역사와 현실을 학문의 영역으로 끌어올리는 작업을 시도했다. 그 결과, 그는 문학, 민속학, 인류학을 넘나들며 경계를 허무는 학제 간 접근의 선구적 모델을 제시했다. 『국경지대 *Border Country*』(1952)를 시작으로, 『조지 워싱턴 고메스 *George Washington Gómez*』와 『그림자 *The Shadow*』(1955)를 거쳐 『그의 손에 든 권총: 국경 발라드와 그 영웅 *With His Pistol in His Hand: A Border Ballad and Its Hero*』(1958)에 이르는 저작들은 멕시코계 미국인 연구의 이정표가 되었다. 특히 『그의 손에 든 권총』은 코리도 연구의 새 장을 열며 민속학과 문화 연구의 외연을 확장하였다.

그래서 파레데스의 작품은 일반적 텍스트 분석을 넘어 학문과 예술, 참여의 경계를 허문 공헌으로 평가받는다. 행위예술가로서의 감수성, 작가로서의 치밀한 관찰력, 풍속연구가의 통찰력 있는 시선, 인류학자의 분석적 엄밀함, 그리고 교수로서의 체계적 지식이 한 인물

안에서 조화롭게 어우러진 것이다. 알리시아 카마초(Alicia Camacho)의 평가처럼, "그의 '학문적 활동주의'는 남부 국경지대 멕시코 공동체가 겪은 인종차별에 대한 기록이자 고발"로 작용한다.

물론 파레데스의 연구에도 남성 위주의 관점이라는 한계와 비판의 여지는 있다. 그러나 그의 학문적 업적이 멕시코계 미국인 공동체의 역사와 문화를 재평가하는 결정적 계기가 되었다는 점은 부인할 수 없다. 그의 저작들은 오랫동안 침묵당한 목소리를 학문의 영역 내로 포함하였고, 미국-멕시코 국경지대의 다문화적 역동성을 새로운 시각으로 조명하였다.

특히 파레데스와 '경계 지대'의 만남은 라몬 살디바르의 연구에서 핵심적 위치를 차지한다. 여기서 '경계 지대'는 두 문화가 융합하며 새로운 정체성이 창출되는 공간을 의미한다. 표면적으로는 멕시코와 미국 두 나라 문화가 자연스럽게 혼재된 풍경이지만, 그 이면에는 복잡한 역사와 사회적 역학이 중첩되어 있다. 예를 들어, 멕시코의 전통은 지역민의 일상과 정서에 깊이 뿌리내리면서 이중언어와 이중문화라는 독특한 현상을 만들어 냈다. 많은 사람이 영어와 스페인어를 모두 사용하며, 두 나라의 명절과 풍습을 함께 즐긴다. 이런 다양성은 이 지역의 미학과 인식론에 스며든 변형과 창조의 힘이 되었다.

파레데스가 제시한 '그레이터 멕시코(Greater Mexico)' 개념은 20세기 후반 치카노 연구의 지평을 획기적으로 확장시킨 이론적 도구로 평가된다. 1976년 발표된 그의 논문 「소수 집단 내의 민속학적 작업에 관한 연구」에서 처음 제시된 이 개념은, '미국과 멕시코의 국경을 초월한 문화적, 정신적 공유 공간'을 아우르면서 기존의 국가 중심적 문화 인식에 근본적인 도전을 제기했다. 이 개념은 관습, 언어, 전통, 그리고 집단적 기억을 포괄하는 광범위한 문화적 영역을 지칭하는 것으로, 이후 글로리아 안살두아의 '경계 지대(Borderlands)' 이론과 함께 치카노 연구의 이론적 토대가 되었다.

파레데스의 이론적 공헌은 국경지대를 '정체성의 생성과 저항의 공간'으로 재해석하는 패러다임적 전환을 이끌어 냈다. 이러한 시각은 공동체의 기억을 사회적 억압에 맞서는 저항 동력이자, 미래를 위한 문화 자원으로 인식하는 이론적 기반을 제공했다. 그는 평생에 걸쳐 구전문학, 민속 음악, 일상 내러티브의 수집과 분석을 통해, 소외된 공동체의 역사를 '아래로부터' 재구성하고 그들의 문화적 실천을 재평가하는 혁신적 방법론을 정립했다.

파레데스의 연구 방법론은 소수 인종 문화 연구에 있어 하나의 이정표로 평가된다. 그는 내부자의 통찰력과 학문적 객관성을 절묘하게 조화시켜, 연구 대상 공동체의 주체성을 존중하면서도 비판적 분석을 수행하는 새로운 패러다임을 제시했다. 이는 현대 문화 인류학과 사회학에서 중요하게 다뤄지는 '참여 관찰'과 '성찰적 연구'의 선구적 사례로서, 현대 문화연구에 의미 있는 영향력을 미치고 있다.

─ 코리도와 사회적 의적, 반디도(Bandido)

파레데스의 민속학 연구는 코리도라는 민중의 노래를 새롭게 바라보는 시선을 제시한다. 멕시코와 미국 남서부에서 피어난 이 발라드는 영웅적 사건과 공동체의 고통을 노래에 담아냈다. 시대의 흐름에 따라 혁명의 불씨를 담기도 하고, 국경의 아픔을 토해 내기도 했다. 때로는 이방인의 서글픔을, 때로는 마약의 그림자를 노래하기도 했다. 특히 국경지대의 코리도는 무법자의 반란을 영웅의 서사로 탈바꿈시켰다. 파레데스는 노래의 탄생과 전파 과정을 좇으며 국경의 삶에 얽힌 부당한 현실을 포착해 냈다. 1901년 텍사스에서 벌어진 '그레고리오 코르테스(Gregorio Cortez)'[2] 사건 역시 이 노래의 전형을 보여 준다. 언어의 이중주, 매체의 다양성, 저항의 외침, 정체성 뿌리 찾기, 역사의 재해석. 파레데스는 이 모든 것을 코리도의 선율 속에서 읽어 낸다.

『권총을 손에 쥐고』는 그런 코르테스의 노래를 심층적으로 파헤친 책이다. 1950년대 후반, 편견의 그림자가 짙게 드리워진 시기에 파레데스는 현실에 맞설 영웅을 갈망했고, 바로 코르테스를 통해 문화적 우월주의에 저항하는 공동체의 가치를 되살려 낸다. 그는 코르테스의 "나는 그레고리오 코르테스다."라는 외침에서 중세 서사시의 장엄함을 발견한다. 이것은 소박하게 보이는 민중의 노래가 위대한 문화적 가치를 구현해 내는 바로 그 결정적 순간을 포착한 것이다. 파레데스의 작업이 가진 진정한 의미는 바로 여기에 있다. 그는 민속학자의 눈으로 코리도를 들여다보되, 결코 그것을 오래된 과거의 유산으로 다루지 않았다. 오히려 살아 있는 역사이자, 끊임없이 현재와 대화하는 문화적 행위로 해석했다.

1901년 텍사스 레인저스에 의해 그레고리오 코르테스가 체포된 사진

레나토 로살도(Renato Rosaldo) 역시 『문화와 진리』에서 이 작품의 의미를 확장한다. 로살도는 파레데스가 분석한 '그레고리오 코르테스의 발라드'를 재조명하며, 민요가 지닌 생동적 서사의 힘과 그 정치적 함의를 부각시킨다. "그레고리오 코르테스의 코리도 같은 노래를 불러. 머리털을 곤두서게 만드는 노래가 있지. 그런 노래를 들으면 그를 눈앞에서 보는 것 같아, 권총을 손에 든 그레고리오 코르테스"[3]라는 구절은 집단 기억의 재현이자 문화적 저항의 실천으로 해석된다. 로살도의 눈에는 코리도를 부르는 행위 자체가 지배 권력에 대한 상징적 저항의 제스처인 것이다. 이러한 맥락에서 로살도는 파레데스 연구가 전통적 민속학의 분석을 넘어, 공동체의 문화적 표현 속에 담긴 정치적 저항의 의미를 밝혀냈다고 평가한다.

파레데스의 연구는 19세기 말 20세기 초 미국 남서부를 휘젓고 다닌 '반디도(Bandido, 사회적 도적, 혹은 의적)'들의 이야기와 맞닿아 있다. 그의 작품 속에서 반디도는 미화된 범죄자가 아니라 멕시코계 미국인의 정체성과 저항 정신을 상징하는 문화적 상징이다. 하룻밤 사이 이방인이 되어 버린 이들의 아픔, 골드러시의 불평등, 새 땅에서의 차별. 그 모든 것이 반디도 문화의 토양이 되었다. 가장 잘 알려진 반디도인 캘리포니아의 호아킨 무리에타(Joaquín Murrieta)[4]는 코르테스처럼 공동체의 분노와 정의에 대한 갈망을 구현했다. 그들의 이야기는 코리도의 날개를 타고 퍼져 나가 저항 정신을 고취시켰다. 특히 마치스모(Machismo)와 종교적 요소가 더해진 반디도 문화는 그야말로 그들만의 것이었다.

— 파레데스에 대한 갈라진 평가

파레데스의 연구는 그 혁신성에도 불구하고 비평가들의 날카로운 시선을 피해 가지는 못했다. 주된 비판은 원초적이고 가부장적인 권력을 이상화했다는 것이다. 특히 그레고리오 코르테스를 거칠고 호탕한 풍채를 지닌 중세 기사와 같은 영웅적 인물로 그려 냈다고 지적한다. 에레라-소벡(Herrera-Sobek), 리몬, 로살도, 살디바르와 같은 비평가들은 파레데스의 서술에 '퇴행주의'의 그림자가 서려 있다고 비판했다. 앵글로 중심의 근대화와 자본주의 물결에 대한 거부감이 과거의 목가적 세계를 그리워하는 듯한 태도로 드러난다고 보았다. 또한 파레데스의 남성주의적 시학이 멕시코계 공동체 내부의 복잡한 역학을 제대로 포착하지 못한다고 비판했다. 그의 저작이 공동체를 붕괴시킨 계급 적대주의와 정치적 불신의 실체를 그려 내지 못한 채, 공동체를 동질적인 집단으로 단순화했다는 것이다. 실제로는 이 집단 내에 계급적 차이로 인한 적대감, 새로운 이민자와 기존 거주민 사이의 문화적 갈등, 노동자로서의 입장 차이 등 다양한 문제가 존재했에도 파레데스가 이를 충분히 다루지 않았다는 것이다.

이러한 비판들은 파레데스 연구의 본질적 가치를 부정하기보다는, 그의 작업을 더욱 비판적으로 조명하고 발전시키기 위한 시도로 이해할 수 있다. 그의 저작이 지닌 한계에도 불구하고, 민속학의 정의와 방법론을 가로지르는 탈식민적 통찰을 제시했다는 점은 부인할 수 없는 사실이다. 파레데스의 시각에서 텍사스 멕시코계 민속은 단순히 세대 간 전승되는 문화유산이 아닌, 불평등과 부정의, 나아가 폭력에 맞서는 문화적, 경제적, 물리적 대응의 산물이었다.

찰스 브릭스(Charles Briggs)가 지적했듯, 멕시코계 미국인의 민속은 전근대적 유산이 아닌, 제국주의적 영토 정복과 인종적 지배라는 근대적 폭력의 산물이다. 이는 식민성과 근대성의 불가분한 관계를 포착한 엔리케 두셀(Enrique Dussel)과 월터 미뇰로(Walter Mignolo)의 이론적 통찰과 맥을 같이한다. 이 학자들은 근대성이 단순한 진보와 계몽의 과정이 아니라, 식민 지배와 본질적으로 연동되어 있다고 주장한다. 이러한 맥락에서 멕시코계 미국인의 민속은 근대성과 식민성이 교차하는 지점에서 생성된 복합적이고 역동적인 문화적 실천으로 재해석될 수 있다.

파레데스의 공헌을 단 한 문장으로 정의하기란 어렵지만, 가장 빛나는 성과는 아마도 민속이 어떻게 공동체의 정신을 형성하는지 그 과정을 추적한 촘촘한 기록일 것이다. 그는 민속을 단순한 전승물이 아닌, 살아 숨 쉬는 유기체처럼 다루었다. 코르테스의 이야기가 어떻게 입에서 입으로, 노래에서 노래로 전해지며 변주되는지, 그 과정에서 어떤 의미가 더해지고 빠지는지를 놓치지 않았다. 파레데스는 코르테스에 관한 코리도를 넘어, 국경 분쟁이라는 뜨거운 감자가 어떻게 다양한 언어와 매체를 통해 순환하는지 관찰했다. 그는 신문이라는 공식 매체부터 입에서 입으로 전해지는 소문까지, 전설과 구전 역사, 그리고 딱딱한 역사 텍스트부터 흥겨운 민속 음악에 이르기까지 이 모든 것들이 어우러져 만들어 내는 복잡한 문화의 생태계를 놓치지 않았다.

〈라레도의 감옥(La Cárcel de Laredo)〉[5]이라는 코리도에 대한 그의 분석은 이러한 접근의 정수를 보여 준다. 표면적으로는 단순한 애가(哀歌)로 들릴 수 있는 이 곡에서, 파레데스는 구조적 불평등에 대한 강력한 비판적 목소리를 포착해 냈다. 이렇듯 그는 노동자 계층인 멕시코계 미국인들의 문화적 형식의 순환이 어떻게 정치 인식을 정교화하고, 저항 문화로 자리 잡게 되는지, 그 과정을 끈기 있게 추적했다. 이러한 그의 민속학적 탐구는 결국 저항 문화의 형성과 전파 과정을 읽어 낸 문화 정치학적 작업이라 할 수 있다.

─ 파레데스의 쌍둥이 소설 이야기

파레데스의 소설은 그의 민속학 연구와는 사뭇 다른 얼굴을 하고 있다. 저항적 민속학을 구축했던 학문적 열정과는 대조적으로, 그의 소설은 내면의 깊은 고뇌를 반영하듯 어둡고 암울한 내용으로 가득하다. 한 비평가의 표현을 빌리자면 그의 작품들에는 '텍사스 근대의 비극적 감정'이 짙게 배어 있다. 대표적으로 『조지 워싱턴 고메스』와 『그림자』 두 소설은 마치 쌍둥이처럼 미국과 멕시코 접경지대 멕시코계 주민들의 정체성 혼란과 인종화된 주체 형성 과정을 조명한다. 그 소설 속에 비친 현실은 멕시코 혁명이라는 거대한 폭풍우 속에서 휘청거리는 텍사스 남부의 모습이다. 백인 정착민이 마치 밀물처럼 유입되고, 멕시코 혁명의 여파 또한 국경을 넘어 밀려오는 흐름 속에서, 파레데스는 한 공동체의 운명을 암울하게 포착해 낸다.

　이처럼 국경으로 분리된 한 민족 공동체의 변화 과정에는 많은 유사점이 있다. 시기적 차이는 있으나, 양국 모두 국가 권력의 강화, 토지 상실, 자본주의 발전 등 유사한 사회적 변화를 겪었다. 그 격변 속에서 사람들은 각자 생존을 위한 내적 갈등과 공동체의 분열을 모두 경험해야만 했다. 흥미로운 점은 파레데스가 소설의 주인공으로 코리도의 영웅과는 상반된 인물들을 내세웠다는 점이다. 그가 선택한 주인공은 늘 혁명 이후의 반영웅들이다. 그래서 소설의 배경과 역사적 사건들은 현실과 밀접하게 연관되어 있지만, 이야기 전개와 주인공들의 운명은 예상을 벗어난다. 그가 제시했던 '그레이터 멕시코'라는 긍정적 이미지와 달리 정작 그의 소설 속 공동체의 장래는 언제나 어둡게 그려진다. 이는 파레데스가 가지고 있던 학문적 이상과 현실 인식 사이에 괴리가 있었음을 은연중에 드러낸다고 할 수 있다. 아니면 파레데스 본인만의 복잡한 내면세계를 반영하는 것일 수도 있다. 혹은 어쩌면 그가 연구했던 민속학적 저항과 희망의 메시지가 현실의 벽에 부딪히는 순간을 내비친 것일지도 모른다. 그만큼 당시 국경 지대의 현실을 바라보는 파레데스의 시각은 다층적이었고 그의 작품 세계는 깊이가 있었다.

─『조지 워싱턴 고메스』: 정체성의 회귀

파레데스의 손끝에서 태어난 『조지 워싱턴 고메스』와 『그림자』 두 작품을 나란히 놓으면, 파레데스가 바라본 '자신들'의 세계와 그 속에서 겪는 좌절을 더욱 선명히 볼 수 있다. 『조지 워싱턴 고메스』는 1915~1916년부터 2차 세계대전 직전까지 리오그란데(Rio Grande) 국경 근처 브라운즈빌을 무대로 삼았다. 그리고 『그림자』는 1930년대 마타모로스(Matamoros) 인근의 로스 클라베레스(Los Claveles)가 배경이다. 불과 몇 마일 이내의 가까운 지역에서 펼쳐지는 이 이야기들은 당시 국경의 긴장 어린 현실을 세밀히 포착해 낸다.

두 작품은 멕시코 출신 혹은 멕시코 주민들이 반란과 혁명이라는 거대한 역사적 사건을 거치며 마주하게 되는 비극적 경험을 그린다. 동화와 적응, 배신과 기만, 그리고 새로운 환경으로의 편입 과정은 마치 실제 역사의 한 페이지를 읽는 듯 생생하다.

특히 국경 양쪽의 대비가 두드러지는데, 국경 북쪽에서는 토지를 잃고 하층민으로 전락한 이들의 분노, 그리고 백인들의 패권 앞에 적응과 동화의 길을 선택하는 이들의 내적 갈등이 두드러진다. 반면 남쪽에서는 멕시코 혁명 이후, 옛 지배계급을 향한 충성과 새로운 지배

계층에 편입하려는 욕망 앞에서 갈등하는 사람들의 서사가 중심을 이룬다.

좀 더 자세히 들어가면 『조지 워싱턴 고메스』의 1장에 등장하는 남부 텍사스 선동파(Seditionist) 반란과 그에 대한 잔혹한 제압은 이 지역 토지 문제와 직결된다. 당시 근대화된 농장 시스템으로의 변화는 남부 스타일의 짐 크로우(Jim Crow)법에 의한 인종 분리를 텍사스에 이식했고, 결국 토지를 소유한 멕시코인과 계약제 노동자인 원주민 간의 구분이 사라지면서 모두가 하층민으로 전락했다.

이 묘사는 근대화라는 미명하에 자행된 폭력적 토지 수탈의 한 단면이다.

> 떡갈나무 숲은 멕시코계 텍사스인들의 자유를 수호하는 장소였다. 그 울창한 녹음 속에서 란체로들은 바깥세상의 법망을 피해 숨을 곳을 찾았다. 덤불과 평원은 그들의 소에게 풍성한 목초지를 제공했고, 심지어 작은 농장주들도 숲 깊숙이 숨겨진 자신들의 땅에서 나름의 독립을 만끽했다. 그러나 미국인들의 '개발'이라는 물결이 밀려들기 시작했다. 그들은 거침없이 땅을 갈아엎어 목화밭과 감귤 과수원을 일구고, 마을을 세웠다. 아이러니하게도 나무를 벤 것은 멕시코 텍사스인들의 갈색 근육 팔뚝이었다.[6]

이 짧은 구절에는 한 공동체의 몰락이 집약되어 있다. 자유와 독립의 상징이었던 숲이 개발이라는 이름으로 파괴되는 과정, 그리고 그 파괴의 도구가 되어 버린 당사자들의 노동이 역사의 축소판처럼 그려져 있다.

소설의 주인공 구알린토의 두 삼촌 펠리시아노와 로페는 1915년의 반란에 참여한 혁명가다. 구알린토의 아버지 구메르신도는 이 지역에 사는 멕시코인이라는 이유만으로 텍사스 레인저스에게 억울하게 살해당한다. 그는 죽기 전 아들이 분노와 복수심 없이 성장하기를 바랐고, 이를 알게 된 펠리시아노는 구알린토에게 아버지의 죽음에 관한 진실뿐만 아니라 반란에 가담했던 자신의 이력 또한 숨기고 살아간다. 이 비극적인 가족사는 당시 멕시코계 미국인들이 겪었던 억압과 폭력, 그리고 그에 대한 대응 방식을 집약해 보여 준다. 펠리시아노는 파레데스 코리도 연구에서 말하는 국경지대 문화의 대변자이자 지배 사회에 적대적 감정을 품은 인물의 전형에 가깝다. 『조지 워싱턴 고메스』는 이 반란이 실패한 이후, 그들의 대안적 꿈이 역사적 의제에서 사라진 시대를 그린다. 이는 파레데스가 바라본 국경지대의 현실, 즉 저항의 시대가 끝나고 적응과 타협의 시대가 도래했음을 암시한다.

― 『그림자』: 정체성의 균열

『그림자』는 멕시코 혁명이라는 거대한 폭풍우가 휩쓸고 간 황폐한 들판을 바라보는 듯한 작품이다. 그는 혁명이 약속한 화려한 구호들, 즉, 토지 분배와 농업근대화가 어떻게 새로운 권력 구조의 탄생으로 변질되었는지 냉철하게 보여 준다. 아센다도들(Hacendados, 대토지소유주들)의 승리로 귀결된 멕시코 현실은 마치 뒤집어진 카드처럼 혁명의 본질적 의미를 뒤흔든다.

　주인공 안토니오 쿠잇틀라의 삶은 격변하는 멕시코 사회를 응축하여 보여 준다. 포르피리오 디아스 정권의 경제 근대화 정책이 초래한 대규모 인구 이동의 흐름 속에서, 그의 개인사는 국가의 운명과 불가분하게 얽혀 깊은 흔적을 남긴다. 안토니오의 정치적 각성은 점진적이고 유기적으로 그려진다. 텍사스의 먼지 날리는 거리에서의 비밀 집회, 밤을 지새우는 토론, 그리고 시위 참여로 이어지는 일련의 과정은 필연적 전개를 보인다. 이는 그의 정치적 잠재력이 진화하는 과정을 보여 주는 정교한 서사적 장치다. 이를 통해 작가는 국경지대라는 독특한 공간에서 새로운 사상과 정신을 흡수하며 성장하는 주인공의 내면을 그려 낸다.

　　그가 처음으로 혁명에 관해 이야기하는 사람들의 말을 들은 곳이 텍사스였다. 그와 같은 부류의 사람들이 억압의 사슬을 끊고, 굶주림이라는 감옥에서 벗어나는 일에 대해 논하는 것을 들었다. 그렇다, 그는 진정한 교육을 텍사스에서 받았다. 목화밭과 탄광에서 말이다.[7]

　이 고백은 파레데스가 바라본 국경지대의 본질, 즉 역사적으로 공유된 삶의 터전이라는 인식을 대변한다. 안토니오의 목소리를 통해 파레데스는 국경을 넘나드는 이들의 경험이 양국의 역사 형성에 큰 영향을 미쳤음을 효과적으로 드러낸다. 이 장면에서 우리는 텍사스 농장과 멕시코 에히도(Ejido, 공동토지 소유 제도) 경제 사이의 교류 그리고 그 속에서 혁명적 이데올로기가 퍼져 나가는 모습을 발견할 수 있다. 하지만 동시에 이러한 정치적 비전은 한계를 지니고 있다. 결국 멕시코인들은 인종적 편견 속에서 값싼 노동력으로 취급되면서, 자신들의 정체성을 타협할 수밖에 없었기 때문이다.[8]

"국경은 강이 아니라 사람들의 마음속에 있는 것이지."라는 안토니오의 말은 파레데스가 바라본 국경의 본질을 함축적으로 드러낸다. 그러나 이런 통찰 뒤에는 짙은 그림자가 드리워져 있다. 『그림자』의 배경이 된 혁명 이후의 멕시코 사회는 결코 장밋빛이 아니었기 때문이다. 토지 분배와 농업근대화라는 혁명의 이상은 실현되었을지 모르나, 그 과정에서 새로운 형태의 불평등과 갈등이 뿌리를 내렸다.

『그림자』 책 표지

파레데스는 안토니오의 눈을 통해 이 아이러니한 현실을 무겁게 그린다. 토지 개혁으로 인한 새로운 계급의 형성, 농업근대화 과정에서 소외된 농민들의 고통, 그리고 여전히 지속되는 경제적 불평등이 이어진다. 더불어 그는 혁명 이후 크게 불거진 정체성의 혼란도 놓치지 않는다. 전통적 가치와 근대화의 충돌, 농촌 공동체의 해체와 도시화의 가속화 그리고 이에 따른 개인의 소외 문제 등, 『그림자』는 이 모든 복잡한 사회 변동을 안토니오라는 한 인물의 내면을 통해 투영해 낸다.

― 『조지 워싱턴 고메스』의 코리도 에토스

『조지 워싱턴 고메스』와 『그림자』는 쉽게 해석되지 않는 작품이다. 작가가 정확히 무엇을 말하고자 했는지 '이해했다'고 단언하기 어려운 부분이 있다. 혹은 그 모호함이야말로 작가의 의도적인 전략일지 모른다. 그래서 그의 작품은 변화된 세상에 관한 기록이자 경고, 또는 자기 검열을 통한 두려움의 표현으로 읽힐 수 있다. 아이러니하게도 변절에 대한 비판인지 변호인지 명확하지 않은 모호함이 오히려 이 작품을 더욱 복잡하고 심오한 수수께끼로 만든다.

『조지 워싱턴 고메스』의 중심에 서 있는 인물인 구알린토(후에 조지 고메스로 개명)를 통해 마치 세 겹의 거울을 들여다보는 듯하다. 삼촌 루페가 겪은 혁명과 저항, 또 다른 삼촌 펠리시아노의 타협과 적응, 그리고 구알린토 자신의 정체성 변화까지. 이들의 삶은 "우리는 두 세계 사이에 서 있다."라는 파레데스의 주제를 입체적으로 조명해 준다.

루페는 과거의 영웅적 가치관을 상징한다. 하지만 그 가치관은 자기 조카에 의해 비극적 최후를 맞아 사라지는 것처럼 이 사회로부터 소외와 단절을 당할 뿐이었다. 그의 죽음 뒤에는 오직 "나는 그레고리오 코르테스다!"라는 마지막 외침만이 아무도 이해할 수 없는 공허한 울림으로 남는다. 한때 혁명가였던 펠리시아노는 이 소설에서 가장 복잡한 인물 중 한 명이다. 그는 앵글로 미국인 지배 사회에 적응하면서도 완전한 동화를 거부하는, 양립 불가능해 보이는 두 가지 목표를 동시에 추구한다. "우리는 살아남기 위해 변해야 했다."라는 그의 말은 이민자로서의 생존 전략과 자기 정체성 사이의 줄타기를 함축적으로 드러낸다. 파레데스는 펠리시아노를 통해 적응과 저항이라는 두 개의 칼날 위에서 균형을 잡으려는 멕시코계 미국인의 고뇌를 형상화한다.

그런가 하면 주인공 구알린토의 정체성 변화야말로 이 소설의 중심축이라 할 수 있다. 그는 멕시코계 정체성을 억압하고 의지적으로 미국인이 되기로 결정한다. "나는 더 이상 그들 중 하나가 아니다."라는 그의 말은 단순한 정체성의 부정이 아니라, 새로운 자아를 향한 고통스러운 몸부림이라 할 수 있다. 변호사가 되어 조지 고메스로 개명하고 백인 여성과 결혼해 고향으로 돌아오는 그의 모습은 성공과 변절이라는 딜레마를 상징한다.

그러나 파레데스는 이러한 정체성의 변화가 결코 순조롭게 마무리될 수 없음을 알고 있다. 텍사스 레인저로 복무하던 중 구알린토가 자신도 모르게 삼촌 루페를 죽이는 장면은 자신이 제거했다고 믿었던 멕시코 유산이 여전히 그의 무의식 속에 살아 숨 쉬고 있었음을 암시한다. "우리는 우리의 과거를 완전히 지울 수 없다."라는 메시지가 마치 지울 수 없는 문신처럼 작품 전체에 새겨져 있는 것이다. 『조지 워싱턴 고메스』는 이렇게 비극적 뉘앙스를 남기며 역사의 격랑 속에서 자신의 정체성을 찾아가는 텍사스 멕시코인 공동체의 삶을 담아낸다.

— 『그림자』의 코리도 에토스

『그림자』는 멕시코 혁명의 후일담이라기보다는, 혁명이 남긴 그야말로 그림자를 해부하는 냉철한 보고서에 가깝다. 1920년대 멕시코 혁명에 참여했다가 후에 에히도라는 공동 소유 농지의 수장이 된 안토니오 쿠잇틀라의 이야기를 중심으로 전개된다. 혁명으로 독재 정권은 무너지고 토지 개혁을 포함한 사회적 변화를 요구하는 사람들이 일어난다. 그 결과 대토지 소유제는 해체되었고 농민들에게 공동으로 토지를 경작할 권리를 주는 에히도 시스템이 도입되었다. 쿠잇틀라 역시 이상을 실현하기 위해 그 혁명에 참여한 결과 에히도의 지도자가 된다. 그러나 원하는 것을 가진 이후 그의 정신은 붕괴되어 가기 시작한다. 혁명의 불꽃이 스러진 자리에 남은 것이 이상과 현실 사이의 아득한 간극임을 깨달은 것이다. 파레데스는 현재와 과거를 오가는 서사 구조 속에서 드러나는 쿠잇틀라의 삶을 통해 혁명의 회한과 모순을 형상화한다.

파레데스는 한때 혁명을 위해 싸웠던 인물이 이제는 새로운 형태의 지주가 되어 있다는 아이러니를 그림자라는 모티브를 통해 재현한다. 쿠잇틀라는 수풀 속에서 그림자를 목격한 후 극심한 공포를 느낀다. 그림자는 혁명적 이상을 버리고 새로운 지배계급이 된 자신의 상황에 대한 내적 갈등의 표출일 것이다. "혁명은 우리를 배신했다."라는 그의 절규는 갈등의 핵심을 관통하는 울림이다.

쿠잇틀라의 정신적 혼란은 점점 심각해져 결국 폭력적인 형태로 폭발해 버리고 만다. 그가 "나는 안토니오 쿠잇틀라다, 너희들 개자식들의 애비!"라고 외치며 에히도 소속 일꾼들을 향해 총을 난사하는 대목은 이 작품의 클라이맥스다. 이는 자기혐오와 변절에 대한 죄책감이 만들어 낸 극단적 자기 파괴의 순간으로, 동시에 새로운 질서 속에서 자리 잡지 못하는 구시대 영웅의 비극적 최후를 상징한다. 혁명 이후 지도자들의 내적 갈등과 모순을 이 장면보다 더 극적으로 보여 주기는 어려울 것이다.

'나는 누구다'라는 식의 선언은 본래 코리도에서 자주 등장하는 영웅적 자기 선언이다. 그러나 『그림자』에서 이 선언은 부끄러운 자아에 대한 항변으로 변질된다. "나는 혁명의 아들이다!"라는 쿠잇틀라의 외침은 이상과 현실 사이에서 찢겨 나가는 한 인간의 고뇌다. 영웅이었으나 변절자고, 악(惡)하지만 선(善)한 인물, 파레데스의 탁월함은 코리도 영웅의 전통과 근대의 반영웅이라는 반대적 기질을 동일 인물 안에서 구현함으로써 작품의 깊이를 더했다는 것이다.

이렇듯 그가 포착해 낸 폭력적 역사의 단면들은 공식 역사에서 종종 은폐되거나 왜곡되었던 진실들을 날것 그대로 드러낸다. 이런 재구성을 위해 파레데스는 인류학자의 관찰력, 문화비평가의 예리함, 그리고 작가의 상상력을 절묘하게 융합한다. 『그림자』는 『조지 워싱턴 고메스』와 함께 읽을 때 더욱 깊은 의미를 지닌다. 두 작품은 모두 미국-멕시코 국경을 사이에 두고 일어난 변화와 그로 인한 개인의 고뇌를 대비적으로 보여 준다. 한쪽에서는 멕시코계 미국인이, 다른 한쪽에서는 멕시코인이 근대성이라는 거대한 파도 앞에서 휘청거린다. 그들은 각자의 방식으로 정체성의 혼돈을 마주하고, 나름의 출구를 찾아 헤맨다. 이런 면에서 파레데스의 『그림자』는 냉철하나 연민을 잃지 않은 시선을 통해 한 개인의 고뇌를 심도 있게 담아낸 문학적 성취라 할 수 있다.

— 1940~1950년대 치카노 사회와 정치적 각성

파레데스의 작품은 1940~1950년대 멕시코계 미국인 사회의 지각 변동을 생생히 포착한 역사 텍스트에 가깝다. 그의 소설에 반영된 당대의 중대한 사회적 사건들을 살펴보면서, 우리는 멕시코계 미국인들의 변화하는 사회적 위치와 정체성을 더 깊이 이해할 수 있다.

2차 세계대전 참전 용사들의 경험은 파레데스 소설의 핵심적 배경이 되는데, 1948년 텍사스에서 일어난 '펠릭스 롱고리아(Felix Longoria) 일병 사건'은 이 시대의 모순을 적나라하게 드러내는 상징적 사건이다. 롱고리아 일병은 필리핀 전선에서 전사한 멕시코계 미국인 병사였다. 그의 유해가 3년 만에 고향 텍사스로 돌아왔을 때, 현지 장례식장은 그가 '멕시코인'이라는 이유로 시신 안치와 장례식 진행을 거부했다. 이 사건은 전국적인 공분을 일으켰고, 당시 상원의원이었던 린든 존슨의 개입으로 롱고리아 일병은 결국 알링턴 국립묘지에 안장되었다. 조국을 위해 목숨을 바친 영웅이 고향에서 겪은 이 참담한 차별은 『조지 워싱턴 고메스』의 주인공이 느끼는 소외감과 울분의 원형이 된다. 파레데스는 이 사건을 통해 전쟁 영웅으로 추앙받으면서도 동시에 이등 시민으로 취급받는 멕시코계 미국인의 모순적 현실을 드러낸다.

교육 차별 문제 역시 파레데스의 예리한 눈을 피해 가지 못한다. 1946년 캘리포니아 '멘데스 대 웨스터민스터 사건(Mendez v. Westminster)'은 멕시코계 아동들에 대한 학교 분리 정책에 제동을 걸었다. 이는 『조지 워싱턴 고메스』에서 재현한 교육을 통한 사회 이동성의 갈등과 맞닿아 있다. 파레데스는 여기서 교육이 가진 양면성, 즉 기회의 제공자이자 동시에 문화적 동화의 도구라는 점을 무겁게 그려 낸다.

또한 파레데스의 코리도 연구에서 포착한 공동체의 저항 정신은 LULAC의 활동을 통해 현대적 형태로 구현되었다. 특히 1954년의 '에르난데스 대 텍사스 소송(Hernandez v. Texas)'은 이러한 정신의 법적, 제도적 승리를 상징한다. 이 소송은 멕시코계 미국인의 시민권에 대한 중대한 도전이었다. 텍사스주 잭슨 카운티에서 살인 혐의로 기소된 피트 에르난데스의 변호인단은 배심원 선정 과정에서 멕시코계 미국인이 체계적으로 배제되었다고 주장했다. 더 나아가 그들은 해당 카운티에서 지난 25년간 단 한 명의 멕시코계 미국인도 배심원으로 선발된 적이 없다는 사실을 밝혀냈다. 이 소송은 미국 연방 대법원까지 올라갔고, 결국 멕시코계 미국인에 대한 체계적 배제가 수정헌법 제14조의 평등보호 조항을 위반한다는 판결을 이끌어 냈다. 이는 멕시코계 미국인을 백인과 구별되는 별도의 집단으로 인정한 최초의 연방 대법원 판결이었다.

이 판결의 파장은 광범위했다. 멕시코계 미국인의 시민권을 실질적으로 인정했을 뿐만 아니라, 그들의 정치적 참여권을 보장함으로써 미국 사회 내 위상을 한 단계 높였기 때문이다. 이는 파레데스가 코리도에서 발견한 민중의 저항 정신이 법정이라는 현대적 무대에서 승리를 거둔 순간이었다.

전후 경제 호황과 일부 멕시코계 미국인의 중산층 진입은 『조지 워싱턴 고메스』의 주인공이 경험하는 계급 이동과 내적 갈등에 현실감을 더한다. 1944년 '제대군인 지원법(G.I. Bill)'이 제공한 기회는 아메리칸드림의 실현으로 보이기도 했다. 그러나 파레데스는 성공의 이면에 숨겨진 복잡한 현실을 파헤친다. 그는 사회경제적 지위 상승이 자동적으로 공동체와의 유대 강화로 이어지지 않는 아이러니를 그려 낸 것이다.

이러한 변화의 물결 속에서 멕시코계 미국인들의 정치 참여 의식이 고조되었다. 투표율과 공직 출마의 증가, 지역 사회 문제 해결을 위한 조직 활동 참여의 활성화는 이를 방증한다. 파레데스의 소설 속 인물들이 겪는 내적 갈등은 공동체가 경험한 복잡한 현실과 집단적 무의식의 심층적 반영이다. 이러한 파레데스의 통찰은 이후 1960년대 치카노 운동의 정신적 토대가 되었다. 그가 포착한 저항의 정신, 정체성에 대한 고민, 그리고 사회 변화에 대한 갈망은 치카노 운동의 핵심 요소로 이어진다. 1965년 캘리포니아에서 시작된 농장 노동자 파업, 1968년 로스앤젤레스의 학생운동 역시 그의 작품에서 예견한 정치적 각성의 결과물이라고 볼 수 있다. 그의 작품을 통해 1940~1950년대 멕시코 사회의 변화와 사람들의 경험이 어떻게 1960년대 치카노 운동의 불씨로 이어질 수 있었는지 더 깊이 이해할 수 있다.

History of Mexican American

제6장

치카노 운동
- 미국 역사 속 숨겨진 혁명

1960년대는 치카노[1]의 역사에서 거대한 전환점으로 기록된 시기이다. 이 시기 멕시코계 미국인들은 '치카노 운동(Chicano Movement)'이라는 이름 아래 정치적, 문화적 저항의 물결을 일으켰다. 그들은 백인 중심의 미국 사회에서 히스패닉(Hispanic)을 필두로 한 소수자 공동체의 존재감을 강하게 각인시키며, 사회권·노동권 신장을 토대로 여러 영역에서 주목할 만한 진보를 이뤄 냈다. 치카노 운동은 오랫동안 억눌렸던 에너지가 분출하는 양상을 띠었다. 수십 년간에 걸쳐 누적된 소수인종 공동체에 대한 차별과 억압, 묵인과 침묵이 마침내 한계점에 도달한 것이다. 이는 1930년대부터 1950년대까지 이어진 시민권 운동과 법적 투쟁의 결실이자, 동시에 새로운 시대의 서막을 알리는 신호탄이었다.

  "우리는 변화를 만들 수 있다."라는 치카노들의 외침이 학교와 대학, 농장과 공장, 심지어는 교도소에 이르기까지 그야말로 미국 땅 곳곳에 울려 퍼졌다. 이 말은 존엄과 자기 존중을 향한 절실한 외침으로, 치카노 운동의 정수를 고스란히 담고 있었다. 후안 고메스 키뇨네스(Juan Gomez Quiñonez)가 "1960년대에는 이전과는 다른 뭔가가 일어났다. 그것은 하나의 태도였다."[2]라고 관찰했듯이, 치카노 운동은 정치적 자각과 정체성의 혁명에 가까운 현상이었다.

'라사(Raza)'라는 개념은 그들의 선언문과도 같았다. 더 이상 '외국인'이 아닌, 이 땅의 주인임을 선언하는 강력한 메시지였다. 카를로스 무뇨스(Carlos Muñoz)는 "치카노 운동은 비백인 정체성과 문화, 그리고 멕시코계 미국인 노동자 계급의 이해관계를 바탕으로 통합의 정치를 꿈꾸는 역사적인 첫 시도였다."[3]라고 정의한다. 이렇듯, 이 운동은 새로운 정치적 패러다임의 창출, 미국 사회의 재구성을 꿈꾸는 대담한 도전이었다.

한편 치카노 운동은 모자이크를 연상케 하는 면모를 지녔다. 세사르 차베스가 이끈 농장 노동자 조합의 강인함, 호세 앙헬 구티에레스의 인민연합당이 지닌 혁명적 열기, 레이에스 로페스 티헤리나의 토지 양도 연맹 운동이 품은 역사적 정의에 대한 갈망 등, 각기 다른 색채와 결을 지닌 조직들이 한데 어우러져 하나의 거대한 그림을 만들어 냈다. 특히 대학 캠퍼스는 이 운동의 구심점이자 산실 역할을 담당했다. 고등 교육의 기회를 얻은 젊은 치카노들은 자신들의 권리와 정체성을 지키기 위해 목소리를 높였고, 이는 곧 거대한 흐름이 되어 미국 사회에 적잖은 파장을 불러일으켰다.

그러나 1970년대에 들어서면서 미국 사회가 급격히 보수화의 물결에 휩싸이자 치카노 운동의 열기도 점차 식어 갔다. 하지만 그 불씨는 사회 곳곳에 뿌리를 내렸고, 이후 수십 년간 미국의 정치 문화 전반에 상당한 영향을 미쳤다. 다문화주의의 확산, 이중언어 교육의 도입, 소수자 우대 정책의 강화 등은 치카노 운동이 남긴 유산이라 할 수 있다.

치카노 운동은 독자적으로 일어난 것이 아니라, 1960년대를 뒤흔든 히피 문화, 반전 운동, 블랙파워 운동 등과 맥락을 같이했다. 이 운동은 전 세계적으로 일어난 반식민주의, 인권, 평등을 향한 거대한 물결의 한 지류였다. 또한 당대의 시대정신(Zeitgeist)을 담아내는 동시에 여기에 그들만의 독특한 색채를 덧입힌 결과물이었다. 이러한 치카노 운동의 열정과 고뇌, 성과와 한계를 살펴보는 과정은 미국 사회의 또 다른 이면을 엿볼 수 있게 한다.

─ 치카노 운동의 지적 유산: 억압된 목소리의 부활

당시 로스앤젤레스를 중심으로 한 미국 서부의 대학가는 문화적 르네상스의 진원지라고 해도 과언이 아니었다. 시민권 운동, 해방 운동, 저항 운동이 한데 뒤섞여 끓어올랐다. 이 과정에서 치카노 사회는 자신들의 모습을 돌아보고 변화의 필요성을 깨달았다. 이러한 비판의 불꽃은 학계를 뜨겁게 달구면서 '샌타바버라 강령'이라는 혁신적 교육 개혁안을 도출했다.

1966년 캘리포니아 주립대학교 샌타바버라 캠퍼스에서 이 강령이 채택되면서 치카노 지성사의 새로운 장이 열렸다. 이것은 오랫동안 억압된 역사를 되찾고 새로운 정체성을 정립하려는 노력의 일환이었다. 이 움직임은 MEChA(Movimiento Estudiantil Chicano de Aztlán, 아스틀란 치카노 학생 운동)라는 치카노 학생 단체를 만들고, 대학에 치카노 연구 학과를 설립하는 성과를 거두었다.

1966년 농장 노동자들의 권리를 위해 싸운 세사르 차베스와 돌로레스 우에르타는 '델라노 강령'을 통해 투쟁의 정당성과 방향성을 제시하였다. 이 강령은 치카노 공동체의 정체성, 권리, 존엄성을 명확히 천명하면서 운동의 이념적 토대를 공고히 했다. 그러나 유럽식 자유주의의 영향과 남성 중심적 시각이라는 한계도 분명히 내포하고 있었다.

이후 1969년 덴버에서 열린 제1회 치카노 청년해방회의에서는 치카노 운동의 정신적 지주인 '아스틀란 선언문'이 채택되었다. 이 선언문은 단순한 영토 회복 주장이 아닌, 치카노 공동체의 역사적 정통성과 문화적 주체성을 선언하는 핵심적 문서였다. 치카노들은 아스테카 신화 속의 본향인 '아스틀란(Aztlán)'을 현실 세계에서 구현하고자 했고, 이런 시도를 통해 그들의 정체성과 존재 가치를 재확립하려는 열망을 표현하였다.

치카노들이 자신들의 문화와 민족성을 강조하면서 내건 '치카노주의(Chicanism)'는 "멕시코계 민족과 공동체, 엘 바리오(El Barrio)와 라 콜로니아(La Colonia)"[4]의 재탄생을 목표로 내세웠다. 초기 치카노 공동체의 영혼을 되찾으려던 이러한 열망은 시간이 흐르면서 더욱 복잡하고 다층적인 양상을 띠게 되었다. 젠더 평등, 고등 교육 확대, 문화적 정체성의 재정립 등으로 이어진 치카노 운동은 끊임없이 진화하며 새로운 과업을 제기했다.

'치카니스모(Chicanismo)'의 근간이 된 문화민족주의 사상은 치카노 운동의 강력한 무기가 되었다. 이 사상은 다양한 배경의 사람들을 하나로 묶는 구심점 역할을 했지만, 동시에 내부의 갈등과 변화를 유발하는 원인이 되기도 했다. 이후 치카노 운동은 페미니즘과 퀴어 운동의 영향을 받아 더욱 포용적이고 진보적인 방향으로 진화했고, 궁극적으로 '치카니스모'는 라틴아메리카 혈통을 포함하는 보다 넓은 '라티노성(Latinidad)'으로 확장되었다. 이처럼 치카노 운동의 지적 유산은 오늘날까지 미국의 학문과 문화에 깊은 영향을 미친다. 이런 점에서, 이 운동은 단순한 과거의 유산이라기보다는 현재진행형의 집단 과제라 할 수 있다.

— 델라노 강령, 치카노 운동의 기틀

1965년 9월 8일, 캘리포니아 델라노(Delano)에서 시작된 '포도 파업(Grape strike)'은 치카노 운동의 역사적 분기점이 되었다. 비인간적 대우와 열악한 노동 환경에 맞선 필리핀계 농장 노동자들의 투쟁에 차베스가 이끌던 멕시코계 노동자 주축의 전국농장노동자연합(NFWA)이 연대하면서 파업은 5년간의 장기 투쟁으로 이어졌고, 1970년에는 주요 포도 재배자들과 단체 협약 체결이라는 결실을 거둘 수 있었다.

이 투쟁의 정신을 담아낸 델라노 강령은, 치카노 운동뿐만 아니라 미국 노동 운동사에 있어서도 빛나는 순간으로 기록된다. 1966년 루이스 발데스의 통찰력으로 탄생한 이 문서는 오랜 세월 치카노들이 느껴 온 분노와 희망, 그리고 존엄성에 대한 절실한 마음을 담은 선언문이었다. "그들은 우리에게 굶주림을 강요했지만, 우리는 이제 정의에 굶주려 있다."라는 문장은 치카노 공동체의 결연한 의지와 투쟁 정신을 함축적으로 표현하고 있다. 델라노 강령은 "자유롭고 주권적인" 개인의 가치와 "문명화된 세계의 집단적 양심"을 기반으로 삼았다. 이는 당시 지배적이던 주류 경제 논리에 정면으로 도전장을 내민 것으로, 치카노 운동의 진보적 성격과 보편적 가치를 명확히 드러낸다.

 이 강령은 공정한 임금, 안전한 작업 환경, 단체 교섭권 등 노동자의 권리를 요구했으며, 치카노 아동들을 위한 양질의 교육과 이중언어 교육의 필요성을 강조했다. 또한 치카노의 문화와 역사를 인정하고 존중할 것을 주장하며 문화적 자긍심을 고취시켰다. 정치적으로는 치카노 공동체의 대표성 확대와 농업 노동자들의 토지 소유권 확대 등의 개혁도 요구했다. 그래서 이 강령은 단순한 노동 운동을 넘어 사회 정의와 인권을 위한 포괄적인 운동의 기초가 되었고, 치카노뿐만 아니라 다른 소수 민족 그룹들의 권리 운동에도 영향을 미쳤다.

 세사르 차베스, 돌로레스 우에르타, 힐베르토 파디야는 델라노 강령의 정신을 현실 세계에 구현한 치카노 운동의 거두로 평가받는다. 특히나 차베스는 '치카노 운동의 대부'라는 칭호에 걸맞게 이타적이고 원칙적인 삶의 궤적을 그렸고, 그 결과 미국의 노동 운동사에 깊은 족적을 남기게 된다. 차베스는 치카노 운동의 상징적 목표인 '라 카우사(La Causa)', 즉 '대의(大義)' 구현에 일생을 바쳤다. 그의 리더십은 1964년 브라세로 프로그램 종료 이후 농장 노동력 부족 상황에서 빛을 발했다. 그의 주도로 시작된 파업과 불매운동은 노동조합의 협상력을 높이고, 미디어의 주목과 치카노 공동체의 지지를 얻는 데 성공했다. 종종 종교적 도그마처럼 보이는 차베스의 비폭력주의는 지금의 인도를 있게 한 마하트마 간디의 비폭력 운동과 맥을 같이했다. 차베스가 이룬 300마일에 걸친 장거리 행진, 25일간의 단식은 치카노 공동체의 영혼을 깨운 영적 순례로 묘사된다. '순례, 참회, 혁명'이라는 그의 모토는 멕시코의 오래된 영적 전통과 현대적 사회운동의 정신을 절묘하게 융합한 것이다. 미국의 35대 대통령 후보였던 로버트 케네디가 25일간의 단식을 끝낸 차베스와 빵을 나눠 먹던 장면은 그가 전국적인 인물로 부상했음을 단적으로 보여 주는 순간이다.

오늘날 그의 이름을 딴 학과와 거리, 기념일의 존재는 그의 유산이 얼마나 광범위하게 퍼져 있는지를 잘 보여 준다. 아일랜드계 가톨릭 신자인 바이든 미국 대통령이 자신의 집무실에 있던 윈스턴 처칠 흉상을 치우고 그 자리를 차베스의 흉상으로 채운 사실 또한 시사하는 바가 크다. 이는 차베스가 멕시코계 노동자뿐만 아니라 소수인종 공동체의 '수호성인'이자 소수자 권익 보호의 상징으로 자리매김했음을 상기시켜 주는 일화다.

한편, 레이에스 로페스 티헤리나는 치카노 운동에 역사적 정당성을 부여하는 데 중추적 역할을 했다. 그는 치카노들의 빈곤과 소외를 경제적 문제로 치부하지 않고, 오랜 세월 누적된 역사적 불의의 결과로 해석

새크라멘토시의 세사르 차베스 플라자 공원에 있는 기념비

했다. 이러한 인식을 바탕으로 시작된 '연방 토지 보조금 연합' 활동은 미국과 멕시코 간 전쟁 이후 상실된 토지 권리 회복을 위한 운동의 초석이 되었다. 이 운동은 '아스틀란의 영적 플랜'에 명시된 "피의 부름이 우리의 힘이고 책임이자 피할 수 없는 운명"이라는 신념을 실천에 옮긴 것이다. 이 선언은 치카노 공동체에 새로운 정체성 확립의 필요성을 역설한 것으로, 호세 앙헬 구티에레스가 라사우니다 당 대회에서 언급한 '새로운 브랜드로의 탄생'과 같은 의미를 지닌다.

 델라노 강령과 아스틀란 선언, 그리고 이를 중심으로 한 지도자들의 헌신적 노력은 치카노 운동의 이념적 토대를 견고히 다졌다. 이러한 노력은 집단적 권리 주장의 차원을 넘어 치카노 공동체의 정체성

확립과 정치적 의식 고양에 결정적인 역할을 했다. 더 나아가 치카노 운동의 방향성을 제시하고 그 영향력을 확대하는 데 크게 기여했다.

─ 치카노 운동의 그림자, 내부의 갈등과 한계

치카노 운동은 미국 내 멕시코계 미국인들의 권리 신장에 지대한 공헌을 했지만, 이와 동시에 내부 분화와 이념적 모순으로 갈등을 겪기도 하였다. 이 운동의 이면에는 지도자들의 한계, 이념적 갈등, 그리고 소외된 목소리들의 아우성이 존재하고 있었다. 이 점은 치카노 운동의 복잡성을 드러내며, 사회운동이 직면하게 되는 딜레마를 여실히 보여 주는 것이다.

미리암 파월(Miriam Pawel)은 『그들이 꿈꾸던 연합 *The Union of Their Dreams*』에서 차베스의 리더십에 대한 비판적 분석을 내놓는다. 첫째, 차베스의 성공 이면에 숨겨진 노동조합의 실질적 쇠퇴와 1970년대 말부터 드러난 노동운동가로서의 영향력 축소를 지적한다. 둘째, '영성 정치'와 '해방 영성'을 추구했던 '마하트마(위대한 영혼)' 차베스의 종교적 엄격함이 결국 경직된 지도 체제로 이어졌다고 비판한다. 셋째, 다양한 의견을 수용하지 못하는 권위주의적인 태도와 종교적 계율에 가까웠던 조직의 규율과 운영 원리는 노동운동의 활력을 저해했다고 분석한다. 실제 치카노 노동 운동은 카리스마적 지도자에 의존하는 대중운동의 한계를 보여 주었다.

치카노 운동의 또 다른 아킬레스건은 이민자 문제에 대한 모순적 태도였다. 초기 치카노 운동은 새로운 이민자들을 포용하는 데 있어 현저한 한계를 드러냈다. 1974년 UFW(United Farm Workers)의 '웻 라인(Wet Line, 국경차단)' 작전은 이러한 배타성의 극명한 사례로, 월경 노동자들을 파업 방해자로 규정하고 그들의 유입을 저지하려 했다. 이는 초기 치카노 노동운동이 조합 이기주의 굴레에서 자유롭지 못했음을 방증한다.[5] 티헤리나가 차용한 멕시코 혁명가 에밀리오 사파타의 '토지 아니면 죽음을'이라는 슬로건 역시 새로운 이민자들의 절박한 상황과는 동떨어진 수사(修辭)에 그쳤다. 신규 유입 이주 노동자들에 대한 경계심이나 적대적인 태도를 버리지 못했고, 그들의 이해와 요구를 투쟁 동력으로 끌어안지도 못했다.

1960년대 치카노 운동의 상징적 구심점으로 등장한 아스틀란 개념은 그 태생부터 이중적 성격을 내포하고 있었다. 한편으로는 치카노 공동체의 정체성과 열망을 응축한 문화적 표상으로 기능하며 멕시코 유산에 대한 향수와 집단적 연대를 자극했지만, 다른 한편으로는 이민자들의 절박한 현실과 괴리된 이상향으로만 존재했다.

아스틀란 개념은 멕시코 문화에 대한 향수와 정서적 결속을 자극하는 한편, 이민자들이 직면한 실제적 문제와는 괴리된 양면성을 지녔다. 카마초는 『이주자 상상력 *Migrant Imaginaries*』에서 아스틀란이라는 '상상의 공동체' 개념의 실질적 함의를 재조명한다. 그녀의 시각에서, 아스틀란 신화의 부활은 역설적으로 미국 시민권 획득이라는 현실적 욕구의 우회적 표현에 가까웠다. 즉, 표면적으로는 초국적 민족 공동체의 이상을 표방했으나, 실제로는 미국 남서부에서의 법적, 사회적 권리 확보라는 보다 절실한 현실적 목표를 반영했다.[6] 카마초는 여기서 더 나아가 아스틀란 개념의 현대적 재해석을 시도한다. 그녀는 이 신화적 영토를 고정된 지리적 실체가 아닌, 이주 경험에 따라 끊임없이 재정의되는 유동적 공간으로 재규정한다. 이러한 관점의 전환은 아스틀란을 정적인 문화적 상징에서 현대 이주의 복합적 현실을 반영하는 동적인 개념으로 탈바꿈시킨다.

아울러 치카노의 거주 지역이라고 할 수 있는 바리오 역시 단순히 디아스포라 공간만을 의미하지는 않았다. 백인 우월주의에 대항하여 치카노들의 고유한 정체성을 유지하고 표현하는 '보호된 영토'였다고 볼 수 있다. 이러한 맥락에서 바리오는 인종적 형제애와 정동 정치가 실현되는 중요한 장소였다. 그런데 바로 이런 이유로 인해 치카노 운동을 주도한 실제적·관념적 공동체 내에서는 '우리'라는 집단적 정체성이 내부의 계급적 차이나 갈등을 초월하는 우선적 가치로 자리매김하게 되었다.[7] 이것은 운동 초기에 결집력을 가져다주었지만 다양성을 희생하는 한계를 보였다.

치카노 운동의 괄목할 만한 성과에도 불구하고, 여성의 목소리가 주변화되었다는 점은 가장 큰 비판의 대상이 되었다. 초창기부터 중요한 역할을 해 왔던 활동가 엘리자베스 마르티네스(Elizabeth Martínez)는 이 문제를 뼈아프게 지적했다. 그녀는 '라사'의 개념이 다양한 인종 간 권력 역학을 제대로 반영하지 못하며, 오히려 멕시코계 미국인을 덜 '미국적'인 존재로 규정지을 위험성을 내포한다고 비판했다. 이 개념이 외부 관찰자와 도시 거주 멕시코계 미국인 모두에게 전적으로 이해받기 어렵다는 것이다. 이런 비판은 치카노 운동이 내부의 다양성과 차이점을 충분히 수용하지 못했음을 드러낸다.

마르티네스의 관점은 치카노 운동이 교차성(Intersectionality) 이론을 수용해야 한다는 주장으로 발전했다. 교차성은 개인이 경험하는 다양한 형태의 차별이나 불이익들이 서로 중층적으로 연결되어 있다는 뜻으로, 멕시코계 여성의 삶을 옥죄는 삼중고(인종적·성적·경제적 차별)가 그 전형적인 예시이다. 마르티네스는 치카노 운동이 인종 문제에만 국한하지 말고 성별과 계급 문제를 포괄적으로 다루어야 한다고 역설했다. 특히 그녀는 여성들이 이 운동의 동등한 주체로서 주도적 위치에서 참여해야 함을 강조했다.[8] 이러한 주장은 '아스틀란 선언'과 같은 핵심 문서들이 치카노의 문화적 정체성을 강조하면서도 여성의 역할을 가정에만 한정하는 등 마초적 문화의 한계를 드러낸 것에 대한 비판적 응답이기도 했다. 이에 호응하여 치카나 페미니스트들은 남성 중심적인 가부장적 구조에 대해 강력히 반발했다. 그들은 젠더화된 치카노 가족 문화를 거부하고 성평등과 여성해방의 당위성을 역설하며, 여성들의 조직적 연대를 강조했다.

결론적으로, 치카노 운동은 그 역사적 중요성에도 불구하고 내부의 다양성과 갈등을 충분히 수용하지 못하는 한계를 보였다. 특히, 이민자에 대한 배타성, 여성의 소외, 그리고 내부의 이념적 갈등은 주요 제약으로 작용했다. 그러나 이러한 한계에 대한 자기 인식과 비판은 이후의 운동을 더욱 성숙하고 포용적인 방향으로 발전시키는 원동력이 되었다. 이후 지속적인 자기반성과 발전을 통해 치카노 사회는 미국 사회의 다양성과 포용성을 증진하는 방향으로 한층 더 나아가게 되었다.

— 『바퀴벌레 인간들의 반란』
　: 치카노 운동의 내적 균열과 저항의 다양성

　치카노 운동의 유산은 정치적 영향력과 사회 변혁의 잠재성으로만 평가될 수 없는 복합적인 현상이다. 문화민족주의를 토대로 한 이 운동은 문화예술 분야에 광범위한 영향을 미쳤고, 특정 영역에 한정할 수 없는 다면적인 유산을 남겼다. 그러나 1960년대의 블랙파워 운동에 비하면, 치카노 운동은 역사적 조명과 학술적 관심에서 상대적으로 소외되어 왔다.

　1987년 샌프란시스코 심포지엄 사례는 치카노 운동에 대한 주류 사회의 인식 부족을 극명하게 보여 준다. '60년대, 그 지도자들과 유산'이라는 주제로 열린 행사에 멕시코계 미국인들은 아예 초청 대상에서 배제되는 푸대접을 받았는데, 이는 그들이 "60년대 투쟁에 관여하지 않았을 것"이라는 그릇된 가정에 의한 것이었다. 대신 백인 급진주의 인사들만이 연사로 초청되었다. 또한, 이러한 편향된 시각은 1988년 1월 『타임』의 1968년 회고 기사에 잘 드러난다. 이 기사는 1968년을 '한 세대를 형성한 해'로 묘사하면서, 로버트 케네디, 재니스 조플린, 마크 러드 같은 백인 정치인, 지도자, 유명인에 초점을 맞추었다. 멕시코계 미국인 정치 지도자들과 치카노 운동은 제외되었고 심지어 세사르 차베스와 같은 중요한 인물조차 전혀 언급되지 않았다.[9] 이러한 사례들은 미국의 주류 역사서술과 대중 매체가 치카노 운동의 역사적 중요성을 얼마나 간과해 왔는지를 시사한다.

　이러한 평가의 격차는 치카노 청년 문화와 반문화에 대한 체계적인 기록의 부재에서 기인하기도 한다. 치카노 운동을 도시 청년 문화의 맥락에서 바라본다면, 이것이 특정 시기에 한정된 현상이 아니라, 끊임없이 진화하는 문화적 흐름의 한 부분이었다는 점을 이해할 수 있다. 이러한 관점에서 오스카 세타 아코스타(Oscar Zeta Acosta)의 『바퀴벌레 인간들의 반란 The Revolt of the Cockroach People』은 60년대 반문화적 시대 분위기 속에서 꽃핀 민권 운동과 청년 저항 문화의 정수를 담아낸 작품으로 꼽을 수 있다.[10]

『바퀴벌레 인간들의 반란』은 치카노 운동의 복잡성과 내적 모순을 리얼하게 포착했다는 점에서 중요한 문학적 성과로 평가받는다. 이 작품은 1960년대 후반 이스트 LA를 배경으로, 치카노 운동의 소용돌이 속에서 작동하는 구심력과 원심력의 결을 동시에 탐색한다. 아코스타의 통찰력과 독특한 문체는 치카노 문학의 지평을 확장했다 해도 과언이 아니다. 이 소설은 '치카노 민족주의'라는 거대한 물결 속에서 완전히 동화되지 못한 이들의 내면을 들여다보게 한다. 압도적인 투쟁의 기운 앞에서 개인들이 느꼈을 자극과 반감, 그리고 미묘한 심리적 동요까지 포착해 낸다. 이를 통해 치카노 운동의 본질과 시대정신에 더욱 심층적으로, 어쩌면 진실에 한 걸음 더 다가서는 계기를 제공한다고 할 수 있다.

저자는 소설의 첫 문단에서 텍스트의 주제와 어조를 아래와 같이 제시하며 독자들을 치카노의 새로운 세계로 끌어들인다.

1969년 우이칠로포치틀리의 해, 크리스마스이브이다. 300명의 치카노들이 세인트 바실 로마가톨릭 교회 앞에 모였다. 태양의 갈색 눈동자를 가진 300명의 아이들이 로스앤젤레스에서 가장 부유한 성전에서 돈을 바꿔치기하는 교회 사람들을 몰아내기 위해 왔다. 달빛 하나 없는 어두운 밤, 얼음처럼 차가운 바람이 우리를 맞이한다. 우리는 작은 하얀 촛불을 무기로 들고 있다. 인도에서 짝을 지어, 우리는 촛불을 들고 미친 바퀴벌레 무리처럼 흩어지고 부딪치며 노래한다. 나는 훈련 교관처럼 명령을 내리며 돌아다닌다.[11]

이 강렬한 도입부는 독자로 하여금 치카노 운동의 복잡한 현실을 직면하게 한다. 우이칠로포치틀리 신의 등장은 아즈텍 신화를 소환하며, 치카노의 문화적 뿌리를 슬쩍 들춰 보인다. 그리고 바로 옆 크리스마스이브라는 종교적 배경은 치카노 정체성의 혼종성을 부각시킨다. 아울러 "돈을 바꿔치기하는 교회 사람들"을 몰아내려는 행위는 성경의 일화를 떠올리게 하면서, 치카노들의 투쟁에 종교적, 도덕적 정당성을 슬그머니 덧입힌다. "태양의 갈색 눈동자를 가진 300명의 아이들"은 치카노의 민족적 특성과 젊은 세대의 열정을 시각화한다. 그리고 마지막, "미친 바퀴벌레 무리"라는 자조적 비유. 이 표현은 독자의 마음에 불편함과 공감을 동시에 일으킨다. 사회적 소외와 억압에 맞선 그들의 저항 의식, 그리고 그 끈질긴 생명력과 투쟁 의지가 멕시코를 연상케 하는 이 벌레의 이미지에 모두 담겨 있기 때문이다.

소설에서 주인공 브라운의 여정과 도시적 배경은 작품의 핵심을 이룬다. 1968년 1월, 로스앤젤레스 중심부의 낡은 벨몬트 호텔에 변호사 사무실을 개설하는 장면으로 시작되는 브라운의 3년간의 여정은 독자를 치카노 급진주의 운동의 소용돌이 속으로 인도한다. 아코스타는 도시 하층민의 일상과 그들을 둘러싼 미시적 환경을 냉철하고 열정적인 시선으로 재구성한다.

작품이 그려 내는 로스앤젤레스의 초상은 충격적이다. 이곳을 "지구상에서 가장 혐오스러운 도시", "패배자들로 우글거리는 망가진 도시"라고 한 표현은 작가의 비판적 시각을 여과 없이 드러낸다. 균열이 가득한 건물들, 거리를 배회하는 다양한 계층의 군상들, 그리고 전후 빈곤의 흔적들이 생생한 파노라마로 펼쳐진다. 이러한 풍경은 아코스타가 비대해진 도시 공간에 대한 불쾌감을 주요 정서로 채택했음을 방증한다.

아코스타의 작품은 1960년대 치카노 문학의 지배적 경향에서 벗어나 새로운 문학적, 사회적 지평을 열었다고 평가받는다. 당대 치카노 문학이 주로 농촌 지역과 노동 현장의 인종차별에 중점을 두었던 것과 달리, 아코스타는 도시 공간을 전면에 내세움으로써 치카노 경험의 다양성과 복잡성을 포착하고자 했다. 아코스타의 도시 중심적 서사는 치카노 운동이 도시의 복합적인 사회 갈등으로 분화되었음을 시사한다. 이는 치카노 운동의 전개, 운동의 주체와 요구사항이 다변화되는 과정을 반영한다.

바리오는 아코스타의 작품에서 단순한 배경이 아닌, 치카노의 정체성과 저항의 핵심 공간으로 그려진다. 이곳은 문화적 연속성과 연대의 장소인 동시에, 도시화가 초래한 빈곤, 차별, 폭력이 집약된 모순의 장이기도 하다. 아코스타는 바리오의 일상과 이상 사이의 긴장 관계를 포착함으로써, 치카노 운동을 단순한 민족주의적 열망의 표출이 아닌, 저항적 사상의 구현으로 재해석한다.

주인공 브라운의 이스트 LA 바리오 이주는 작품의 서사적 전개에서 중요한 전환점을 제공한다. '제3의 국경'이라는 은유로 포장된 로스앤젤레스 강 너머의 '투너 플랫츠', 이 가상의 공간에서 펼쳐지는 이야기는 극적 긴장감의 뼈대를 형성한다. 이 지명의 패러디적 성격은 작품 전반에 걸쳐 흐르고 있는 풍자와 해학의 기저음을 암시하며, 현실의 모순을 우회적으로 꼬집는다.

아코스타의 독특한 문학적 성취는 "도시의 불쾌감과 멕시코계 미국인에 대한 만성적 억압 간의 연관성 확립"[12]에 있다. 바리오로의 이주를 계기로 브라운은 방관자적 위치에서 벗어나 공동체의 일원으로 다양한 형태의 시위에 주도적으로 몸을 던진다. 예컨대 "교육청 피켓 시위, 경찰서 피켓 시위, 시청 피켓 시위, 빈곤 프로그램 사무실 항의 집회, 복지관 행진"[13] 등의 활동은 그의 적극적 개입을 생생히 증언한다. 특히, "눈물이 난다. 숨이 가쁘다. 난 치카노 공동체가 처음으로 시도하는 공적 행동의 한가운데 서 있다."[14]라는 감정의 토로는 이 운동에 심리적, 정서적으로 동화되는 과정을 사실적으로 포착한 것이다.

바리오 청년들의 모습은 풍자와 공감이 어우러진 독특한 정서를 자아낸다. 바리오 거리를 활보하며 모퉁이의 취객들에게 "이봐, 이봐, 이봐, 이봐, 새끼야(Carnal). 우리와 함께하자!"[15]라고 외치는 청년들의 모습은 치카노 공동체의 내적 역동성을 생생하게 전달한다. 이들은 농장 노동자들과는 달리 교육의 질 향상, 경찰 폭력 근절, 베트남 전쟁 종식 등을 외치며, 거리공간을 정치적 활동의 장으로 전유한다. 이를 통해 도시 청년들의 정치적 각성과 그들만의 문화적 특수성이 부각된다. 이러한 묘사는 치카노 운동이 지역적, 민족적 차원을 넘어 보편적 인권과 정의의 문제로 확장되고 있음을 시사한다.

1971년 1월 31일, 사우스 센트럴 로스앤젤레스의 플로렌시아 바리오 출신 청년들이 '정의를 위한 행진'에 참석하기 위해 벨베데레 공원에 도착하는 장면

 그래서 아코스타의 소설은 치카노 청년세대의 결집력이 인종이나 '라사'의 개념을 넘어서는 복합적 정서에 뿌리내리고 있음을 보여준다. 이러한 다층적 정체성 형성 과정은 여러 학자의 연구를 통해 더욱 선명한 윤곽을 드러낸다. 역사학자 로레나 오로페사(Lorena Oropeza)가 제시한 '인종적 정체성의 재편' 개념은 치카노의 베트남전 반대 운동 연구를 통해 도출한 것이다. '전쟁 반대'라는 보편적 구호가 치카노 공동체의 인종적, 문화적 특수성과 어떻게 절묘하게 융합했는지 설명한다.[16] 법학자 이안 하니 로페즈(Ian Haney López)는 여기에 더해 경찰의 탄압이 역설적으로 젊은이들의 인종 의식

을 고취하는 계기가 되었다고 분석한다. 경찰의 폭력적 진압을 겪으면서 많은 치카노 청년들이 자신들을 멕시코계 미국인이 아닌 유색(Brown) 인종으로 인식하기 시작한 것이다. 이런 변화는 그들이 경험한 차별과 억압이 근본적인 인종적 편견에 근거한다는 자각에서 비롯되었다.[17]

이러한 맥락에서 '인종'은 같은 피부색을 지닌 사람들의 집단을 넘어, 공유된 경험, 시대 정신, 저항 의식 등을 포괄하는 보다 복합적인 개념으로 거듭난다. 샌안토니오의 베레모 운동 대변인 호세 모랄레스의 발언은 이러한 정체성의 진화 과정을 잘 보여 준다.

> 카르날리스모(Carnalismo, 형제애)는 치카니스모와는 달랐다. 모든 사람은 어릴 때부터 치카니스모의 온다(onda)[18]를 가지고 있었다. 우리는 그링고(미국인)를 때리고 페로스(경찰견)들과 싸웠지만, 그다지 깊이 생각하지는 않았다. … 세월이 흐르면서 우리의 눈이 열리기 시작했고, 우리는 어느 바리오 출신인지는 중요하지 않다는 것을 깨달았다. 우리 모두가 카르날레스(형제들)라는 걸 알았다.[19]

치카노 운동 초기, 지역 청년들에게 있어 지역성과 충성심은 거의 본능에 가까운 가치였다. 치카노라는 정체성은 그들에게 자연스러운 것이었으나, 이내 그 본질은 서서히 변화하기 시작했다. 참여적 경험을 통해 생긴 형제애라는 정체성이 한층 더 강렬한 아우라를 띠게 된 것이다. 이러한 변화 과정은 개인의 역량 강화라는 측면에서 특히 중요했는데, 이것이 사회 변화의 주체로서 자신을 인식하게 하는 계기가 되었기 때문이다.

한편 브라운은 이스트 LA 역사상 최대 규모의 시위인 치카노 모라토리엄 직전 멕시코로 여행을 떠난다. 아코스타가 실제로 이 행진에 참여한 것과 대비되는 이러한 문학적 서사는 치카노 운동의 취약성을 상징적으로 드러내는 효과를 가져다준다.

1970년 8월 29일 이스트 LA에서 벌어진 치카노 모라토리엄은 약 2만 명의 시위대가 참여한 대규모 반전 시위로, 라티노 파병군인들의 과도한 전쟁 희생을 고발하며 정치적 변화를 요구했다. 그러나 이 평화로운 집회는 로스앤젤레스 보안관보들의 폭력적인 진압으로 비극적 결말을 맞이한다. 특히 이 과정에서 발생한 저명한 칼럼니스트 루벤 살라사르(Ruben Salazar)의 죽음은 치카노 공동체에 지울 수 없는 상흔을 남겼다. 이 사건은 치카노 운동 쇠락을 알리는 서곡이 되었으나, 역설적으로 그들의 급진적 실행력과 조직적 행동력을 입증한 중요한 순간이기도 했다. 오늘날 이 사건은 소수자 권리와 평등을 위한 투쟁의 불가피성, 그리고 평화적 저항의 숭고함을 상기시키는 역사적 이정표로 남아 있다.

소설 속 브라운의 도시 귀환은 그의 내면에 깊은 균열을 일으킨다. "로스앤젤레스 타임즈의 칼럼니스트 로날드 잔지바르가 로스앤젤레스 동부 치카노 폭동 중 오발탄에 맞아 사망했다. 치카노 지도자 로돌포 곤살레스 체포"[20]라는 기사는 브라운의 혈관을 뜨겁게 달군다. 동료 석방을 위해 시위대를 조직하고 대안적 내러티브를 구축하려 분주히 움직이는 그의 모습은 치카노 운동의 생명력을 보여 준다.

그러나 법정 투쟁의 열기 속에서도 브라운의 내면은 점점 더 혼란스러워진다. 특히 세사르 차베스의 비폭력주의에 대한 반감은 치카노 운동 내부의 이념적 분열을 반영한다. 이러한 갈등은 브라운이 변호사에서 작가로 전향하는 결정적 전환점이 된다. 이런 변화는 아코스타의 실제 경험을 투영하는 것으로, 개인의 정체성 고뇌와 거대한 운동의 방향성 사이에서 빚어지는 팽팽한 긴장 관계를 반영한다.

아코스타의 소설은 60년대 치카노 청년 문화의 다양성을 보여 주며, 정치적 활동가부터 바토 로코로 불리는 거리 청년들까지 다양한 그룹을 명확한 구분 없이 그려 낸다. 소설에서 '바퀴벌레'로 묘사되는 바토 로코(Vato loco)는 1940년대 파추코 문화의 후예이자, 일탈과 범죄의 경계선상에 있는 청년 갱단원을 지칭한다. 이러한 복합적 재현은 치카노 운동이 단일하고 균질한 움직임이 아닌, 다양한 목소리와 경험이 내재한 복잡한 현상이라는 점을 시사한다.

아코스타의 '바퀴벌레' 비유는 이중의 기호로 작동한다. 한편으로는 인종차별에 대한 자조 섞인 저항의 몸짓으로, 다른 한편으로는 치카노 공동체의 복잡한 내적 역학을 드러내는 은유적 장치로 기능한다.

> 도시의 일부 치카노들이 우리 농장 노동자들은 결코 품을 수 없는 미국 사회에 대한 환상을 가지고 있음을 깨달았다. 그들은 자신들을 억압하는 적의 존재를 인식하지 못하는 반면, 시골의 치카노들은 태어나는 순간부터 자신이 사회의 최하층, 즉 '바퀴벌레'와 같은 존재라는 사실을 뼈저리게 인식하고 있다. 도시에서는 오직 하층민인 바토스 로코스(vatos locos)만이 이러한 현실을 공감하고 이해한다.[21]

이 구절은 도시와 농촌 치카노 간의 인식 격차를 보여 주면서, 바토 로코(Vato loco)로 대변되는 도시 하층민의 독특한 정서를 날카롭게 담아낸다. 그런가 하면 바토 로코에 대한 브라운의 불편한 감정은 "그들은 바토스 로코스입니다! 아무도 미친 사람들에게 무엇을 해야 하는지 말하지 않아요…."[22]라는 발언에 응축되어 있다. 아코스타는 그들의 문화가 치카노 정체성에 미치는 영향력에 매료되면서도, 동시에 때때로 드러나는 그들의 무책임함과 폭력성, 그리고 정치적 무관심에 실망을 표명한다. 이는 치카노 공동체 내 계급과 문화적 단층선을 선명히 부각하는 효과를 만든다. 그러나 작품 속 바토 로코는 단순히 개인적이고 파편화된 (탈)정치적 주체로만 그려지지 않는다. 오히려 그들은 복잡한 사회문화적 맥락 속에서 탄생한, 끊임없이 변화를 거듭하는 존재로 비친다. 실제로 아코스타는 다양한 청년 그룹의 진정성과 가벼움을 동시에 접하며 그들에게서 문화적 이질감과 동질감을 동시에 발견했을 것이다.

아코스타는 자전적 소설인 『브라운 버팔로의 자서전』에서도 자아 정체성에 대한 복합적 인식을 토로한다. "나의 유일한 실수는 사람이나 국가 또는 역사의 어떤 부분에서 정체성을 찾으려는 것이었습니다. … 지금 내가 보는 것은 나는 멕시코인도 미국인도 아니라는 것입니다. 저는 가톨릭 신자도 개신교 신자도 아닙니다. 나는 조상으로는 치카노이고 선택으로는 브라운 버팔로입니다."[23]라는 고백은 치카노의 정체성이 고정불변의 실체가 아닌, 지속적으로 재구성되는 유동적인 개념임을 강조한 것이다. 나아가 이는 치카노 운동이 전제하는 단일성 신화에 대한 근본적 회의를 우회적으로 표출한 것으로 읽을 수 있다.

그의 날카로운 통찰은 치카노 운동 이후 시대의 문화민족주의에 대한 반성과 궤를 같이한다. 정형화된 정체성과 획일적 지향점을 둘러싼 논쟁이 격화되던 시대적 맥락 속에서, 아코스타는 도시 공간 내 투쟁을 통해 문화민족주의의 한계를 효과적으로 전달한다. 치카노 공동체의 내적 역동성과 개인의 정체성 고민을 탐구한 이 작품은, 1960년대 미국의 반문화적 시대 분위기 속에서 치카노 정체성과 투쟁의 의미를 새롭게 해석한 문학적 시도였다.

─청년 문화와 흑인 문화의 만남, 치카노 운동의 재평가

1960년대와 1970년대의 치카노 운동은 정치적 투쟁의 의미뿐만 아니라 복합적인 사회문화적 흐름으로 재평가되어야 한다. 특히 주목할 점은 치카노 청년 문화의 형성 과정에서 흑인 문화와의 적극적인 교류를 통해 정체성을 구축해 나갔다는 사실이다. 이는 멕시코계 미국인 기성세대들이 백인 중심 사회와의 동화를 갈구하며, 흑인 공동체와 관계 맺기를 주저했던 경향과 대조되는 현상이었다. 그러므로 치카노 청년 문화는 '도시 바리오'라는 특수한 공간을 배경 삼아 멕시코 전통, 주류 백인 문화, 그리고 아프리카계 미국인 문화가 역동적으로 융합된 결과라고 할 수 있다. 안토니 마시아스(Anthony Macías)는 이러한 형성 과정을 "주류 문화도 노동자 문화도 아닌, 주트 수트, 파추코, 촐로 문화를 혼합하여, 그들만의 길거리 감성(Street edge)이 만들어 낸, 거친 노동자 계층의 남성성, 여성성을 지닌 쿨한 반문화"로 묘사한다.[24] 이러한 문화적 혼종성은 주류 문화에 대한 거부를 넘어 새로운 형태의 대항 문화를 창출해 내는 원동력이 되었다.

이 시기 이스트 LA의 음악적 취향은 치카노 정신을 생생하게 표현하는 매개체로 기능하며, 도시의 구조적 불평등, 인종차별, 그리고 사회적 억압에 대한 저항의 목소리를 '라이브로' 담아냈다. 60~70년대 '로스앤젤레스의 사운드'와 치카노 운동의 저항 가요는 도시의 가난, 불평등, 폭력, 경찰 등의 문제를 리듬에 실어 '양심의 노래, 자유의 사운드'를 탄생시켰다.

1950년대 치카노 청년들의 음악적 취향은 동시대 백인 청년층과 뚜렷이 구별되는 특징을 보였다. 이는 기호의 차이를 넘어 사회적, 공간적 맥락과도 밀접하게 연관되어 있었다. 바리오와 게토의 지리적 근접성, 그리고 백인 중심 주류 문화에 대한 저항 의식이 이들의 음악적 선호의 근간을 이루었다. 리틀 리처드, 조니 오티스 등의 음악이 치카노 청년들 사이에서 폭발적인 인기를 구가한 것도 이러한 맥락에서 이해될 수 있다.

히피 문화가 당대의 유행을 주도하고 있었지만, 치카노 청년들은 대체로 그들의 도덕적 자유주의와 계급적 퇴폐주의에 쉽사리 동조하지 않았다. 여기에는 그들이 가톨릭 배경과 노동자 계급의 에토스가 뿌리내린 가정에서 성장했다는 중요한 배경이 자리한다. 치카노 청년들에게 이 운동은 부모 세대에 대한 반항이라기보다는 오히려 부모 세대를 위한 투쟁이라는 인식이 강했다.[25] 이는 가톨릭적 가치관과 노동계급의 경험에 기반한 치카노 공동체의 특성을 반영한다. 아울러 그들은 백인 주류 문화와 거리 두기를 분명히 했다. 이런 점에서 다음과 같은 해석은 치카노만의 고유문화와 공동체 형성의 상관관계를 잘 보여 준다.

음악은 치카노 운동과 전후 시대의 광범위한 사회적, 정치적 흐름 사이의 접점을 이해하는 또 다른 문화적 길을 제공한다. 치카노 운동에 사운드트랙을 제공한 것은 리듬 앤드 블루스였다. 멕시코계 미국인들은 재즈, 록, 마리아치, 볼레로, 코리도 등 다른 장르를 선호했지만, 특히 두웝과 알앤비의 블랙 사운드에 매료됐다. 로스앤젤레스에서는 이런 사랑이 일찍부터 시작됐다.[26]

R&B는 단순한 청각적 즐거움을 넘어, 치카노 청년들의 정체성과 투쟁 정신을 표현하는 강력한 도구로 기능했다. 디 미드나이터스(Thee Midniters)의 '치카노 파워(Chicano Power)'와 같은 노래는 민권 운동과 풍성한 하모니를 이루며 공동체 내 불평등과 차별에 대한 저항 의식을 경쾌한 음악 언어로 옮겨 놓았다.

물론 세대 간 갈등이 없었던 것은 아니다. 일부 부모 세대는 자녀들의 음반 구입을 금기시했고, 엘리트 계층은 자녀들을 R&B로부터 격리하고자 클래식 음악 프로그램을 후원하기도 했다. 그러나 이러한 시도는 오히려 역효과를 낳았다. "치카노 청년들은 이스트 LA의 레코드 가게에서 45rpm 음반을 구입하고, 엘 몬테 레지온 스타디움이나 할리우드 팔라디움에서 춤을 추며, 라디오 방송국 KRKD의 디스크자키인 허기 보이(Huggy Boy)가 진행하는 R&B와 로큰롤 프로그램을 즐겨 들었다."[27] 이렇듯 이들에게 LA 음악은 정체성과 문화적 표현의 핵심 요소로 자리 잡았다.

1960년대 후반, 치카노 문화는 또 다른 변곡점을 맞이한다. 히피 반체제 운동과 급진적 좌파 정치사상과의 접점을 넓혀 가면서 새로운 형태로 진화한 것이다. 이 과정에서 음악은 집회와 시위에서 공동체의 단결을 고취하는 역할을 했고, 동시에 더 넓은 청중에게 치카노 운동의 메시지를 전파하는 데 기여했다.

결론적으로, 1960년대와 1970년대의 치카노 청년 문화는 음악, 특히 R&B를 통해 복합적인 정체성을 표현하고 정치적 메시지를 전달하는 독특한 문화적 매개체로 기능했다. 이들은 주류 반문화 운동과 접점을 가지면서도 자신들만의 고유한 문화적 영역을 독자적으로 구축했다. 이런 측면에서 1960~1970년대 치카노 청년 문화는 미국의 다문화주의와 소수자 운동의 역사에서 재조명되어야 할 중요한 문화적 현상이다.

— 치카노 운동의 쇠퇴: 복합적 요인의 상호작용

치카노 운동은 인종적-민족적 정체성의 전환을 넘어서 기존의 정체성을 재정의하고 재조정하는 복합적인 문화 프로젝트로 발전했다. 이 과정에서 치카노 공동체 내부의 다양한 하위 집단이 존재감을 과시했다. 여성 운동가들의 목소리, 정치적 각성을 경험한 바리오 청년들의 열정, 그리고 전직 갱단원들의 거친 현실 감각이 한데 어우러져 각자의 독특한 조직과 담론을 꽃피웠다. 결과적으로 치카노 운동은 단일한 이념이나 목표로 환원하기 어려운 다층적 사회문화 현상으로 진화했고, 새로운 형태의 정치적, 문화적 주체성을 형성하는 데 결정적 역할을 담당했다.

치카노 운동의 쇠퇴 역시 간단하게 설명할 수 없는 복잡한 현상이다. 그럼에도 불구하고, 이를 시대적 분위기의 변화, 정치적 지형의 재편, 그리고 인구 구성의 변동이라는 세 가지 축으로 풀어 내 보자면 다음과 같다.

첫째, 1960년대 미국의 급격한 사회 변동은 치카노 운동의 부상과 쇠퇴에 결정적 영향을 미쳤다. 이 시기는 인구 증가, 경제 성장, 대중 미디어의 확산, 베트남 전쟁의 여파, 그리고 아프리카계 미국인의 시민권 요구 등 다양한 요소들이 복잡하게 얽힌 격변의 시대였다. 1960년대에 대한 진보와 보수 진영의 상반된 해석은 이 시기의 복잡성을 방증한다. 가령 보수주의자들의 눈에 비친 이 시기는 "도시 폭동, 반전 운동, 베트남 전쟁 확산, 무례함, 범죄, 약물, 체포의 증가"로 점철된, 미국의 쇠락을 알리는 전조와도 같았다.[28] 그리고 이러한 인식은 결국 레이건 정부 출범이라는 정치적 반동을 낳았다.

둘째, 이런 정치적 지형의 변화는 치카노 운동의 열기를 식혀 갔다. 1960년대를 달구었던 이상주의 분위기가 1970년대에 들어 냉소주의로 전환되면서, 집단적 운동보다는 개인의 이익 추구를 중시하는 경향이 강해졌다. 공화당과 보수 미디어의 영향력 증대는 사회안전망의 붕괴와 시민권 운동의 축소로 이어졌다. 이에 대응하여 치카노-라티노 네트워크는 방어적 자세를 취했지만, '아스틀란을 되찾겠다'는 정치적 구호는 미국 주류 사회의 경계심을 자극하는 역효과를 낳으며, 결국 대대적인 반격에 직면하게 되었다. 이 시기 운동가들은 이상을 향한 열망과, 그 열망이 현실에서 촉발할 수 있는 반동 사이에서 아슬아슬한 균형을 모색해야 했다.

셋째, 라티노 인구 구성의 다양화는 치카노 운동의 성격을 근본적으로 변화시켰다. 1970년대 이후 중미, 카리브 출신 인구의 유입으로 인해 라티노 공동체의 구성이 복잡해졌고, 멕시코 출신 이민자들의 확대는 시민권 획득이라는 난제에 또 다른 변수를 더했다. 가령 미등록 이민자들에게는 시민권보다 일자리와 안정적 체류가 더 시급한 사안이었다. 이러한 인구학적 변화는 치카노 공동체 내부의 연대와 결속을 약화하는 요인으로 작용했다.

오늘날 치카노 운동의 정치적 영향력이 쇠퇴했다고 해서 그 문화적 유산마저 사라진 것은 아니다. 이 운동은 정치적 활동을 넘어 치카노 공동체의 정체성 형성과 표현에 지대한 영향을 미쳤다. 치카노 예술가들은 음악, 문학, 시각 예술 등 다양한 분야에서 자신들의 경험과 삶을 독창적으로 표현했으며, 이는 현대 치카노·라티노 문화의 근간을 이루게 되었다.

치카노 운동은 현재진행형의 사회적 다이내믹스로 이해되어야 한다. 최근 미국 사회의 보수화와 양극화 경향, 그리고 팬데믹 이후 드러난 유색인종에 대한 구조적 불평등은 치카노 운동의 이념과 전략이 여전히 유효함을 증명하고 있다. 무엇보다 1970년 치카노 모라토리엄이 보여 준 대규모 시위와 정치적 메시지 전달 방식은 21세기에도 여전히 강력한 반향을 일으키고 있다. 2006년의 대규모 이민법 반대 시위는 이러한 유산이 현대적으로 재해석된 대표적 사례라 할 수 있다. 따라서 치카노 운동에 대한 재평가는 현대 미국 사회의 다문화주의와 소수자 권리를 이해하는 데 필수적 과제이다.

History of Mexican American

제7장

안살두아와 셀레나
- 경계 지대와 네판틀라의 목소리

― 셀레나의 죽음과 문화적 유산

 1990년대 치카노 사회의 문화지형도를 펼쳐 보면, 그 중심에 셀레나 킨타니야(Selena Quintanilla)라는 이름이 확연히 빛을 발한다. 텍사스 소도시 출신의 한 여성 가수가 어떻게 치카노 공동체의 열망과 성장, 문화적 자의식을 대변하는 상징적 존재로 부상했는지, 그 배경에 주목할 필요가 있다.
 셀레나의 음악은 경계를 넘나드는 혼종성의 미학을 보여 준다. 텍스-멕스 전통과 미국 팝의 융합은 단순한 장르의 결합을 넘어, 치카노의 이중적 정체성을 청각적으로 구현해 낸 문화적 성취로 평가받는다. 그녀의 노래에 울려 퍼지는 이중언어의 울림은 치카노 공동체의 언어적 현실을 반영하는 동시에, 그들의 복합적 문화 위상을 효과적으로 드러낸다. 여기서 우리는 국경을 가로지르는 노동의 서사와 주류 사회 내 소수자로서의 생존 전략을 동시에 읽어 낼 수 있다.

셀레나의 존재감은 당시 독보적이었다고 할 만하다. 그녀는 국경을 넘나드는 멕시코 노동자들의 꿈이자, 미국 사회에서 성공한 멕시코계 미국인의 롤 모델로 기능했다. 더불어 남성 중심적 음악계에서 일군 가수로서의 성공은 치카나[1] 여성들에게 자부심의 원천이 되었다. 그녀의 노래와 패션, 나아가 이미지 자체가 치카나 문화의 이상적 표상으로 해석되었다. 이처럼 셀레나는 치카노 사회의 다양한 욕망과 열망이 투영된 문화적 아이콘으로 자리매김하게 되었다.

테하노(Tejano Music) 음악의 선두주자로 명성을 떨치던 셀레나는 23세라는 젊은 나이에 비극적인 죽음을 맞이한다. 하지만 아이러니하게도, 그녀의 죽음은 치카노 공동체의 결속을 강화하는 계기로 작용했다. 그녀의 부재는 역설적으로 '셀레나'의 영향력을 다양한 영역으로 확장하는 전환점이 되었다. 오락 산업에서 학술 담론에 이르기까지, 벽화 예술에서 가족 제단에 이르기까지, 셀레나의 이름은 치카노 문화의 상징적 기표로 순환하기 시작했다. 이 과정에서 셀레나는 점차 치카노 문화와 주류 대중문화를 매개하는 신화적 존재, 혹은 문화적 순교자로 재탄생하게 되었다.[2]

셀레나를 추모하는 행위는 치카노 사회의 정체성을 가장 도발적이면서도 건설적으로 표현하는 장(場)으로 승화되었다. 추모는 단순한 애도를 넘어, 주류 사회에 치카노의 존재감을 각인시키는 집단적 퍼포먼스로 기능했다. 장례식에 운집한 대규모 군중은 주류 사회에 라틴 문화에 대한 호기심과 경계심을 동시에 불러일으키는 양면적 반응을 촉발했다. 특히 셀레나의 유산은 음악 산업의 지형도를 근본적으로 재편하는 계기가 되었다. 사후 발매된 영어 앨범의 성공은 라틴 음악 시장의 잠재력을 입증했고, 이는 곧 라티노 구매력의 폭발적 성장으로 이어졌다. 이러한 맥락에서 셀레나의 유산은 치카노의 문화적 정체성과 경제적 영향력이 복잡하게 얽혀 있는 미국 사회의 다문화적 현실을 본격적으로 가시화하는 계기가 되었다.[3]

1997년 영화 〈셀레나〉는 그녀의 생애와 유산을 새로운 문화적 맥락에서 재조명한다. 푸에르토리코계 제니퍼 로페스의 주연 캐스팅은 논란을 촉발했지만, 동시에 라티노 공동체 내부의 다양성과 연대 가능성을 확인하는 기회가 되었다. 로페스는 뉴욕의 도시적 감성을 탈각하고 텍사스 출신 셀레나의 본질을 포착하는 데 성공한다. 그녀는 무대 퍼포먼스 장면을 통해 셀레나의 카리스마를 재현하는 동시에 자신의 스타 페르소나를 구축하는 이중적 성과를 달성한다. 로페스가 이룬 음악적 크로스오버와 인종을 초월한 대중적 인기는 셀레나가 개척한 길의 연장선상에 있다고 볼 수 있다.

영화는 셀레나의 혼종성을 시청각적으로 드러냈는데, 멕시코 란체라, 아프로-카리브 쿰비아, 미국 팝, 힙합, 컨트리 등이 융합된 그녀의 음악을 영화의 사운드트랙과 무대 연출을 통해 효과적으로 재현한 것이다. 이러한 연출은 셀레나의 음악이 문화적 경계를 허무는 탈국가적 매개체로 기능했음을 시사한다.

셀레나의 비극적 운명은 식민지적 과거, 역사적 상실, 사회적 억압, 그리고 아메리칸드림의 성취와 좌절이라는 집단적 경험과 맞닿아 있었다. 그렇기에 그녀의 삶과 음악은 이민자 공동체에서 광범위한 공감을 얻을 수 있었다. 결과적으로 셀레나는 90년대에 주변부에 머물렀던

망자의 날 축제, 셀레나에서 영감을 받은 카트리나(해골 복장)

치카노 문화가 다문화주의의 핵심 요소로 부상하게 되는 과정을 상징하는 존재가 되었다. 그녀의 삶과 예술은 치카노 공동체의 역사적 경험을 개인의 서사로 승화시켰고, 이는 다시 집단적 정체성을 강화하는 문화적 자원으로 순환했다. 그녀의 음악은 멕시코 전통과 미국 대중문화를 융합함으로써, 고정된 정체성의 틀을 넘어서는 새로운 문화적 표현을 개척했다. 그래서 '셀레나' 현상은 경계의 해체와 재구성, 그리고 그 과정에서 발생하는 문화적 협상의 역동성을 보여 주는 대표적 사례라 할 수 있다.

─ 글로리아 안살두아의 지적 여정

셀레나의 음악적 유산은 치카나 학자 글로리아 안살두아(Gloria Anzaldúa)의 문화적 성찰과도 맞닿아 있다. 혼종성의 구현이라는 측면에서, 치카노 문화의 본질을 꿰뚫는 두 여성의 궤적은 자연스레 교차한다. 안살두아가 텍스-멕스 음악을 회고하며 언급한 "이 포크 음악가와 노래들은 우리의 주요 문화 신화 제작자로서, 우리의 고된 삶을 견딜 수 있게 해 주었다."라는 구절은, 당시 음악이 정체성과 생존의 도구였음을 강조한 것이다.

그러면서도 안살두아는 자신들의 음악에 대해 복잡 미묘한 감정을 토로한다. "어느 정도 교육을 받고 미국화된 치카노들은 우리 음악을 듣다 들켰을 때 수치심을 느꼈다."라고 회고한다. 이 고백은 주류 문화와 소수자 문화 사이에서 갈등하는 치카노의 내면을 적나라하게 드러낸다. 하지만 "그럼에도 불구하고 나는 음악에 맞춰 발을 구르는 것을 멈출 수 없었고, 가사를 흥얼거리지 않을 수 없었으며, 그 음악을 들을 때 느끼는 열정을 숨길 수 없었다."라고 덧붙인다.[4] 이 기억에는 문화적 뿌리에 대한 본능적 애착과 자긍심이 묻어나 있다. 이러한 안살두아의 성찰은 셀레나의 음악이 대변했던 문화적 혼종성과 정확히 맥을 같이한다. 셀레나가 음악을 통해 체현했던 치카노 정체성의 복잡성과 역동성을, 안살두아는 학문적 언어로 해석해 낸다.

안살두아는 치카노 연구의 개척자로 평가받는다. 그녀는 인식론과 존재론을 탐구하는 철학자이자 날카로운 펜을 든 문화비평가, 섬세한 감수성으로 시와 소설을 빚어내는 작가로서의 면모를 동시에 지닌다. 치카노/라티노 연구, 미국학, 비교문학, 인류학, 여성학 등 다양한 학문 분야에서 그녀가 남긴 지적 족적은 깊고도 선명하다. 특히 그녀가 제시한 '경계 지대(Borderlands)' 개념은 새로운 인식론적 주체의 탄생지로 여겨지며, 아직까지도 많은 멕시코계 이민자 여성들에게 자아와 세상을 향해 새로운 눈을 열어 주는 지적 자극제로 인용된다.

안살두아의 삶과 작품을 이해하기 위해서는 그녀가 걸어온 험난한 여정에 주목해야 한다. 남부 텍사스 출신의 갈색 피부를 지닌 전형적인 치카나 여성으로서, 그녀는 미국 사회에서 동등한 권리를 지닌 이성적 인격체로 인정받기 어려운 위치에 놓여 있었다. 치카노라는 정체성은 '농장에서 일하는 더럽고 게으른 노동자'라는 편견에, 남부 텍사스라는 지역성은 열악한 문화와 낮은 교육 수준이라는 선입견에 갇혀 있었다. 여성이라는 사실은 멕시코 공동체 내에서조차 차별의 대상이 되기에 충분했다. 더구나 퀴어 페미니스트였던 그녀의 입지는 더욱 좁을 수밖에 없었다. 그럼에도 불구하고 그녀는 새로운 인식의 틀과 학문 용어, 글쓰기 방식을 개척하며 지식생산과 정체성 정치학의 새 지평을 열었다. 이런 점에서 그녀의 지적 여정은 그 자체로 하나의 저항이자 창조적 실천이었다고 볼 수 있다.

〈다리에서 경계 지대를 지나 네판틀라까지(From Bridge to Borderlands to Nepantla)〉라는 제목의 강연은 글로리아 안살두아의 지적 궤적을 압축적으로 보여 주는 표현이다. 이 강연은 안살두아의 대표적 비평가이자 그녀의 저작을 편집한 아나루이스 키팅(AnaLouise Keating)이 2018년 텍사스 주립대학교에서 진행한 것이다. '다리', '경계 지대', '네판틀라'라는 세 키워드는 안살두아 사상의 진화와 확장을

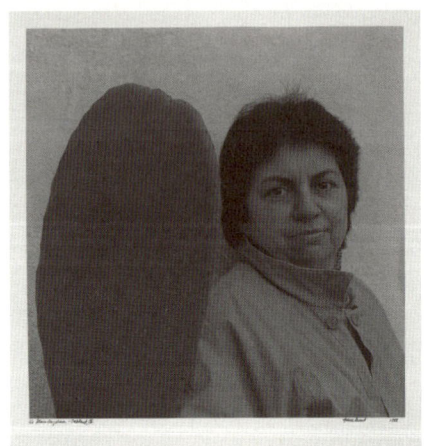

안살두아 1988년 모습

상징하는 이정표 역할을 한다. 이 여정은 '다리'라는 연대의 상징에서 출발하여, '경계 지대'라는 문화적 혼종성의 공간을 거쳐 마침내 '네판틀라'라는 새로운 정체성 형성의 장에 도달한다.

1981년, 안살두아는 치카노 운동의 한계를 직시하고 새로운 방향을 모색하고 있었다. 이 시기에 그녀는 체리에 모라가(Cherríe Moraga)와 함께 『나의 등이라고 말하는 이 다리 *This Bridge Called My Back*』를 편찬하면서, '다리'라는 개념을 핵심적인 실천 전략으로 제시한다. 이 '다리'는 단순한 물리적 연결을 넘어서는 의미를 지닌다. '등(Back)'이라는 단어는 표면적으로 '백'이나 '뒷배'를 뜻하지는 않지만, 서로를 지지하고 받쳐 주는 강력한 네트워크라는 차원에서 그러한 의미를 함축한다. 따라서 이 책은 분리와 차별에 맞서는 과정에서 여성들 간의 유대와 연대를 강조하는 선언적 의미를 지닌다.

안살두아와 모라가가 이 책을 편찬하는 과정은 그들이 추구하는 '다리' 개념의 실천적 의미를 잘 보여 준다. 그들은 다양한 배경의 여성 작가들에게 원고를 요청했지만, 초기에는 대부분 거절을 당했다. 특히 일부 백인 여성 작가들은 유색인종 여성들의 경험을 대변하는 글에 참여하는 것을 꺼렸는데, 이는 여성들 간의 차이와 연대의 복잡성을 더욱 부각시켰다. 안살두아와 모라가는 이러한 갈등 과정 자체를 책에 포함함으로써, 연대의 어려움과 필요성을 동시에 드러내고자 했다.

안살두아가 비백인 페미니스트들과의 소통에 주력한 이유는 인종, 민족, 계급 문제에 대한 백인과 비백인 여성들 사이의 인식 차이 때문이었다. 여성 차별에 대한 문제의식은 공통적이었지만, 백인 페미니스트들은 유색인종 여성들의 특수한 경험에 대해 이해가 부족했기에, 그들 간 균열이 더 깊어지고 있었다. 이러한 맥락에서 모라가의 에세이 〈라구에라(La Güera)〉에 등장하는 "억압을 순위 매기는 데 위험이 있다. 억압의 특수성을 인정하지 않는 데 위험이 있다."[5]라는 구절은 의미심장하다. 이는 다양한 형태의 억압이 서로 다른 층위로 얽혀 있으며, 이러한 복잡성을 인정하지 않으면 진정한 연대가 불가능하다는 경고의 메시지로 해석된다.

─ 경계 지대와 새로운 메스티사

안살두아의 '다리' 개념이 경계 지대 이론으로 진화하는 과정은 치카노 정체성의 복잡다단한 현실을 포착하려는 지난한 노력의 결실이다. 『경계 지대: 새로운 메스티사 *Borderlands/La Frontera: The*

New Mestiza』에서 제시한 '경계 지대' 개념은 물리적 국경의 협소함을 넘어, 문화와 성, 인종의 경계를 아우르는 광활한 사유의 장을 펼쳐 보인다. '새로운 메스티사'라는 개념은 경계 지대에서의 갈등과 모순을 창조의 에너지로 승화시키는 역동적 과정을 체현하는 존재다.

안살두아의 고백, "나는 신체적 고통을 통해 글을 썼다."[6]라는 말은 그녀의 이론이 관념의 유희가 아님을 상기시킨다. 육체적 고통과 정신적 승화가 교차하는 지점에서 탄생한 경계 지대 개념은 그 자체로 살아 숨 쉬는 이론이라 할 수 있다. 이 사상은 그녀의 시 '경계 지대에 산다는 것'에서 더욱 심화된다. 시 안에는 안살두아의 자전적 경험, 특히 국경 지역에서의 성장 경험, 국경 검문소에서 겪는 어려움, 이중 언어 사용에 따른 복잡한 심경, 문화적 정체성의 갈등 등이 모두 반영되어 있다.

> 경계 지대에 산다는 것은 당신이 히스패닉도, 인디언도, 흑인도, 스페인인도 백인도 아니라는 것을 의미한다. 당신은 메스티사, 물라토, 혼혈아, 양 진영 사이 교차점에 갇혀 다섯 인종을 모두 등에 짊어진 채 어느 쪽으로 돌아설지, 어디서 도망칠지 모른 채.[7]

이 구절은 다층적 정체성 속에서도 새로운 존재 방식을 모색하는 안살두아의 치열한 고민을 보여 준다.

또한 안살두아는 치카노 운동의 핵심 개념인 '아스틀란(Aztlán)'에 대해 새로운 시각을 제시한다. 아스틀란은 치카노 활동가와 작가들에게 문화적, 정치적 구심점으로서 그들의 정체성, 문화적 유산, 그리고 정치적 권리 추구의 이상을 함축하는 개념이었다. 하지만 안살두아는 이 개념이 치카노 공동체 내부에 존재하는 인종차별, 성차별, 동성애 혐오 등의 복잡한 문제들을 충분히 포용하지 못한다고 비판했다. 그래서 아스틀란을 치카노 운동의 배타적 상징에서 탈피시켜, 다양성과 포용성을 품는 유연한 개념으로 재구성하고자 했다. 이는 치카노 운동 전체의 방향성을 재고하게 만드는 과감한 지적 도전이었다. 그래서 일부 연구자들은 이런 시도를 "민족주의적 신화를 탈신화하면서도 그 정치적 잠재력을 보존하는 탁월한 전략"[8]이라고 평가한다.

안살두아는 미국-멕시코 국경을 단순한 선이 아닌, 살아 숨 쉬는 존재로 보았다. 그녀에게 이 국경은 "제3세계와 제1세계가 만나 피를 흘리는 열린 상처"[9]다. 이 상처가 계속해서 아물었다 터지기를 반복하며, 그 과정에서 두 세계의 생명력이 섞여 새로운 '경계 문화'가 태동함을 암시한다. '새로운 메스티사'는 바로 이 상처의 산물이자, 그 상처를 창조적으로 치유할 수 있는 존재다. 다시 말해, 이 경계인은 여러 정체성을 자유롭게 오가며, 경계 지대의 갈등을 창조적으로 해결할 수 있는 존재다. 그래서 "경계 지대에서 살아남으려면/당신은 국경 없이 살아야 하고/교차로가 되어야 한다."[10]라는 안살두아의 말은 경계인이 지닌 실존적 조건에 대한 설명이자 동시에 그 조건을 극복할 수 있는 실천적 지침이기도 하다.

이 새로운 개념은 안살두아 자신의 개인적 경험을 통해 더욱 생생하게 전달된다. "메스티사로서 나는 나라가 없다, 내 고향은 나를 내쫓았다. 그러나 모든 나라가 내 나라이다, 나는 모든 여성의 자매이거나 잠재적 연인이기 때문이다."[11] 이 고백을 달리 표현하면, "레즈비언으로서 나는 인종이 없다, 내 민족은 나를 부인한다. 그러나 나는 모든 인종이다, 모든 인종 속에 나의 퀴어함이 있기 때문"[12]이라는 설명도 된다.

  안살두아는 이런 경계를 넘나드는 경험을 가진 모든 이들이 서로 공감하고 연대하는 가능성을 제시하고자 했다. 그러나 그녀의 경계 지대 이론은 그 혁신성만큼이나 다양한 비판의 화살을 피하지 못했다. 일각에서는 '새로운 메스티사' 개념이 현실의 첨예한 사회경제적 모순을 희석할 수 있다고 우려한다. 이는 정체성의 유동성을 강조하는 과정에서 실제적인 불평등 구조가 가려질 수 있다는 지적이다. 더불어 안살두아의 사유 자체가 본질주의적 함정에 빠질 수 있다는 비판도 제기되었다. 정체성의 유동성을 설파하면서도, 역설적이게 경계인이라는 특정 정체성에 고착되는 모순적 징후를 보인다는 것이다.

  그럼에도 안살두아의 이론이 체리에 모라가(Cherríe Moraga), 아나 카스티요(Ana Castillo) 등 동시대 치카노 작가들에게 미친 영향은 지대하다. 모라가는 1997년 저서 『마지막 세대』에서 "글로리아는 글쓰기가 단순한 문자의 나열이 아닌, 비록 고통스럽고 모순적일지라도 우리 내면의 가장 깊은 진실을 캐내는 작업임을 일깨워 주었다."[13]라고 천명한다. 이 평가는 안살두아의 이론이 학문적 개념을 초월해 실존적 진실을 포착해 내는 도구였음을 확인해 준다. 이처럼 안살두아의 이론은 치카노의 다중적 정체성과 억눌린 경험을 이해하는 데 필수적인 틀을 제공했다고 볼 수 있다. 그녀의 개념은 여전히 활발한 학술적 논의의 대상이 되고 있다. 이처럼 다양한 스펙트럼의 비판과 재해석의 과정 자체가 안살두아 이론의 생명력을 방증한다.

— 경계 연구의 성과와 한계

 물론 안살두아 이전에도 경계이론을 연구하는 학자들이 경계나 경계 지대를 정치적 구분선으로 보지 않았다. 이미 새로운 생각과 도덕적 가능성이 태동하는 곳으로 인식하고 있었다. 하지만 안살두아가 '경계' 개념을 혁신적으로 재해석하면서, 이 용어는 훨씬 더 광범위하고 심오한 의미를 획득하게 되었다. 어느 순간 경계라는 말은 특정 지역을 지칭하기보다는, 여러 문화와 정체성 사이에서 살아가는 사람들의 복잡한 내면세계를 표상하는 포괄적 상징으로 확장되었다. 이제 경계는 다양한 삶의 양식과 개념 사이에서 새로운 정체성을 모색하는 사람들이 겪는 혼란의 장소로 인식된다. 더 나아가 어느 대도시에서나 볼 수 있는 보편적인 현상처럼 국가라는 물리적 경계를 넘어 성별, 인종, 민족, 언어 등 다양한 사회문화적 범주 사이에서 이상적 세상을 상상하는 수많은 지점을 의미하게 되었다.

 이러한 안살두아의 재해석을 토대로, 호세 다비드 살디바르(José David Saldívar)와 라몬 살디바르(Ramón Saldívar)는 경계 연구의 새로운 지평을 열었다. 그들은 안살두아의 선구적 작업을 확장하고 정교화하여, '경계' 개념의 실천적 함의를 더욱 심화시켰다. 호세 다비드 살디바르가 제시한 경계 인식론(Border epistemologies)은 국경 지역의 특수한 경험과 지식에 기반한 새로운 비판적 사고방식을 구체화했다. 이는 서구 중심주의를 탈피하고, 주변부의 시각에서 세계를 바라보는 인식론적 전환을 의미한다. 그가 발전시킨 트랜스 아메리카니즘(Trans-Americanism)은 국경을 초월한 문화적, 정치적 연결성을 강조하며, 아메리카 대륙 전체를 하나의 연결된 문화권으로 바라보는 시각을 제시한다.

한편 라몬 살디바르는 아메리코 파레데스(Américo Paredes)의 연구를 재조명하여 경계 지역의 민속과 구전 전통, 일상적 실천을 문화적 상호작용, 저항, 창조의 장으로 해석했다. 그의 연구는 경계 지역의 문화 발생과 유통을 역동적이고 창조적인 과정으로 파악하며, 이를 통해 탈국가적 상상력의 중요성을 강조했다. 이러한 접근은 월터 미놀로(Walter Mignolo)가 제시한 경계적 사유(Border thinking) 개념과도 맥을 같이한다. 미놀로의 경계적 사유는 근대성/식민성의 이분법을 넘어서는 새로운 사유 방식을 제안하고, 탈식민화된 지식과 경험을 중심으로 세계를 재해석하는 인식론적 전환을 추구한다.

반면, 경계 이론의 발전에도 불구하고, 그 정치적 함의가 상당 부분 퇴색되었다는 비판이 대두되었다. 국경 지역의 군사화와 미등록 이민자에 대한 사회적 낙인이 심화되면서, 문화 간 교류와 초국적 소통이 현실에서 구현되기 어려워졌다는 지적이다. 더불어 경계 공간을 유토피아적 희망의 장소로 해석하는 시각은 현실과 괴리가 크며, 혼종적 주체를 역사적 특권을 지닌 존재로 미화할 위험이 있다는 비판도 제기되었다.

이러한 맥락에서 경계 연구의 권위자로 불리는 데브라 카스티요(Debra Castillo)와 로버트 어윈(Robert Irwin) 등의 학자들은 이 개념이 여전히 제1세계 중심적 시각에 치우쳐 있다고 비판하였다. 그들은 경계 연구가 실제 국경 지역 주민들의 삶의 현실을 충실히 담아내지 못하는 한계를 보인다고 주장했다.

두 학자의 접근 방식은 각기 다른 초점을 통해 안살두아의 경계 지대 개념을 심화시키고 있다. 카스티요는 현재 국경 지역 여성들의 구체적 경험에 주목한다. 그녀의 연구는 성차별, 빈곤, 폭력 등 여성들이 직면한 현실적 문제들을 조명함으로써, 경계이론이 젠더적 관점에서 보완되어야 할 필요성을 제기한다. 반면 어윈은 미국-멕시코 국경지대의 역사적 맥락에 초점을 맞춘다. 그는 경계 지대를 역사와 문화의 연속선상에서 분석하며, 학문적 이론과 실제 현실 사이의 괴리를 강조한다. 특히 이상화된 개념으로는 국경 지역의 역사적 갈등과 식민지적 유산을 온전히 담아낼 수 없다고 비판한다. 그의 비판은 경계 지대가 인종적으로 복잡한 지역으로 미국과 멕시코 양국의 문학사에서 모두 소외되어 왔다는 사실을 환기시킨다.

두 학자의 연구는 안살두아의 경계 지대 개념을 확장하고 비판적으로 재검토한다는 점에서 중요한 의의를 지닌다. 이러한 비판적 접근은 경계 연구가 현실에 보다 밀착하고, 다양한 관점을 포용하며, 학문적 엄밀성을 강화하는 방향으로 발전하는 데 기여해 왔다.

— 안살두아의 경계 언어

안살두아는 마치 "내 삶 자체가 경계 지대입니다. 내 뿌리, 내가 알고 있는 것들, 내 문화, 심지어 내 몸과 피부, 그리고 내가 쓰는 말까지 모두 경계 지대의 살아 있는 증거입니다."라고 주장하는 것 같다. 실제 그녀의 인종, 국적, 계급, 문화, 언어는 물론이고 성과 젠더까지, 이 모든 것이 뚜렷하게 구분될 수 없는 복잡한 교차로처럼 얽혀 있다. 이것이 바로 안살두아가 그리는 경계 지대의 모습일 것이다.

안살두아의 사상적 토대는 그녀의 고향인 텍사스 남부, 즉 미국과 멕시코 문화가 활발하게 교차하고 충돌하는 광활한 국경지대에서 형성되었다. 이 지역의 다층적인 역사, 문화, 인종, 언어의 복합적 양상은 그녀의 사유를 형성한 원초적 풍경을 제공했다. 가난한 농장 노동자의 딸로 태어나 테하나(Tejana)로 살아온 안살두아는 이 문화적 교차로에서 비판적 사고와 창의적 해석 능력을 배양했다.

특히 학창 시절 스페인어 사용 금지 경험은 그녀가 새로운 정체성에 대한 사고를 형성하는 데 중요한 역할을 했다. 당시 교육 현장에서는 스페인어 사용에 대해 물리적 체벌이나 벌금 부과 등의 엄격한 제재가 가해졌다. 이로 인해 안살두아를 비롯한 많은 학생들은 자신들의 모국어를 은밀히, 때로는 죄책감을 느끼며 사용할 수밖에 없었다. 안살두아는 이러한 억압적 언어 정책과 그로 인한 정체성의 혼란이, 후일 그녀가 언어와 정체성의 관계를 천착하게 된 근원적 동인이었음을 고백한다.

이러한 맥락에서 안살두아는 당시 많은 라티노에게 이런 비난을 자주 받았다고 한다. "너 같은 '포초(Pocho, 미국화된 멕시코계 미국인)'는 문화의 배신자야. 영어를 쓰는 건 억압자의 말을 하는 거라고. 넌 스페인어를 망치고 있어."[14] 그들에게는 텍사스 스페인어가 무언가 오염된, 순수한 스페인어를 망치는 말로 보였던 것 같다. 하지만 안살두아는 그 말에 이렇게 반박한다.

> 치카노의 스페인어는 경계에서 자연스럽게 생겨난 언어다. 이 언어는 변화하고, 발전하고, 새로운 말을 만들어 내거나 받아들이면서 더 풍성해지고 다양해졌기에 이건 새로운 언어의 탄생이나 다름없다. 이 언어가 우리의 특별한 삶의 방식을 그대로 담고 있으니까.[15]

대체 안살두아가 쓰는 언어는 어떤 모습이었을까. 영어와 스페인어를 함께 쓰는 이중언어 사용자라고 단순히 설명하기에는 그 복잡성과 독창성이 두드러진다. 좀 더 정확히 규정하자면 영어와 스페인어를 자연스럽게 융합하고, 때로는 대체 불가능한 표현은 그대로 사용하거나 두 언어를 교묘하게 혼용하는 '코드-스위칭(Code-switching)'을 자유자재로 구사했다고 할 수 있다. 이런 경계 지대 언어의 특징에 대해 안살두아는 "표준 스페인어나 표준 영어 어느 쪽에도 완전히 속하지 못하는 사람들은 결국 자기만의 언어를 만드는 것 말고는 방법이 없다. 자신의 정체성을 표현할 수 있는 언어, 자신들의 진짜 현실과 가치관을 전할 수 있는 정확한 언어가 필요하기 때문이다. 스페인어도 아니고 영어도 아닌 두 언어의 특징을 모두 가진 언어. 우리는 이를 방언, 갈라진 혀, 두 언어의 변형이라고 부른다."[16]

안살두아의 언어에는 마치 여러 겹의 역사와 문화가 켜켜이 쌓여 있는 것 같다. 텍스-멕스(Tex-Mex) 방언, 치카노식 스페인어, 심지어 고대 아즈텍의 나우아틀어(Nāhuatl)까지 포괄하는 그녀의 글은 다양한 언어적 요소의 복합체라 할 수 있다. 안살두아는 자신의 언어를 다양한 문화와 역사적 경험이 혼재된 경계 지대로 인식했다. 이런 안살두아의 언어 사용을 단순한 실험으로 치부할 수는 없다.

안살두아는 메스티사(Mestiza) 의식을 통해 새로운 인식론과 이종 언어적 표현의 가능성을 개척했다. 그녀의 글은 새로운 문체의 실험 결과가 아닌, 경계 지대의 살아 있는 모습을 그대로 보여 주려는 의지의 발현이다. 그래서 안살두아는 에세이, 비평, 시, 수필 등 여러 장르를 자유롭게 오가며 새로운 표현 방식을 만들어 낸다. 특히 그녀가 고안한 '자기역사-이론(Autohistoria-teoría)'이라는 글쓰기 방식은 자전적 서사와 이론적 분석을 융합한 독특한 형식으로, 치카노 여성들이 겪는 내면의 고통과 외부와의 갈등을 시각적으로 강렬하게 전달하는 효과를 발휘한다. 요컨대, 역사책, 멕시코 대중음악, 시, 학술 연구, 소설, 속담, 그리고 개인의 경험까지 모든 요소가 유기적으로 직조된 안살두아의 실험적 글쓰기는 형식적 혁신에 그치지 않고, 경계 지대의 본질을 포착하는 새로운 방법론이 된다. 그래서 그녀의 텍스트는 그 자체로 하나의 경계 지대이며, 이를 통해 문학의 경계를 확장하는 역할을 수행하고 있다.

— 네판틀라의 의미와 단계

안살두아는 후기 저작에서 '네판틀라(Nepantla)' 개념을 통해 경계 지대 이론을 한층 더 심화시킨다. 나우아틀어로 '중간에 있는 땅'

을 뜻하는 네판틀라는 기존의 이분법적 사고를 뛰어넘는 제3의 공간을 상징하는 단어이다. 이곳은 여러 문화가 뒤섞인 채 새로운 의식과 삶의 방식을 태동하는 변화의 장소로, 안살두아는 '불안정하지만 유일하게 가능한 진정한 고향'이라고 정의한다.

그녀가 네판틀라 개념을 더 깊이 파고들게 된 계기는 1988년과 1990년의 여성학회 경험이었다. 이 학회에서 페미니스트들 간의 갈등을 목도한 후, 그녀는 다른 이를 받아들이고 자신을 변화시킬 필요성에 관해 깊은 고민에 빠져들었다. 그 결과 차이와 갈등을 포용하면서도 새로운 연대와 이해의 가능성을 모색하는 특별한 공간을 성찰하기 시작한 것이다.

큰 그림에서 보면, 경계 지대는 옛날부터 지금까지 그려 온 역사와 문화의 여정, 혹은 미국 남서부에 거주하는 다양한 인종들이 만들어 온 사회적, 존재적 가치를 담고 있는 유무형의 결과물이다. 반면, 네판틀라는 포용, 조화, 통합 같은 질적 변화를 추구하며 다양한 주체들이 공존하는 가운데, 서로 맞서거나 다투면서 경험하는 전쟁터 같은 영역 혹은 상태를 지칭한다. 그래서 경계 지대가 공적·사적 시간성 속에서 사유와 정념이 켜켜이 축적되어 빚어진 현재라면, 네판틀라는 미래의 변화를 향해 지금 이 순간 진행되고 있는 내적 투쟁의 현장으로 볼 수 있다.

안살두아는 이런 네판틀라를 코노시미엔토(Conocimiento), 즉 스스로를 변혁하는 의식의 통로라고 부르는 7단계 이론을 통해 정립하였다. 그녀가 주장한 변화의 끝은 깨달음을 통한 실천으로 각 단계별 내용을 요약하면 다음과 같다. 1단계, 충격은 기존의 생각을 흔드는 중요한 사건이나 깨달음을 경험하는 것이다. 2단계, 네판틀라에서는 안전하고 익숙한 곳에서 벗어나 중간 지대로 나아간다. 이는 모든 것을 완전히 새로운 시각으로 보기 시작하는 순간을 말한다. 3단계 코아틀리쿠에(Coatlicue)에 다다르면 새로운 인식을 유지하기 어려운 불안정한 상태에서 절망감, 고통, 혼란을 겪는다. 4단계에서는 결심이 서게 되어 행동할 방법을 찾기 시작하고 마비와 절망에서 벗어나는 변화를 시작한다. 5단계, 실천에 이르러서야 비로소 색다른 의미를 찾고 새로운 형태의 사고를 창조하고자 행동을 시작한다. 6단계에서는 공유와 도전을 결심하고 새로운 이야기를 다른 사람들과 나누면서 반대와 저항에 직면한다. 7단계, 영적 행동주의를 통해 내외적 차이와 갈등을 포용하며 총제적 변화와 연대를 만들어 가는 실천적 활동을 시작하게 된다.[17]

안살두아가 제시한 네판틀라의 7단계는 개인의 내면적 각성에서 시작하여 사회적 실천으로 확장되는, 점진적인 질적 변화의 궤적을 그려 낸다. 이는 실제로 개인과 사회의 변화를 이끌어 내는 역동적 과정이지만, 이 복잡한 개념을 직관적으로 이해하기란 쉽지 않다. 따라서 우리는 이 과정을 존재와 관계를 근본적으로 변화시키는 작업으로 재해석해 볼 수 있다.

이 과정을 세 단계로 압축해 본다면, '정면으로 현실과 마주하기', '낡은 틀에서 벗어나기', '새로운 세계에 발을 들이기'로 요약해 볼 수 있다.[18] 이러한 구조화는 안살두아 사상에 대한 체계적 이해를 돕는 동시에, 그 철학적 함의를 더욱 선명히 부각시킨다. 이 과정은 플라톤의 동굴의 비유와도 놀랍도록 유사하다. 동굴 속 그림자의 세계(기존의 현실)를 직시하고, 동굴을 탈출하며(낡은 틀 벗어나기), 마침내 태양의 세계(새로운 인식)에 도달하는 과정과 흡사하다. 이러한 비유는 네판틀라가 존재 방식 자체의 근본적 변화를 요구한다는 점을 보다 선명하게 보여 준다.

또 다른 은유로, 이 과정을 옷 갈아입기에 비유해 볼 수 있다. '정면으로 대면하기'는 자신의 낡은 옷, 즉 기존의 정체성을 정직하게 바라보는 것이다. '찢고 탈출하기'는 그 옷을 과감히 벗어 던지는 행위로, 기존의 사고방식과 행동 패턴을 탈피하는 것을 의미한다. '끼어들기'와 '새판 짜기'는 새 옷을 고르고 입는 과정으로, 새로운 정체성을 형성하고 그에 따른 사회적 실천을 시작하는 것이다.

각 표현들은 각각 인식, 저항, 참여, 창조의 과정을 함축한다. 이 비유는 네판틀라가 추구하는 정체성의 변화가 얼마나 근본적이고 전면적인지를 밀도 있게 보여 준다. 네판틀라의 7단계를 이렇게 압축적으로 이해하는 시도는 그 복잡성을 단순화할 위험이 있지만, 그럼에도 이 개념의 핵심을 파악하는 데 인식론적 단초를 제공하는 불가피한 작업이라고 하겠다.

이처럼 사람들 간의 차이를 이해하고 다양성을 진정으로 받아들이기 위해서는 때로는 자신의 속을 뒤집고 기존 생각을 부정해야 할 필요가 있다. 이는 거울을 깨고 그 조각들 속에서 새로운 자아를 찾는 것과 비슷하다. 내 관점이 완벽하지 않다는 걸 인정하지 않고서는 타인을 온전히 존중할 수 없다는 자각에 이르게 된다. 이는 우리가 가진 퍼즐 조각이 불완전함을 인정하고, 다른 이의 조각과 함께 새로운 그림을 직조해 가는 과정과 같다.

이렇듯, 안살두아의 관심이 시간이 흐르며 변한다. 초기에는 여성이란 공통점 안에서 차이를 찾는 데 집중했다면, 후기에는 여성들 간의 차이 속에서 공통점을 발견하는, 보다 포용적인 시각으로 발전한다. 이는 다채로운 색실로 짠 천을 바라보는 시선의 변화와도 같다. 처음에는 각 색의 차이에 주목했다면, 나중에는 그 차이들이 어우러져 만드는 아름다운 문양을 보게 되는 것이다.

그리고 이 과정에서 네판틀라는 가장 소용돌이치는 단계로 머리와 마음이 갈라지면서 변화와 전환을 겪는 공간이 된다. 안살두아는 이를 "기존의 사유와 신념을 성찰하고 새로운 시각을 획득하며 세계관을 전화하고 한 세계에서 다른 세계로 이행하는 정신상태"[19]라고 정의한다. 그녀의 언설을 해석해 보면, 이는 마치 태풍의 눈처럼 격렬한 변화의 소용돌이 한가운데서 잠시 멈춰 서서 새로운 눈으로 세상을 바라보는 상태인 것이다. 그 순간 과거의 나와 미래의 나 사이에 서 있는 존재로 거듭나는 것이다.

― 영적 행동주의의 통합적 실천론

안살두아의 코노시미엔토(Conocimiento) 7단계 중, 특히 그 정점인 '영적 행동주의'[20]는 기존 치카노 문화의 종교성이나 멕시코의 전통적 영성과는 결을 달리한다. 이 차이는 세계를 인식하고 그에 참여하는 방식의 근본적 전환에서 나온다. '영적 행동주의'에서는 몸과 마음의 연결, 모든 생명의 상호 연관성, 그리고 실제 체험을 통한 깨달음을 중요하게 여긴다. 여기서 가장 두드러지는 수사인 "살을 끌어당기는 것(Pulling the flesh)"이라는 말은 '몸의 경험'에서 출발해 '생각의 발전'을 거쳐 '사회의 변화'로 이어지는 일련의 과정을 압축적으로 보여 주는 실천적 선언이다. 지식, 경험, 변화가 서로 분리된 것이 아니라 긴밀히 연결되어 있음을 강조하는 그녀의 철학을 집약적으로 드러내는 표현이다.

여기서 안살두아의 '영적'이란 개념을 일상의 언어로 풀어 내는 시도는 도전해 볼 만하다. '영적'이란 뜻에는 기본적으로 타인에 대한 이해, 인생을 바라보는 관점, 행동을 결정하는 방식 등, 자아와 세계를 바라보는 총체적 인식과 태도가 내포되어 있다. 이를 좀 더 구체적으로 풀어 내면, '부분이 아닌 전체를 아우르는 포용적 시각', '약자의 자리에서 생각하고 시작하는 태도', '이미 성취된 미래로부터 현재를 조망하는 인식론적 전환' 등으로 해석할 수 있다. 이런 안살두아식 영성은 기존 치카노 문학의 주된 흐름과는 뚜렷이 구별된다. 여성 가족 간의 신비로운 유대나 마술적 사실주의의 초자연적 요소들이 현실로부터의 도피처나 위안으로 기능했다면, 이와 달리 그녀의 영성은 오히려 현실 인식과 참여의 원동력이 된다.

치카노 영성의 근원에는 안살두아가 '그림자-야수(Shadow-Beast)'라고 명명한 깊은 수치심이 자리 잡고 있다. 그 근원에 멕시코의 오래된 여성 관련 신화, 특히 말린체(Malinche)와 요로나(Llorona)의 이야기가 깊이 뿌리내리고 있다. 이런 신화는 여성을 비하하는 요소를 강하게 내포하고 있는데, 예컨대 말린체는 정복자 코르테스의 통역사이자 정부로서, 종종 '배신자'로 낙인찍혀 멕시코 민족의 수치로 여겨졌다. 또한 요로나는 자신의 아이들을 살해한 후 그들을 찾아 울부짖는 유령 여인으로, 여성의 광기와 위험성을 상징하는 존재로 각인되어 왔다.

안살두아는 이러한 전통 신화들이 여성성을 왜곡하고 역사적 아픔과 책임을 부당하게 여성에게 전가한다고 예리하게 비판한다. 그녀는 이러한 신화들이 치카노 공동체, 특히 여성들의 자아 인식과 사회적 지위에 음험한 영향력을 미쳐 왔다고 지적한다. 한편, 과달루페 성모 신앙은 이와는 다소 결을 달리하는 양상을 보인다. 그러나 수호신으로서의 숭고한 지위에도 불구하고, 안살두아는 이 신앙 역시 전통적 여성상의 고착화에 일조한다고 보았다. 멕시코의 신화적 종교성, 과달루페 신앙, 그리고 신비주의적 영성이 제공하는 위안은 분명 존재한다. 그러나 이는 여성 공동체의 심층에 침잠된 수치심과 패배감이라는 근본적 문제에 대한 표면적 해결책에 불과하다. 이렇듯 안살두아는 집단 무의식에 도전하고 과감하게 폐기하고자 호소한다.

이러한 분석을 바탕으로 안살두아는 '사회적으로 참여하는 영성'의 필요성을 역설했다. 이 개념은 내적 성장과 사회 변혁을 불가분의 관계로 보는 통합적 시각을 제시한다. 안살두아는 이 두 요소가 상호작용할 때에만 개인의 고통과 체계적 불의를 동시에 해결할 수 있다고 주장한다. 1991년 키팅과의 인터뷰에서 안살두아는 이 개념을 더욱 명확히 정의한다. 그녀는 "영적 행동주의는 비전을 지닌 동시에 실천적인 형태의 행동주의"라고 정의하며, "이것은 창조적이고 직관적이며, 우리 삶의 모든 측면 — 육체적, 영적, 정서적, 성적, 정신적, 그리고 지적인 면 — 을 아우른다. 우리의 모든 내적 자원을 외부로 향하는 행동으로 변화시키는 일"²¹이라고 설명한다. 이러한 안살두아의 철학은 육체의 아픔, 정신의 고뇌, 사회적 갈등, 그리고 문화적 유산을 하나의 연결된 체계로 인식하는 독특한 관점을 제시한다. 이는 인간 경험의 다양한 측면을 분절된 것이 아닌 상호 연결된 하나의 유기체로 바라보는 시각이다.

그래서 이런 안살두아의 영적 행동주의를 철학적 맥락에서 조망한다면 '존재론적 실존주의'와 '해방신학'이 만나는 지점에 위치시킬 수 있다. 그녀는 줄곧 경계 지대 개념을 통해 개인의 존재가 고정된 것이 아니라 끊임없이 변화하고 새롭게 만들어지는 과정임을 강조해 왔다. 이는 개인의 자유와 책임을 핵심 가치로 삼는 실존주의의 사유와 맞닿아 있다. 동시에 그녀는 개인의 존재를 사회 구조와 역사적 맥락 속에서 이해하려는 시도를 통해 실존주의적 개인주의를 넘어서는 확장적 시각을 제시한다. 여기에 안살두아는 사회적 불의와 억압에 맞서 싸우는 해방신학의 정신을 접목시켰다. 이를 통해 그녀의 영적 행동주의는 단순한 개인의 영적 성장을 초월하여, 사회 정의를 실현하기 위한 실천적 행동을 강조하는 이론으로 진화하였다. 이는 치카노 공동체의 잠재력과 억압의 경험을 영성과 철학의 언어로 승화시킨 독창적 시도라고 할 수 있다. 결론적으로 안살두아는 개인의 자유와 사회적 책임, 영적 성장과 사회 변혁을 유기적으로 통합하는 새로운 철학적 패러다임을 구축했다고 평가할 수 있다.

─ 셀레나, 네판틀라의 구현자

안살두아의 네판틀라 개념과 셀레나의 음악적 융합은 치카노 문화의 변혁을 상징하는 두 개의 핵심 축으로 자리매김한다. 1990년대 초, 안살두아가 국경 지역 주민들의 정체성과 내면화된 수치심에 대해 냉철한 비판을 전개할 무렵, 셀레나는 자신의 첫 메이저 앨범으로 성공을 향한 여정의 문턱에 서 있었다. 이 시기적 조우는 우연이라기보다는 멕시코계 문화의 자기 인식과 대중적 표현이 교차하는 결정적 순간으로 읽어 낼 수 있다.

셀레나의 음악적 성취는 안살두아의 이론적 구상을 생동감 넘치는 청각적 현실로 구현했다. 그녀는 테하노, 팝, 멕시코 코리도 등 다양한 장르를 자유자재로 넘나들며, 멕시코계 미국인의 다층적 정체성을 음악의 장에서 표현해 냈다. 이런 크로스오버는 "하나의 치카노어가 없듯이, 하나의 치카노 경험도 없다."라는 안살두아의 주장과 맞닿아 있다.

셀레나의 예술은 음악 장르의 혼합을 넘어선다. 그것은 문화적 경계를 가로지르는 네판틀라의 현신과 같다고나 할까. 영어와 스페인어를 자유롭게 오가는 그녀의 노래는 미국과 멕시코 문화의 요소들을 창의적으로 융합하며, 안살두아가 제시한 메스티사의 미래상, 즉, "두 개 이상의 문화를 가로지르는" 경계인을 청각적으로 구현한다. 그녀의 히트곡 〈비디 비디 봄 봄(Bidi Bidi Bom Bom)〉에서 볼 수 있듯이, 테하노 리듬과 팝 멜로디의 결합은 전례 없는 새로운 사운드를 탄생시켰다. 마치 네판틀라의 '끊임없이 변화하는 상태'를 음악적으로 실현한 것과 같았다.

  셀레나의 예술적 성취와 대중적 성공은 테하노 뮤직의 주류화에 결정적 기여를 하였다. 그녀의 음악은 라틴 문화의 자부심을 일깨웠고, 안살두아가 꿈꾸던 '새로운 메스티사'의 자긍심을 고취시켰다. 오늘날 치카노 문화의 글로벌한 영향력은 90년대의 기반 없이는 상상할 수 없다는 평가[22]는, 이 시기가 다문화주의와 탈국가적 정체성이라는 새로운 패러다임을 열었음을 방증한다.

멕시코 푸에르토 바야르타의 벽화 사진

  셀레나의 예술적 유산은 그녀의 생애를 훌쩍 넘어 지속되고 있다. 소셜 미디어에서 그녀의 음악과 스타일이 새롭게 조명받는 현상은 셀레나 예술이 지닌 시대 초월적 매력을 입증한다. 2002년 발매한 그녀의 앨범 〈원즈(Ones)〉가 그 후 20여 년간 빌보드 라틴 팝 앨범 차트에서 장기 체류하며 상위 랭킹을 유지한 사실은 그녀의 음악적 영향력의 지속성을 수치로 증명한다. 더불어, 2020년 그녀의 삶을 재조명한 넷플릭스 시리즈의 성공은 셀레나의 내러티브가 여전히 라티노들에게 강력한 영감의 원천임을 확인해 준다.

셀레나의 영향력은 이제 대학 강의실에까지 확장되고 있다. 2020년 텍사스 주립대학교는 셀레나에 관한 정규 수업을 개설했다. 그간 학계와 대중 담론에서 다뤄져 온 셀레나 연구가 교육 현장에 본격적으로 진입한 것이다. 이제 셀레나의 예술은 후세대 학생들에게 멕시코계 미국인의 문화와 정체성을 학습하고 토론하는 데 있어 구체적이고 생생한 범례로 활용된다.

현재 셀레나의 예술은 새로운 세대의 음악인들에게 영감을 주며, 문화적 경계를 넘나드는 음악의 무한한 가능성을 제시하는 선구적 모델로 평가받고 있다. 이는 안살두아가 꿈꾸었던 문화적 변혁의 지속적 실현이자, 네판틀라 개념의 살아 있는 증거라 할 수 있다.

History of Mexican American

제8장

리처드 로드리게스와 산드라 시스네로스
- 이중언어와 다양성의 정치학

1980년대, 치카노 운동의 열망은 마침내 제도의 틀 안에서 자리 잡기 시작했다. 시민권, 소수집단우대정책, 이중언어 교육, 다문화주의. 한때 구호에 불과했던 이 용어들이 이제는 구체적 정책의 모습을 갖추어 가고 있었다. 치카노 공동체 내부의 새로운 균열은 운동의 성장과 다양화에 따른 필연적 결과로 볼 수 있다. 리처드 로드리게스(Richard Rodriguez)의 등장은 이러한 균열의 징후나 촉매로 해석될 수 있다. 그의 존재 자체가 당시 치카노 사회가 직면한 새로운 국면을 상징한다고 할 수 있다. 여기서 '성취'가 집단의 승리를 의미한다면, '균열'은 개인의 부상(浮上)을 시사한다. 이 두 힘의 길항 관계야말로 80년대 치카노 사회의 핵심 동력이 아니었을까. 이를 반영한 로드리게스의 글쓰기는 공동체와 개인, 연대와 독립 사이의 아슬아슬한 줄타기를 보여 준다.

로드리게스는 치카노 지성계의 이단아다. 중산층 출신의 저명한 저술가인 그는 문화 정치와 라티노의 영향력을 다루는 미디어 논쟁에서 중심적인 위치를 차지해 왔다. 그의 대중적 인지도에도 불구하고, 일부 치카노 지식인들은 그를 민족 공동체의 배신자로 비난하기도 했다. 그의 관점이 종종 치카노 공동체의 일반적인 입장과 상반되었기 때문이다. 하지만 로드리게스의 진가는 이런 논쟁적 주제를 다루는 그의 탁월한 필력에서 비롯된다. 자전적 경험에서 우러나오는 확신과 예리한 통찰력, 풍자와 서정의 절묘한 균형 덕분에 그는 민감한 사회적 이슈를 밀도 있게 탐색할 수 있었다. 많은 독자는 그의 진정성 어린 솔직함, 간결하면서도 능란한 문체, 그리고 유머러스한 표현에 매료되었다.

"어떤 사람이 되어야 하는지에 대한 사회의 기대에 부응하지 않는 것이 그의 매력"[1]이라는 한 기자의 평가는 로드리게스의 본질을 잘 보여 준다. 정형화된 틀을 거부하는 그의 지적 반골 기질은 역설적으로 그를 주류 사회에 안착하게 만들었다. 이중언어, 이중 문화, 동화주의라는 뜨거운 감자를 거침없이 다루는 로드리게스의 모습에서 1980년대 이후 치카노 사회의 변화와 내부적 다양성을 읽어 낼 수 있다.

— 로드리게스의 작품 세계와 시대적 배경

치카노 운동 이후의 사회 변화를 이해하기 위해서는 1980년대 보수주의 정책과 신자유주의의 부상이라는 맥락을 함께 고려해야 한다. 1980년대 초반 흔들린 미국의 복지 정책은 1990년대 이후에도 계속돼 이민자들이 누리던 혜택을 대폭 축소하거나 조정하는 방향으로 이어졌다. 대표적으로 1996년 클린턴 정부는 비합법 이민자들의 사회보장 혜택을 제한하기 위한 '개인 책임과 근로 기회 조정법(PR-WORA)'을 제정하였다. 이와 함께 멕시코계 이민자를 향한 부정적인 인식이 증가하며 인종차별과 반이민정서가 강화되기 시작했다. 대표적 사례로 1994년 캘리포니아주의 '발의안 187'은 미등록 이민자들의 공공 서비스 이용까지 금지했다.

한편, 1980년대부터 2000년대에 걸쳐 미국 내 라티노 공동체는 상당한 증가세를 보인다. 미국 인구조사국의 데이터에 따르면, 라티노 인구는 1980년 약 1천5백만 명에서 2000년 약 3천5백만 명으로 증가했으며, 2020년에는 약 6천2백만 명에 달했다. 라티노의 대학 졸업자 비율이나 중위 소득 증가율은 여전히 전체 인구 평균에 비해 낮은 수준이기는 하지만[2], 예술문화계에서는 특히 두드러진 활약을 보여 주었다. 이는 치카노 목소리가 도시의 거리, 대학의 강단, 그리고 미디어를 통해 더 넓은 영역으로 확산하기 시작했음을 의미한다. 로드리게스의 활동 시기 역시 이런 라티노의 인구 증가 및 사회경제적 변화와 맞물려 있다. 그래서 그의 작품에는 이러한 인구학적 변화와 라티노의 인식, 사상 변화가 복합적으로 반영되어 있다.

로드리게스는 대표작 『기억의 허기 Hunger of Memory』(1982)와 『의무의 날들 Days of Obligation』(1992)에서 치카노 사회의 핵심 쟁점인 이중언어, 이중 문화, 동화 문제를 정면으로 다룬다. 특히 이중언어 교육에 대한 그의 비판적 시각은 학계와 정책 입안자들 사이에 파문을 일으켰고, 1998년 캘리포니아주 '발의안 227'의 통과에 일정 부분 영향을 미쳤다고 평가된다.

로드리게스의 시선은 종종 치카노 공동체의 주류 견해와 충돌했지만, 이러한 불일치는 치카노 사회 내부의 다양한 목소리를 수면 위로 끌어올리는 계기가 되었다. 그의 글쓰기는 주류 사회에 치카노 경험의 복잡성과 다면성을 보여 주는 창구 역할을 했다. 주목할 만한 점은 로드리게스의 사유 역시 시대의 흐름과 함께 변화했다는 사실이다. 『브라운, 미국의 마지막 발견 Brown: The Last Discovery of America』(2002)에서는 한층 더 유동적이고 중층적인 정체성 개념을 제시한다. 이런 변화는 1990년대 이후 미국 사회를 휩쓴 다문화주의 담론의 부상, 2000년 인구조사에서 도입된 복수 인종 선택 제도 등 다양성에 대한 인식 변화와 맥을 같이하는 것으로 볼 수 있다.

로드리게스에 대한 학계의 평가 역시 시간이 지남에 따라 변화해 갔다. 초기의 극단적 반응은 점차 균형 잡힌 시각으로 수렴되었고, 치카노 사회 전반의 내적 분화와 사회적 다원화 흐름 속에서 그의 작품에 대한 재해석과 재평가가 이루어졌다. 특히 2000년대 '신세대 치카노 문학'의 출현은 로드리게스와 같은 논쟁적 작가들의 공헌을 새로운 각도에서 조명하는 계기가 되었다.

— 이중언어 교육정책의 효과와 한계

그렇다면 왜 이중언어 문제는 늘 논쟁의 중심에 서 있을까? 1960년대 말부터 1970년대 초 사이 미국의 이중언어 정책은 극적인 전환기를 맞이한다. 민권운동의 열기가 소수 언어 집단에 대한 인식을 뜨겁게 달구면서, 국가 정책도 서서히 그 모습을 바꾸기 시작했기 때문이다. 그 변화의 물꼬를 튼 것은 쿠바 혁명의 여파로 마이애미에 유입된 난민들의 경험이었다.

1963년 마이애미의 코럴 웨이(Coral Way) 초등학교에서 이중언어 프로그램이 처음 시작되었다. 이 프로그램은 큰 성공을 거두며 다른 지역으로 확산되기 시작했고, 쿠바 난민들의 경험은 이중언어 교육의 실효성을 입증하는 적합한 사례가 되었다. 1966년에는 난민의 수가 증가하여 '쿠바 난민 조정법(Cuban Refugee Adjustment Act)'이 개정될 정도에 이르렀지만, 그때까지만 해도 법안에 이중언어 교육 지침이 직접적으로 명시되지는 않았다. 그러나 이후에도 계속해서 쿠바 난민들이 유입되었고, 그들의 성공적인 미국 사회 정착에 이중언어 교육 프로그램이 중요한 역할을 했다는 평가가 나오기 시작했다. 이런 논의를 기반으로 1968년에 '이중언어교육법(Bilingual Education Act)'과 1974년 '평등교육기회법(Equal Educational Opportunity Act)'이 연달아 마련되었다. 특히 1974년 법안은 모든 학교가 "언어의 장벽을 허물기 위한 적절한 조치"를 취하도록 명시했는데, 오펠리아 가르시아(Ofelia García)는 이 법을 두고 "미국 교육 역사상 가장 진보적인 언어 정책"[3]이라고 극찬하기도 했다.

그런데 로드리게스는 이 낙관적 흐름에 균열을 가져왔다. 그는 "공적인 언어인 영어를 익히는 것이 사회적 성공의 열쇠"라며 이런 시대적 흐름에 역행해 오히려 이중언어 교육을 거부하고 영어 단일 정책을 받아들여야 한다고 목소리를 높였다. 그는 『기억의 허기』에서 학교의 영어 전용 교육이 학업 성취와 사회 적응에 날개를 달아 주었다고 주장했다. 그러면서도 단일언어(영어)가 가족과의 소통을 단절시키며 문화적 정체성에 혼란을 불러일으켰다고 인정했다. 이는 언어 정책이 단순한 교육적 선택을 넘어, 문화적 정체성과 사회 통합의 문제와 밀접하게 연관되어 있음을 강조한 것이다. 물론 로드리게스의 경험과 주장은 개인적이고 특수한 사례라고 할 수 있지만, 그의 담론이 언어 교육의 사회문화적 함의에 대한 대중의 인식을 환기하는 데 기여한 측면은 분명하다.

로드리게스의 이론은 1980년대에 이르러 영어 공용어 운동(English-only movement)의 논리적 기반이 되었다. 이는 그의 영향력이 얼마나 컸는지를 짐작게 한다. 또한 그의 주장은 1990년대 이후 '과도기적 언어 교육(Transitional Bilingual Education)'에서 '이중언어 발달 프로그램(Dual Language Development Programs)'으로의 정책 변화에 중요한 밑거름이 되었다. 이처럼 로드리게스의 관점은 이중언어 교육정책의 빛과 그림자를 모두 들여다볼 수 있는 중요한 참고점이 되었다.

— 로드리게스의 이중언어, 논란의 중심

이중언어 사용은 이민, 식민, 망명 등의 역사적 사건으로 인한 언어권의 충돌 및 교류가 일어날 때마다 사회문화적으로 중요한 화두가 되어 왔다. 양 국가 간의 권력 차이가 언어 사용에도 반영되어서

인지, 특히 이중언어 창작자들의 경우, 언어의 부족이나 한계에 예민하게 반응한다. 심지어 이중언어 사용을 축복보다는 억압의 형태로 받아들이기도 한다. 두 언어 체계 사이에서 발생하는 정서적 갈등(애착, 거부, 미련 등)은 개인의 내면에 복잡한 지형도를 그리고, 더 나아가 언어적 위계 구조에까지 영향을 끼친다. 그래서 진정한 이중언어 사용자란 두 언어를 모국어 수준으로 구사하는 사람이라기보다는 두 언어에 대해 동등한 정서적 유대감을 지닌 사람을 의미한다.[4]

> 사물과 언어 사이에 자연스러운 연결이 있다고 믿는 언어가 아닌 다른 언어로 말하고 쓰면서, 자신을 쉼 없이 번역하고 변경해야 한다.[5]

억압과 차별이라고 여겨지는 가장 큰 이유는 실제 이중언어를 사용하는 이민자들이 그들의 삶 속에서 끊임없이 '번역'이라는 번거로운 과정을 거쳐야 하기 때문이다. 그들은 단순히 단어나 문장을 옮기는 것을 넘어서 의식과 감정까지도 '번역'하며 소통해야 하는 복잡한 작업에 부담을 느끼곤 한다. 이런 과정은 때때로 실존적 불안의 원인이 되기도 한다. 글로리아 안살두아(Gloria Anzaldúa) 역시 이중언어 사용으로 인한 고뇌를 절절하게 토로한다. "내 혀는 위법적인 것이다."[6]라는 그녀의 선언적 표현은 이중언어 사용자가 겪는 언어적 소외와 권력 구조 내에서의 끊임없는 협상 과정을 함축적으로 드러낸다. 이 말은 이중언어 사용자의 일상적 현실을 포착해 낸 강렬한 은유일 것이다.

로드리게스의 유년기 경험은 마치 이중언어가 개인의 정체성 형성에 미치는 영향을 보여 주는 한 편의 드라마 같다. 초등학교 시절, 로드리게스를 가르치던 교사들은 그의 이중언어 사용이 학업 성취에 장애가 될 수 있다고 걱정했고, 이에 로드리게스는 교사들의 조언을 따라 스페인어를 입 밖에 내지 않기로 한다. 그는 이런 환경의 압박이 자신을 열정적인 영어 화자로 변모시켰고, 결국 그런 결정 덕분에 자신이 주류 사회로 입성하게 되었다고 굳게 믿었다.

> 내가 스페인어 대신 영어를 썼기 때문이 아니라, 하루 대부분을 공적인 언어로 보냈기 때문이다. 나는 마침내 말의 물결이 넘실대는 도시에서 한 명의 시민으로 자유롭게 움직일 수 있었다.[7]

로드리게스는 국가의 당당한 구성원으로 자라나고 시민의 자유를 만끽하려면 공식적으로 인정받는 언어를 써야 하고, 그래서 언어의 세계를 공적 영역과 사적 영역으로 나눠야 한다고 주장한다. 그의 논리를 따르면, 학교 같은 공적 영역에서 이중언어를 사용하면 아이들이 두 세계 사이의 행동 규범을 혼동하게 되어, 나중에 사회적 경쟁력이 부족한 어른으로 자랄 수 있다. 그래서 가족 울타리 안에서 통용되는 사적인 언어를 집 밖에서 사용하게 되면, 지나치게 비공식적인 분위기, 문법이 무시된 소통 방식, 규율에서 벗어난 습관이나 태도를 그대로 반복할 수 있다. 결과적으로 두 영역을 구분 짓지 않으면, 사회가 합의한 규범에서 벗어나도 된다는 암묵적 허용으로 이어질 수 있다는 것이다. 그는 이런 믿음에 기반한 엄격한 영어 사용을 통해 주류 사회의 일원으로서 소속감과 편안함을 얻는 데 성공했다고 강조한다. 하지만 그 대가로 그는 가족과의 친밀한 대화를 상실해야 했다.

그러나 로드리게스의 글쓰기는 언어의 역설을 드러낸다. 영어 옹호자를 자처함에도 그의 문장 속에는 스페인어 그림자가 끊임없이 출몰한다. 이는 그의 정체성과 문화적 뿌리가 텍스트 속에서 끊임없이 자신을 드러내는 방식과 유사하다.

표면적으로 순수한 영어로 보이는 그의 문장들은 실상 멕시코 스페인어의 리듬과 정서를 품고 있다. 로드리게스가 아무리 영어의 틀에 자신을 맞추려 해도, 그의 글에서 '이방인'의 흔적을 완전히 지워 내지 못한다는 의미일 것이다. 그래서인지 그의 작품은 잃어버린 스페인어의 친밀감을 되찾고 사라진 언어와 문화적 정체성을 재구성하려는 노력으로도 읽힌다. 이것을 이중언어의 '침묵' 또는 '잠복' 효과로 볼 수 있는데,[8] 비단 로드리게스뿐 아니라 많은 라티노 작가들의 작품에서도 공통적으로 발견되는 현상이다. 결국 그들의 영어 글쓰기 이면에는 스페인어가 '침묵의 언어'로 존재한다고 할 수 있다. 이 보이지 않는 언어가 그들의 글쓰기에 독특한 질감과 깊이를 더하는 것이다.

로드리게스의 사례는 언어와 정체성, 그리고 문화적 소속감 사이의 복잡 미묘한 관계에 대해 생각하게 만든다. 이중언어에 대한 그의 견해는 표면적인 언어 정책이나 교육 방법론을 넘어서 한 개인의 정체성 형성과 사회 통합 과정에 관한 근본적인 질문을 던진다. 그리고 지금까지도 공적 언어와 사적 언어의 경계, 그리고 이중언어 교육의 실효성에 대한 그의 주장은 여전히 논쟁거리를 제공한다.

― 이중언어, 이중문화의 글쓰기

1990년대를 지나 2000년대로 접어들면서, 라티노 작가들의 이중언어 사용은 새로운 국면을 맞이한다. 이런 문체의 변화는 문화적 자신감의 표현이자 정체성의 재정립을 의미한다. 새로운 세대의 작가들은 이중언어를 더욱 적극적으로, 때로는 도발적으로 활용하기 시작한다. 이들의 작품에서 언어는 문화적 긴장과 갈등을 재현하는 존재 방식이 된다.

언어 사용과 관련해 이 시기 라티노 작가들을 크게 세 부류로 나눌 수 있다. 한 언어로만 창작하는 이들, 두 가지 언어로 각각 별개의 작품을 창작하는 이들, 마지막으로 한 작품 안에서 두 가지 언어를 자유롭게 넘나드는 이들이다. 이중언어 작가들은 영어 작품에 스페인어를 삽입할 때, 의미를 쉽게 추측할 수 있는 단어나 맥락을 사용함으로써 라티노 공동체의 소속감을 은연중에 표현한다.

산드라 시스네로스는 이러한 이중언어 사용의 대표적 작가로, 그녀의 작품들은 언어 경계를 넘나드는 독특한 문학적 체험을 제공한다. 시스네로스의 주요 작품들은 영어와 스페인어가 교차하는 이중언어 현상을 실감나게 포착하며, 이를 통해 독자들은 두 문화 사이에서 살아가는 인물들의 복잡한 정체성과 경험을 깊이 있게 탐색할 수 있다.

1983년 출간된 『망고 스트리트 The House on Mango Street』는 이중언어의 효과를 살펴보기에 더없이 적합하다. 이 소설에 나오는 "In English my name[Esperanza] means hope. In Spanish it means too many letters. It means sadness, it means waiting.

(내 이름[에스페란사]은 영어로 희망이라는 뜻이에요. 스페인어로는 너무 많은 내용을 말하죠. 슬픔을 의미하고, 기다림을 의미해요.)"[9]라는 문장은 언어에 따라 달라지는 의미가 어떻게 문화적 배경을 설명하고, 정서적 깊이를 표현하는지 자연스럽게 드러낸다. 이러한 단어 배열은 언어유희에 그치지 않고, 이중 문화 속 주인공의 삶을 집약해 표현하는 수사적 기법이다.

『울부짖는 여인 개울과 다른 이야기들 Woman Hollering Creek and Other Stories』에서도 이중언어의 효과적 사용이 돋보인다. 화자가 묘사하는 "La Gritona. Such a funny name for such a lovely arroyo(라 그리토나. 그렇게 아름다운 아로요(개울)에 붙인 참 우스운 이름)"[10]이라는 풍경은 언어의 혼종성을 통해 문화적 인식의 균열을 보여 준다. 여기서 사용된 스페인어 단어들은 전통 신화에 대한 냉소를 내포하며, 동시에 미국 문화와 멕시코 문화가 만나는 지점에서 발생하는 충돌을 텍스트 자체에서 재현한다.

한편 『카라멜로 Caramelo』에서 일상적 대화는 문화적 정체성을 드러내는 데 필요한 문구를 사용함으로써 독자에게 두 문화의 경계를 자유롭게 넘나드는 경험을 제공한다.

> ¡Mentirosa! It wasn't me, you just like to invent stories, mocosa, you believe me, don't you, Mami? (멘티로사(거짓말쟁이). 내가 한 게 아니라니까, 엄마는 그냥 이야기를 지어내고 싶은 거지. 모코사(건방진 애야), 날 믿지, 그렇지? 마미(엄마)"[11]

"Not if you paid me -Want him? Te lo regalo, -tú que sabes de amor, tú que nunca has besado un burro, -¡Un burro!, do you know what that means?(돈을 준다고 해도 싫어 - 그 사람 원해? 테 로 레갈로(니가 가져). -투 케 사베스 데 아모르(니가 무슨 사랑을 안 다고), 투 케 눈카 아스 베사도 운 부로(넌 당나귀한테도 키스해 본 적 이 없잖아). -운 부로!(당나귀말야!), 그게 무슨 뜻인지 알아?)"[12]

이 대사는 스페인어와 영어 문장을 병치함으로써 각 언어가 지닌 고유의 표현력과 문화적 함의를 대비시킨다. 이를 통해 작가는 단순 번역으로는 전달되지 않는 언어의 풍부한 뉘앙스, 깊이, 리듬감을 독자에게 전달한다. 위의 예문에서처럼 감정적이고 공격적인 어조를 띠거나, 모욕하거나 비하하는 투의 느낌을 살리기 위해서 스페인어 관용적 표현을 그대로 사용한다.

시스네로스의 이러한 언어 사용은 독특한 문체를 만드는 데 그치지 않고, 복잡한 정체성, 두 문화 사이에서의 줄타기, 그리고 그 과정에서 발생하는 창조적 긴장을 표현해 준다. 그녀의 작품 속 이중언어는 고유한 의사소통의 도구일 뿐만 아니라, 새로운 문화적 현실을 구축하는 강력한 매체로 기능한다.

한편, 안살두아나 주노 디아스(Junot Díaz) 같은 대표적인 라티노 작가들은 언어의 경계를 과감히 넘나들며, 비표준 스페인어와 지역 특유의 은어를 번역 없이 대담하게 작품에 녹여 낸다. 특히 디아스는 그의 대표작 『오스카 와오의 짧고 놀라운 삶 The Brief and Wondrous Life of Oscar Wao』에서 이러한 기법을 극대화했다. 그는 "독자들이 잠시나마 이민자의 신발을 신고, 대화의 맥락을 놓치는 혼란스러운 경험을 해 보길 바랐다."[13]라고 밝힌 바 있다. 작가는 이중언어를 통해 독자들이 이민자의 언어적 현실을 간접적으로나마 체감하도록 의도했다는 점을 설명한다.

이런 이중언어 텍스트의 진화는 미국 내 라티노 커뮤니티의 성장과 그들의 정체성 변화를 반영한다. 또한 과거 영어와 스페인어 버전을 별도로 출간하던 관행에서 벗어나, 현대 라티노 문학은 두 언어의 경계를 자유롭게 넘나들며 하나의 작품 안에서 복합적인 언어 세계를 구축해 낸다. 이는 라티노 독자층의 양적 성장뿐만 아니라, 이중언어 사용에 대한 미국 사회의 인식 변화를 동시에 보여 주는 변화라고 할 수 있다. 결과적으로, 라티노 문학에서의 이중언어 사용은 문체적 실험을 넘어 복합적인 문화적, 사회언어학적 현상으로 자리 잡았다.

─ 스팽글리시, 혼종 언어의 다양성

이중언어 사용의 복잡한 양상을 이해하기 위해서는 '스팽글리시(Spanglish)'라는 독특한 언어 현상에 주목할 필요가 있다. 현재 치카노, 라티노 커뮤니티에서 사용되는 스팽글리시는 손쉬운 언어 혼용을 넘어, 그들의 문화적 정체성을 표현하는 유용한 문화적 코드로 자리 잡았다. 여기서 이 언어는 존재의 방식이 되는 순간을 보여 주기도 한다. 스팽글리시는 이중언어 사용의 새로운 지평을 열었고, 특히 문학 창작에 있어서 풍부한 표현의 가능성을 제공한다. 학계에서 이를 두고 '창의적인 대중 언어 실험'으로 재평가하며, 광고계에서의 활용은 특히 두드러진다. 이는 스팽글리시가 더 이상 주변부의 언어가 아니라 주류 문화와 끊임없이 교섭하는 역동적인 문화 현상임을 방증하는 것이다. 그럼에도 불구하고, 여전히 '언어 능력이 부족한 자들이 만들어 낸 비문법적 산물'이라는 과거의 편견은 남아 있다.

스팽글리시의 역사적 뿌리는 19세기 중반 미국-멕시코 접경 지역으로 거슬러 올라가지만, 그 본격적인 활용은 20세기 중반 푸에르토리코계 이민자들을 통해 시작되었다. 이런 역사적 맥락에서 생긴 '조잡한(Sloppy)' 언어라는 비난 속에서도, 스팽글리시는 기존의 언어 권위와 규범에 도전하는 '언어적 반란(linguistic rebellion)'으로 해석되기도 한다. 이 언어가 단순한 문학적 기교를 넘어, 그 의미를 해독할 수 있는 이들에게는 강력한 연대감을, 그렇지 않은 이들에게는 미묘한 소외감을 동시에 불러일으키기 때문이다.

스팽글리시의 다양한 변종들 — 쿠보닉스(Cubonic), 뉴요리칸(Nuyorican), 포초(Pocho), 파추코 칼로(Pachuco Caló), 치카노(Chicano) 등 — 은 각각의 독특한 역사와 문화적 정체성을 내포한다. "Voy a postear un selfie en mi Insta story(나는 내 인스타 스토리에 셀카를 올릴 거야)"와 같은 표현은 전통적 스페인어 문법 구조에 현대 디지털 용어를 접목한 스팽글리시의 창의성을 보여 주는 단적인 예시다. 이러한 언어적 퓨전은 단순히 두 언어를 섞는 것을 넘어, 글로벌 디지털 시대의 라티노 정체성을 재정의하고 표현하는 창의적인 수단이 되고 있다.

더 나아가, "We will not be silenciados!(우리는 침묵당하지 않

을 것이다!)"와 같은 시위 슬로건은 스팽글리시가 정치적, 문화적 저항의 도구로도 폭넓게 활용 가능함을 보여 준다. 'Silenciados(침묵한)'이라는 단어 선택은 영어권 청중에게는 이질감을, 스페인어권 청중에게는 친밀감을 불러일으키며, 이 메시지가 지닌 이중적 청중성을 교묘하게 활용한다. 나아가 '언어인종주의(Raciolinguistics)'라는 개념을 통해 스팽글리시를 새롭게 조명하려는 시도, 나아가 이를 독립된 제3의 언어로 인식하려는 움직임은 스팽글리시가 단순한 언어적 변이가 아니라, 새로운 사회적 현실을 창출하는 강력한 도구라는 점을 말해 준다. 영어도, 스페인어도 아닌 이 새로운 언어적 영역은 하이브리드 정체성의 은유이자, 기존의 이분법적 문화 구분을 초월하려는 노력이다.

"작은 사업을 큰 사업처럼 운영하라"는 스팽글리시 광고판
스페인어 negocio(사업)의 축소형, 증대형을 활용

결국 스팽글리시는 라티노 공동체의 살아 있는 언어적 실험이자, 그들의 복잡한 정체성과 문화적 경험을 반영하는 거울이다. 이는 언어의 경계를 흐리며 새로운 문학적, 문화적 지형을 만들어 내는 실험이자 도전이다. 스팽글리시 연구가 언어학적 관심사를 넘어 다양한 분야와 연결되는 학제 간 연구의 장을 열어 주고 있다는 점은, 이 언어 현상이 현대 사회의 복잡한 언어적, 문화적 역학을 포착하는 중요한 범례임을 보여 준다.

— 소수집단우대정책, 능력주의와 평등주의의 충돌

로드리게스의 초기 작품을 관통하는 주제는 이중언어 정책 거부를 넘어 더 복잡한 양상을 띤다. 그의 '소수집단우대정책(Affirmative action) 반대' 입장은, 개인주의적 신념과 멕시코 민족주의에 대한 거부감이 겹치는 지점에서 형성된 것으로, 당시 치카노 사회에 격렬한 논란을 불러일으켰다.

1982년 PBS의 한 뉴스에 출연해 "소수집단우대정책은 인종차별의 또 다른 형태일 뿐"이라고 한 발언은 치카노 공동체에 파문을 일으켰다. 그는 표면적인 정책 비판을 넘어, 정체성 정치의 근간을 흔드는 도전을 시도한 것이다. 이런 맥락에서 캘리포니아 대학교 버클리 캠퍼스 치카노 학생회의가 그를 '배신자'로 규정한 것은 공동체의 정체성과 개인의 자유 사이의 팽팽한 긴장 관계를 극명하게 보여 주는 일화였다.

로드리게스가 예일대학교에서 교수직을 제안받은 경험은 그의 견해를 다져가는 결정적 계기가 되었다. "내가 예일에 갈 수 있었던 이유는 내가 리처드 로드리게스이기 때문이 아니라, 내가 갈색 피부를 가졌기 때문이었다."[14]라는 그의 언급은 정체성 정치의 복잡성과 역설을 보여 준다. 로드리게스는 이 제안이 자기 실력이 아닌 단지 피부색 때문이라는 사실에 깊은 불편함을 느꼈다고 토로한다. 그때의 불편함이 얼마나 강렬했는지 그의 저서에 문장으로 남겼을 정도였다. 로드리게스는 소수집단우대정책이야말로 겉으로는 평등을 추구하는 듯하지만, 실질적으로 개인의 역량을 약화하고, 공동체 내 차별을 제도화하는 결과를 초래할 수 있다고 주장했다.

그는 '저는 소수자가 아닙니다. 저는 이미 모든 측면에서 다수의 한 명으로 살아왔습니다. 누가, 어떤 기준으로 저를 소수자로 분류할 수 있나요?'라고 말하는 것이다. 이 도발적인 선언은 개인의 자율성과 자기 정의(Self definition)에 대한 그의 철학을 선명하게 보여 준다. 그는 자신이 언어적, 교육적, 문화적으로 '주류'가 되었다고 믿었고, 이를 근거로 소수자 정체성을 거부했다. 하지만 이 견해에 대한 비판은 당시 치카노 공동체 내에서 리처드 로드리게스는 공동체의 '수치'라는 항의가 나올 정도로 강력했다. 하지만 그는 아랑곳하지 않고 오히려 이를 반기는 듯했다.

로드리게스의 소수집단우대정책 비판은 광범위한 학술적 논쟁의 기폭제 역할을 했다. 이는 치카노 공동체의 가장 민감한 신경을 건드린 셈이었다. 그래서 라몬 살디바르의 비판과 클라우디아 카스타녜다의 옹호는 복잡한 담론의 지형도를 보여 준다. 이 논쟁은 정체성,

평등, 기회의 본질에 대한 근본적인 질문과 맞닿아 있다. 살디바르가 지적하는 '구조적 불평등의 현실'은 개인의 노력만으로는 해결될 수 없는 사회적 모순의 깊이를 드러낸다. 반면 카스타녜다가 주목하는 '정체성의 복잡성과 유동성'은 고정된 범주로 개인을 규정짓는 인식의 위험성을 경고한다. 이 두 시각은 서로 대립하는 듯하지만, 사실 현대 사회가 직면한 첨예한 쟁점들을 각기 다른 각도에서 조명하고 있는 것이다. 이처럼 지극히 상반된 해석은 로드리게스의 작품이 치카노 문학과 정체성 정치의 지형에서 얼마나 논쟁적인 위치를 차지했는지를 여실히 보여 준다.

로드리게스의 논지는 1996년 캘리포니아주의 '발의안 209(소수집단우대정책 금지법)'와 같은 정책 변화의 사회적 맥락을 반영한다. 그의 견해가 해당 법안의 직접적 계기라고 할 수는 없지만, 당시의 정치적 흐름과 공명하는 지점이 있음은 분명하다. 이후 그의 작품은 치카노 사회의 정체성과 미국 사회의 다문화주의 논쟁에서 중요하게 참조할 만한 점으로 계속해 소환되어 왔다.

로드리게스의 소수집단우대정책 비판은 결국 자유민주주의 사회의 근본적인 가치 충돌과 맞닿아 있다. 이것은 개인의 자율성과 집단 정체성 간의 긴장, 능력주의(Meritocracy) 이상과 구조적 불평등 해소를 위한 제도적 노력 사이의 균형점을 모색하는 복잡한 논의의 일부다. 이런 측면에서 로드리게스의 사유는 현재성과 보편성을 동시에 지니며, 미국 사회가 직면한 정체성 정치의 딜레마를 압축적으로 보여 주는 대표적 사례였다고 할 수 있다.

― 『기억의 허기』, 이중언어와 동화

　로드리게스의 『기억의 허기 Hunger of Memory』는 1982년 미국 도서관 협회의 프레드릭 W. 밀러 상을 수상하고 주류 미디어의 호평을 받은 자서전이다. 이 책에서 그는 멕시코계 미국인이라는 집단적 정체성을 이제 유효기간이 지난 낡은 개념으로 규정하며, 오히려 개인의 고유한 경험과 정체성 형성을 가로막는 족쇄에 불과하다는 주장을 펼친다. 이는 사실상 인종 정치학의 종언 선언이나 다름없었다. 이러한 주장은 치카노 운동의 핵심 가치와 정면으로 충돌한다. 그는 토마스 리베라로 대표되는 치카노 1세대 작가들이 꿈꾸던 '공통문화의 기억과 발견을 통한 공동체 건설'이라는 이상과는 정반대의 길을 걸었다. 그렇게 로드리게스는 집단적 정체성의 폐해를 강조하고 치카노 운동의 전통적인 노선과 과감히 결별을 선언한다.
　이런 입장에 치카노 공동체의 반응은 예상대로 격렬했다. '치카노 사회의 불명예', '포초'(미국화된 멕시코인), '코코넛'이라는 독설이 그를 향해 쏟아졌다. 이런 표현은 공동체가 느낀 배신감과 위기의식을 압축적으로 드러낸다. 대놓고 신랄하게 비판한 살디바르는 로드리게스의 에세이를 두고 "자신이 선택한 공적 자아에 대한 법적, 도덕적 정당화를 위한 변명"에 불과하다고 일축하였다. 살디바르의 시각에서 로드리게스는 자신의 계급과 출신 배경을 모두 저버리고, "우익 기득권 계층과 자유주의적 학계 지식인들이라는 새로운 청중"을 선택한 변절자에 불과했다.[15]
　한편 알리시아 카마초는 더 거시적인 관점에서 로드리게스의 주장이 형성된 정치사회적 조건을 설명하고자 했다. 그녀는 80년대 미국의 보수화 물결, 신자유주의적 전환, 국제 노동 시장의 재편 등 시대적 맥락 속에 로드리게스의 사상을 위치시켰다. 로드리게스가 주장하는 '공적 정체성'의 중요성은 결국 기존의 미국적 가치관으로의 통합을 강조하는 것으로, 이는 1980년대 보수 정권의 정책 기조와 일맥상통한다는 것이다. 개인의 사상을 사회적 산물로 파악하는 접근을 취했지만, 카마초 역시 로드리게스가 계급의 위계성을 간과하고 그것을 만드는 사회적 구조를 충분히 고려하지 않았다고 비판했다.[16]

그러나 이러한 맹렬한 비판에도 불구하고, 로드리게스의 작품이 경험의 진정성, 고통의 깊이, 그리고 재현의 생생함으로 인해 독자의 마음을 울리는 힘을 지녔음은 부인할 수 없다. 작품을 통해 전달하는 유년기의 아픔, 인종 서사라는 압도적 힘에 맞서는 한 개인의 고투는 깊은 공감을 불러일으킨다. 특히 어두운 피부색으로 인해 겪는 수치심과 열등감, 이에 대응하기 위해 면도칼로 팔을 긁는 장면은 유사한 경험을 지닌 이민 2세대들의 집단적 기억을 환기시킨다.

또한 로드리게스는 부모님의 영어 부족으로 인해 겪은 소외감과 무력감을 사실적으로 그려 낸다. 그는 외국인 방문객과 부모님 사이에서 통역을 해야 했던 경험을 회상한다. 열 살 남짓한 소년이었던 그는 부모님의 서툰 영어를 듣고 부끄러움을 느꼈고, 동시에 그들을 위해 통역을 해야 한다는 책임감에 압도되었다. 이 순간 로드리게스는 자신이 이제는 부모님과 같은 언어적 세계에 속해 있지 않다는 사실을 처음으로 깨달았다고 한다. 이러한 경험은 수많은 이민자 가정의 자녀들이 공감할 수 있는, 너무나도 익숙한 아픔이다.

결국 로드리게스는 『기억의 허기』라는 자서전 형식을 통해 치카노 공동체의 방향성과 정체성에 대한 근본적인 질문을 던졌다. 그의 주장은 여전히 반감을 자아낸다. 그럼에도 치카노 정체성과 문화에 녹아 있는 집단주의적 시각에 대해 비판적 성찰을 제공했다는 점에서 중요한 의의를 지닌다. 그리고 지금까지도 이 작품은 개인의 경험과 집단적 정체성 사이의 긴장 관계를 조명하며, 미국 사회에서의 동화와 다문화주의의 복잡한 역학을 탐구하는 중요한 텍스트로 자리매김하고 있다.

—『의무의 날들』, 문화적 갈등과 조화

로드리게스의 『의무의 날들』은 『기억의 허기』에서 던진 불협화음의 여운을 더욱 깊이 있게 탐구하는 동시에, 작가의 사상적 진화를 명확히 보여 준다. 1980년대부터 1990년대 중반까지, 미국은 중남미발 대규모 이민의 물결로 인구 지형이 급변하는 격동의 시기를 겪고 있었다.

이 책에서 로드리게스는 멕시코와 미국이라는 두 문화 사이의 긴장을 '비극'과 '희극'의 대조적 관점으로 풀어 낸다. 그는 멕시코를 가톨릭적 비극의 세계로, 미국을 프로테스탄트적 낙관주의의 세계로 묘사한다. 그는 멕시코의 전통적 가치와 공동체 의식을 미국의 물질주의, 개인주의, 경쟁 문화와 대비시키며, 양측 모두를 향해 예리한 비판의 목소리를 높인다. 이러한 대비는 그의 개인적 경험을 통해 자주 드러나며, 부제인 「나의 멕시코인 아버지와의 논쟁」은 이러한 문화적 갈등을 상징적으로 나타낸다.

로드리게스와 그의 아버지 간의 대화는 이민자 가정에서 흔히 볼 수 있는 세대 간 갈등과 문화적 정체성에 대한 다양한 해석을 생생하게 보여 준다. 아버지는 외양과 혈통이라는 가시적 표지를 정체성의 본질로 여기는 반면, 로드리게스는 출생지와 시민권이라는 법적, 지리적 귀속을 더욱 강조한다. 그래서 로드리게스는 가족, 언어, 종교를 둘러싼 멕시코와 미국의 상반된 가치체계 사이의 갈등을 탐구하며, 정체성을 구성하는 요소들을 성찰함으로써 동화 과정에서 발생하는 손실과 타협을 인정한다.

로드리게스는 멕시코에 뚜렷한 외부자적 시선을 보인다. 그에게 멕시코는 "잃어버린 언어, 잃어버린 신, 잃어버린 땅"이며 "역사적 혼돈을 줄 뿐이다."[17] 더욱이 그는 "멕시코가 멕시코계 미국인이라는 개념을 허구나 역사의 나쁜 농담 정도로밖에 받아들이지 않는 것은 당연하다."[18]라고 냉소적으로 언급한다. 이러한 관찰은 인종 중심적 사회 담론에 대한 의도적 거부를 시사한다. 이렇듯 멕시코 주류 사회의 인식에 대해서도, 치카노라는 정체성에 대해서도 비판적 거리 두기를 하는 것이다. 결과적으로 그는 자신의 위치를 '두 문화의 희극적 희생자'로 규정하며,[19] 정체성 정치의 본질적 모순을 풍자적으로 그려 낸다.

카마초가 지적하듯, 로드리게스의 서사에서 메스티사헤(혼혈)는 흥미로운 변주를 겪는다. 그는 이를 타코 소비나 세라페 착용과 같은 일상적 문화 실천의 차원으로 재해석함으로써, 본질주의적 정체성 담론을 포스트모던한 소비 현상으로 탈바꿈시킨다. 이러한 해석적 전환은 정체성의 상품화와 문화적 혼종성이라는 현대적 맥락을 활용한 것이다.

그러나 치카노라는 범주를 강력히 거부했던 로드리게스의 텍스트가, 아이러니하게도 미국 교육 현장에서 히스패닉 경험의 전형적 사례로 수용된 사실이다. 이것은 특정 정체성에 대한 거부와 비판조차도 결국 그 정체성을 구성하는 담론의 일부로 편입되는 주류 정체성 정치의 역설을 보여 준다.

이 작품은 1980년대와 1990년대 초반의 사회적 맥락을 반영한다. 이 시기 중남미에서 유입된 대규모 이민자로 인한 인구 증가는 치카노 사회의 지형도를 재현하는 가운데, 로드리게스의 관점 또한 미묘한 변화를 보인다. 이 시기 급격한 정치적 보수화와 반이민자 정서의 고조는 그의 비평적 시선을 더욱 예리하게 만들었다. 당시 미국의 정책 변화, 예를 들어 중남미 개입 정책, NAFTA 체결로 인한 경제적 충격, 복지 프로그램 삭감 등은 이민자 공동체에 실제적인 타격을 주었다. 이러한 맥락에서 로드리게스는 캘리포니아의 반이민자 법안인 '발의안 187'에 대해 강력히 반대했지만, 인종적 차별의 구조적 메커니즘에 대한 직접적 비판은 유보했다. 또한 이런 시각 조정은 로드리게스의 로스앤젤레스 경험과도 밀접하게 연관된다. 새로운 이민자들이 이 도시를 활기차고 다양하게 만드는 양상은 그의 시각을 확장시켰다. 그는 이민자들이 새로운 환경에 적응하면서도 자신들의 문화적 정체성을 유지하는 모습에 주목했다.

'합법적 이민자'라는 개념은 모든 이민자가 사실상 법을 어기는 사람이라는 점을 우리가 잊게 만듭니다. 이민자들은 관습을 위반하고 전통에 도전합니다. 이민자가 된다는 것은 당신의 아버지와 고향 마을에 등을 돌리는 것입니다. 당신은 어머니의 마음을 아프게 합니다. 이민자는 그의 오래된 산골 마을에서나 로스앤젤레스 교외에서나 마찬가지로 물의를 일으키는 존재입니다.[20]

이런 로드리게스의 '수사적' 접근은 분명 한계를 지니고 있다. 그는 이 새로운 이민자들을 주로 저항적 기질을 지닌 남성 개인으로 파악하며 사회 변화의 주체로 서술한다. 하지만 미등록 이민자들이 직면한 실질적인 사회적 문제보다는 그들이 미국 사회에 가져오는 외형적 문화 변동을 더 강조하는 경향을 보인다.

한편 오랫동안 유지해 온 집단주의와 개인주의에 대한 강박적 분리는 역설적으로 그에게 새로운 통찰의 단초를 제공했다. 이러한 시각은 멕시코발 이민 문제와 정체성 사이에서 불거질 수 있는 심각한 내적 갈등을 우회하면서도, 치카노라는 집단적 정체성의 범주를 벗어나 멕시코계 이민자들을 미국 사회의 새로운 구성원으로 사유할 수 있게 했다.

이러한 접근 방식은 로드리게스가 의도하거나 의식한 것과는 다른 궤적을 그리며 전개되었다. 그는 원래 철저히 개인주의적 관점에서 이민자 개개인을 바라보려 했지만, 결과적으로는 점차 이민자 공동체를 적극적으로 포용하는 방향으로 진화했다. '모든 이민은 전복성을 지닌다'는 시각은 이민자들을 특정 인종이나 문화의 본질주의적 틀에 가두지 않으면서도, 그들이 촉발하는 사회적 변화의 긍정적 함의를 포착하는 방향으로 나아간 것이다.

로드리게스의 글쓰기는 논쟁적 요소에도 불구하고, 이민자의 삶이라는 특수성을 통해 동시대의 미국인들에게 공감대를 일으킬 만한 보편적 현상을 형상화한다. 그는 이민자들이 겪는 내적 갈등, 세대 간 단절, 문화적 적응의 난관 등을 솔직하고 담대하게 펼쳐 보인다. 이런 사회문화적 고찰은 미국 사회의 변화된 문화적 지형도 내에서 끊임없이 재구성되는 정체성이라는 보다 보편적 주제로 이어진다.

— '브라운(Brown)'이라는 혼종적 정체성

로드리게스의 2003년 작품 『브라운, 미국의 마지막 발견 *Brown: The Last Discovery of America*』은 미국 사회의 다문화성과 혼종적 정체성을 탐구하는 대담한 지적 오디세이다. 이 작품에서 로드리게스는 이전의 저작들과는 확연히 다른 면모를 보여 준다. 『기억의 허기』에서 재현한 동화에 대한 집착이나 『의무의 날들』에서 묘사한 문화적 갈등의 주제를 훌쩍 뛰어넘어, 이제 인종과 문화의 경계를 과감히 해체하며 '브라운'이라는 색채를 통해 미국의 정체성을 전복적으로 재정의한다.

이때 '브라운'이라는 단어는 '메스티소' 피부색의 범주를 넘어서서 미국 사회의 문화적 혼종성을 상징하는 메타포로 사용된다. 로드리게스는 이를 통해 우리 모두의 얼굴에 스며 있는 보이지 않는 색깔,

즉 미국이라는 거대한 도가니 속에서 끊임없이 섞이고 변화하는 문화적 DNA를 형상화한다. '브라운'의 묘사는 단일한 정체성에 관한 환상을 깨고 미국의 다양성을 새롭게 인식하자는 도전적 제안이기도 하다.

로드리게스는 1980년대와 1990년대의 중앙아메리카 난민 유입과 불법 이민을 단순한 사회문제로 치부하지 않는다. 그는 이러한 현상이 미국 사회에 혼종성, 다문화주의, 그리고 문화적 '불순'을 가져올 것으로 보았다.

갈색은 낮의 빛이었다. 갈색, 명백한 증거. 푸가와 펑크. 갈색, 어울림의 색깔. 갈색, 금지된 열정의 색, 파란색이 아닌 갈색, 사랑 그리고 내려진 블라인드의 색조, 그리고 소위 직모와 고딕 코를 가진, 사랑의 결실인 아이들의 색깔, 비밀스러운 사촌. 갈색, 강간과 수치, 죄, 실수, 출생의 그림자. 수 세기의 갈색 시대를 지나, 나는 호텔 연회장의 단상에 앉아 갈색이 되었다. 모두가 알지만 아무도 말하지 않는 것을 나는 마이크에 대고 서슴없이 말한다. 대부분의 미국 흑인들은 실제로 순수한 검은색이 아니다. 미국의 에로틱한 역사는 인종 분리와 함께 걸어왔다. 미국의 시작부터 시작된, 인종 간 섞임의 욕망은 분리의 역사와 나란히 진행되었다. (생물학적 충동이 어떤 문화적 금기보다 강한 듯하다.) 욕망과 동정, 그리고 잔인함과 혐오감은 처음부터 미국의 신세계 실험을 약화하는 동시에 추진시켰다. 엄중한 사회적 금기에도 불구하고, 백인 노예 주인들은 자신들의 혈통을 노예들의 몸에 심었다.[21]

이런 표현은 로드리게스의 문체가 가진 수사적 힘을 보여 준다. 그의 언어는 색채에 대한 비유가 만들어 내는 일종의 주문과도 같은 리듬감을 지닌다. '브라운'은 여기서 미국의 초상이자, 미국의 역사와 미래를 관통하는 알레고리가 된다. '브라운'은 이제 순수성 신화를 과감히 거부하는 혼종적 정체성의 구현이다. 그의 시각에서 미국의 역사는 갈등, 모순, 그리고 끊임없는 섞임 자체이며, 이를 통해 미국의 미래는 필연적으로 '갈색화' 과정으로 그려진다.

> 라틴아메리카가 미국에 줄 수 있는 것은 인종에 대한 유희적 개념이다. 미국이 라틴아메리카에 줄 수 있는 것은 문화에 대한 더 유희적인 개념이다. 자유로서의 문화, 초대로서의 문화, 유혹으로서의 문화. 오직 더 큰 혼란만이 우리를 구할 수 있다.[22]

여기서 언급되는 '혼란'은 무질서가 아닌, 다양성과 혼종성이 만들어 내는 창조적 에너지를 의미한다. 물론 로드리게스의 주장은 항상 논란의 여지가 있다. 그의 '브라운' 개념이 실제 존재하는 인종차별과 불평등을 은폐할 수 있다는 우려, 그의 문학적 재현이 복잡한 현실을 지나치게 단순화한다는 지적 등이 그것이다. 그러나 이러한 논란에도 불구하고, 『브라운』이 제공하는 새로운 시각의 의미를 부정하기는 어렵다. 그래서 한 비평가의 말처럼, 이 책은 "하나의 문화적 선언문"으로, "'브라운' 개념은 미국의 미래를 예견하는 예언적 비전"으로 해석될 수 있다.[23]

무엇보다 『브라운』은 로드리게스의 이전 작품들과 비교해 주목할 만한 인식론적 변화를 보여 준다. 멕시코계 미국인으로서의 개인적 경험에 천착했던 이전의 저작들과 달리, 『브라운』은 그 시야를 미국 문화 전반의 혼종성으로 확장한 것이다. 특히 그의 서술 방식은 마치 지난 시기 자신의 논리를 반박하는 듯 훨씬 더 실험적으로 되었다. 영어와 스페인어를 자유자재로 혼합한 그의 문체는 '브라운' 철학을 텍스트 자체에 구현하려는 시도로도 읽을 수 있다. 물론 치카노 사회가 겪어 온 정치적 역경과 변화를 재구조화한 로드리게스의 지적 여정은 늘 찬반양론을 불러일으킨다. 인종과 문화의 정치학을 둘러싼 첨예한 현실을 우회한다는 비판을 받는다. 그러나 순수성의 신화를 거부하고 혼종성을 미국의 본질적 특성으로 재해석하는 그의 시도는, 현대 사회를 이해하는 중요한 통찰을 제공한다.

— 산드라 시스네로스의 다양한 도시의 변주

로드리게스의 사상적 진화는 치카노 문학계 전반에 걸쳐 감지되는 현상이지만, 특히 산드라 시스네로스의 작품 세계에서 이 변화의 궤적이 더욱 선명한 윤곽을 드러낸다. 두 치카노 작가의 문학적 여정은 마치 미국 사회의 다양성에 대한 인식 변화를 비춰 주는 거울과도 같다. 이들의 작품 세계는 시간의 흐름에 따른 자연스러운 진화를 넘어선다. 이는 날카로워진 작가적 통찰과 급변하는 미국 사회의 역동성이 복잡하게 얽혀 빚어낸 결과물이라 할 수 있다. 하지만 두 사람은 뚜렷한 차이점을 지니고 각자의 문학적 영역을 구축했다. 로드리게스가 주로 에세이와 회고록이라는 직설적 형식을 통해 자신의 사상을 펼쳤다면, 시스네로스는 소설이라는 보다 유연한 매체를 활용했다.

시스네로스의 소설 속 도시 공간은 다양성을 둘러싼 은유와 재현의 장으로 탈바꿈한다. 도시는 이민자 공동체가 만드는 복잡한 사회문화적 역학이 가동하는 무대로 기능하며, 그 안에 등장하는 인물들은 미로 같은 골목, 밀집한 아파트 단지, 다채로운 공원 등을 누비며 문화와 정체성의 충돌과 융합을 체현해 낸다. 이처럼 시스네로스의 서사적 접근은 로드리게스의 이론적 접근을 보완하며, 현대 미국 사회의 복잡다단한 현실을 더욱 풍부하게 이해할 수 있게 해 준다.

시스네로스의 문학적 여정은 마치 도시의 변천사를 그리는 듯하다. 『망고 스트리트』에 등장하는 시카고의 라티노 바리오는 도시 내의 섬과도 같다. 좁고 폐쇄적이고 보이지 않는 경계선으로 나뉘어 있다. "우리 동네를 잘 모르는 사람들은 겁에 질려 들어와요. 그들은 우리가 위험하다고 생각해요. 우리가 번쩍이는 칼로 그들을 공격할 거라고 생각해요."[24] 이 구절은 바리오를 둘러싼 편견과 두려움, 그리고 그로 인한 고립을 생생하게 전달한다. 이들의 공간은 1980년대 미국 사회에 깊이 각인된 인종적, 문화적 분리의 흔적을 여실히 보여 준다. 시스네로스가 묘사하는 이 시기의 '다양성'은 이 시기에 아직 융합되지 못한 파편화된 모자이크에 가깝다.[25]

하지만 곧 도시의 풍경은 점점 높아지는 건물처럼 여러 층위의 현실이 중첩된 복잡한 구조물처럼 변화되어 간다. 『카라멜로』에서 시카고와 멕시코시티를 오가는 주인공 셀라야의 삶은 국경의 물리적, 심리적 횡단이 일상이 된 많은 멕시코계 이주민의 탈국가적 정체성을 상징한다. "우리는 모두 같은 도시에 살고 있지만, 서로 다른 세계에 살고 있어요."[26] 이렇듯 도시는 더 이상 고정된 공간이 아닌, 끊임없이 변화하고 재정의되는 유동적 정체성 그 자체가 된다.[27]

『마리를 보셨나요?』에 이르러서야 시스네로스는 샌안토니오라는 구체적 도시 공간에서 다양함의 역동성을 발견해 낸다. 여기서 도시는 삶의 터전일 뿐만 아니라 여러 뿌리의 문화와 역사가 층층이 쌓인 살아 있는 무대로 그려진다. 킹 윌리엄 역사지구, 웨스트사이드의 치카노 벽화, 다운타운의 현대적 건물들이 공존하는 모습은 도시의 다층적 정체성을 구현한다. 이런 시선 속에서 샌안토니오의 다양성은 이제 공존을 넘어 상호작용하고 융합하는 과정으로 그려진다.

마침내 『나만의 집』에 이르러 비로소 시스네로스의 도시는 물리적 경계를 완전히 넘어선다. "집은 우리의 일부예요. 우리 핏속에 있죠. 어디를 가든 우리는 그것을 안에 품고 다녀요."[28] 이제 도시는 외부의 공간이 아니라 내면화된 경험이 된다. '집'은 안식처가 아니라 정체성의 메타포. 시카고, 샌안토니오, 멕시코시티 등 다양한 도시들이 서로 얽히며 만들어 내는 내면적 지도는 탈국가적, 혼종적 정체성의 궁극적 표현이 된다.

이러한 변화는 미국 도시의 변모하는 현실에 맞춰 그 안에서 살아가는 이들의 의식 변화를 반영한다. 시스네로스 작품 속에서 초기의 고립된 '섬'들은 점차 서로 연결되고, 때로는 충돌하며, 궁극적으로는 하나의 융합과 창조의 장을 형성해 간다. 이런 모습은 로드리게스가 '브라운'을 통해 표현하고자 했던 미국 사회의 복잡성과 다양성에 대한 인식 변화를 다른 각도에서 조명한 것이다. 두 작가의 시선이 교차하는 지점에서 우리는 중요한 통찰을 얻게 된다. 다양성이란 단순히 주어진 병치 상태가 아닌, 끊임없는 생성과 변화의 과정이라는 것이다.

— 로스앤젤레스라는 '브라운' 도시

로드리게스와 시스네로스의 작품은 미국의 다문화적 현실을 서로 다른 각도에서 조명하며, 한쪽에서는 도시의 미시적 풍경을, 다른 한쪽에서는 거시적 변화를 입체적으로 그려 낸다. 이들의 여정은 치카노 문학이 단일한 정체성이나 경험을 대변하는 것에서 벗어나, 점점 더 다양하고 복잡해지는 라티노 경험을 포용하는 방향으로 나아가고 있음을 보여 준다.

로드리게스가 로스앤젤레스를 통해 그려 낸 '브라운'의 모습은 그의 이상적 비전이 투영된 살아 있는 장소다.[29] 그의 눈에 비친 이곳은 "세계에서 가장 멕시코적인 동시에 가장 이란적이고, 가장 한국적이면서 가장 필리핀적인 도시"다. 그는 글로벌 노동 이주와 탈국가적 문화 교류의 복잡한 역사적 과정이 일상에서 구현되는 순간을 보여 준다. 이 장면은 20세기 후반 가속화된 세계화 과정과 그에 따른 문화적 혼종화의 구체적 사례로 읽힌다. 이 문화적 혼종성이 도시 전체로 확장된 상태가 바로 『브라운』에서 주장한 비전에 가깝다. 멕시코 레스토랑의 과테말라 출신 웨이터가 중국인 손님에게 스페인어로 주문을 받는 장면. 이 풍경은 로드리게스가 『브라운』에서 그토록 역설했던 미국의 실체, 즉 문화적 경계가 끊임없이 해체되고 재구성되는 세상의 단면이다. 즉, 이 도시는 『브라운』이 예견하는 미국의 본질, 즉 문화적 혼종성이 새로운 규범이 되는 세상의 예고편이라 할 수 있다.

로드리게스가 지적하는 '히스패닉 정치'의 허구성은 그의 생각을 압축적으로 보여 준다. "히스패닉 정치는 없습니다."라는 단호한 선언은 『브라운』에서 비판한 '단순화된 인종 범주화'에 대한 그의 입장을 선명하게 전달한다. "8세대 뉴멕시코인, 백인 공화당 쿠바인, 흑인 푸에르토리코인, 방금 도착한 과테말라 원주민을 하나로 묶는 공통 관심사가 무엇입니까?"라는 질문은 이전까지 우리가 당연하게 여겼던 인종 구분의 허구성을 여지없이 드러내 준다. 기존의 인종 담론을 해체하는 동시에, 새로운 문화적 상상력을 요구하는 시적 질문이다. 로드리게스의 관점에서 이 도시는 전통적인 인종적, 문화적 범주를 초월하는 '브라운'의 개념이 일상적 현실이 된 공간이다.

로드리게스와 시스네로스의 작품을 함께 읽다 보면, 미국 사회의 다양성 담론이 얼마나 복잡하고 역동적으로 변화해 왔는지를 실감하게 된다. 특히 로드리게스의 지적 여정은 그 논쟁적 성격만큼이나 생산적인 파급력을 지녔다고 할 수 있다. 개인의 정체성 탐구에서 출발해 문화적 갈등의 복잡한 지형도를 거쳐, 궁극적으로 미국 사회의 다문화적 본질을 재고하는 데 이르는 그의 사유는, 현대 미국의 자기 인식 변화를 압축적으로 보여 주는 하나의 문화사적 궤적을 그린다.

History of Mexican American

제9장

브라세로의 유산
- 세대를 잇는 이주 노동과 문화적 재현

1980~1990년대 멕시코 경제가 악화되면서 많은 사람들이 일자리를 잃고 국경을 넘어 미국으로 이주하게 된다. 이러한 변화는 치카노 공동체가 멕시코를 바라보는 시각에도 영향을 미쳤다. 과거 문화 민족주의 흐름 속에서 조상의 고향으로 친밀하게 여겨졌던 멕시코가 점차 불편하고 불안한 이웃 국가로 인식되기 시작했다. 일부에서는 멕시코를 경제적 불안정의 원인으로 보는 시각이 생겨났지만, 동시에 문화적 유대감을 유지하려는 노력도 지속되었다. 멕시코 이민자들의 증가는 라티노 바리오의 문화적 풍광을 변화시켰고, 저임금 노동 시장에서 경쟁이 심화될 것이라는 우려를 불러일으켰다. 이러한 상황은 기존 치카노 공동체와 새로운 이민자들 사이의 긴장을 야기했다.[1]

　새로운 이민자들의 유입으로 인해 이민 인구가 폭발적으로 증가하면서, 자신을 '치카노'로 정의하기보다는 '멕시코계 미국인'(멕시칸 아메리칸)으로 정의하는 경향이 강해졌다. 이는 공동체 구성원의 정체성이 더욱 다양해지고 복잡해졌음을 의미한다. 결과적으로, 이민자 사회를 이룬 공동체가 단일하고 일치된 목소리를 내기가 더욱 어려워졌다. 이러한 변화는 미국 내 라티노 공동체의 정체성과 정치적 입장에도 큰 영향을 미쳤으며, 이민 정책과 사회통합 문제에 대한 새로운 도전이 제기되었다.

— 커지는 치카노 공동체, 거세지는 반이민 정서

일찍이 1940년대부터 미국의 이민 정책 변화와 경제적 요인들이 복합적으로 작용하여 브라세로 프로그램(1942~1964), 1965년 이민법 개정, 그리고 1994년 북미자유무역협정(NAFTA)이 체결됨으로써 멕시코계 이민자들이 대거 미국의 바닥 경제로 유입됐다. 이런 이민 물결은 노동 시장 및 인구 구조에 지각변동을 초래했다. 이뿐만 아니라 미국 사회 내 멕시코계 미등록 이민자에 대한 경계심과 반이민 정서도 고조시켰다. 이런 정서는 단순히 문화적 차이나 인종적 편견에서 비롯된 것이 아니라, 경제적 불안, 사회 안전에 대한 우려, 그리고 국가 정체성에 대한 불안감이 복합적으로 작용한 결과였다.

이러한 사회적 긴장을 해소하고자 1986년 이민개혁통제법(IRCA), 1996년 불법이민개혁법(IIRIRA) 등 보다 엄격한 이민 정책이 도입되었고, 국경 통제를 강화하는 조치들이 시행되었다. 그러나 이러한 정책들은 미국 내 이민자 공동체의 집단 반발을 불러일으켰으며, 2006

년의 대규모 반이민법 저지 시위와 같은 사회운동을 촉발시켰다. 특히 2006년 시위는 미등록 이민자들을 포함한 치카노 공동체의 정치적 주체성을 명확히 드러낸 중요한 사건으로 평가된다. 그러나 이후 경제 위기와 함께 찾아온 사회 전반의 우경화와 보수화 흐름은 이민자 관련 논의를 진전시키는 데 부정적 영향을 미쳤다. 이로 인해 한때 강력한 목소리를 냈던 라티노 정치 조직은 전국적 차원에서 통합된 정치 세력으로 부상하는 데 어려움을 겪었다. 이러한 변화는 미국 내 이민자 커뮤니티가 지속적으로 직면하는 도전과 그들의 권리 확보를 위한 장기적인 노력의 필요성을 더욱 부각시켰다.

— 브라세로 프로그램의 모순

1940년대부터 1960년대에 걸친 '브라세로 프로그램(Bracero Program)'은 미국의 이민 정책과 노동 시장 구조의 복잡성을 드러내는 중요한 사례로, 90년대 이후 미등록 이민자에 대한 사회적 인식의 역사적 뿌리를 이해하기 위해서는 이 프로그램이 남긴 복합적 유산에 주목할 필요가 있다.[2] 이 프로그램은 표면적으로는 단기 노동력 확보를 목적으로 했지만, 결과적으로는 미등록 이민의 구조적 토대를 형성하는 결과를 낳았다.

1942년 8월 4일, 멕시코와 미국은 대규모 멕시코 계절노동자를 유치하기 위한 최초의 양국 노동 협정을 체결했다. 브라세로 프로그램으로 알려진 이 정책은 1964년까지 약 500만 명의 멕시코 출신 비숙련 노동자의 법적 지위, 임금, 거주 조건 등을 총괄했다. 양국 정부는 이러한 국가 간 이민 노동 협정을 통해 비공식적 이주 노동을 통제하고자 했다. 멕시코 정부는 이 프로그램을 대량 실업과 대규모 이민 문제의 해결책으로 보았다. 브라세로들의 송금이 가계 경제에 기여하고, 귀국 후 미국에서 습득한 산업, 농업 기술 지식이 멕시코의 현대화를 촉진할 것으로 기대했다. 반면, 미국 정책입안자들은 이 프로그램이 불법 이민을 억제하면서도 사회 복지 비용 부담 없이 저렴한 노동력을 확보할 수 있는 효과적 수단이라고 판단했다.[3]

그러나 메이 응아이(Mae Ngai)가 비판하듯, 브라세로 시스템은 '수입된 식민주의', 또는 '수입 노예' 제도의 성격을 띠고 있었다. 응아이는 이 시스템의 지속 불가능성과 내적 모순을 설명하며, 그 이유로 협약의 불공정성, 노동자 보호에 대한 책임 회피, 송금 경제의 구조적 한계, 그리고 개인의 희생을 자발적 선택으로 치부하는 국가의 윤리적 불감증 등을 지적한다.

응아이가 브라세로 프로그램을 '수입된 식민주의'로, 계약노동자를 '현대판 노예'로 정의한 주된 이유는 이 프로그램이 미국이 표방하던 근본적 가치에 어긋났기 때문이다. 당시 전쟁으로 인한 불가피한 상황이었다는 점을 고려하더라도, 이는 사실상 착취적 노동 방식을 국가적으로 묵인한 셈이었다. 응아이에 의하면, "미국은 1885년에 이미 해외계약노동을 법적으로 금지시켰다. 내전 시기부터 미국인들은 계약노동이 노예제도와 마찬가지로 민주주의의 근간인 자유노동의 대척점에 있다고 믿어 왔다."[4] 이는 브라세로 프로그램이 미국의 오랜 법적, 도덕적 기준을 위배했음을 명확히 드러낸다.

더욱이 노예해방 이전 소유주들이 아프리카계 미국인에 대해 그나마 '문명화' 의무라도 표방했던 것과는 달리, 당시 고용주들은 브라세로 프로그램하의 노동자들을 그저 '수입된 노동력'으로 취급하였다. 이는 17~18세기에 영국의 북미 식민지로 대거 유입되었던 연한(年限) 계약 노동자(Indentured servant) 제도를 연상시킨다. 브라세로들은 계약 기간이 끝나면 '대체 및 처분 가능한 상품'처럼 인식되었기에, 고용주들은 이들의 노동권이나 사회적 복지에 대한 책임을 회피할 수 있었다.

이 프로그램은 표면적으로는 양국 간의 공식 협약, 노동자의 자발적 선택, 그리고 노동권과 최저임금 보장 등을 통해 정당성을 확보하려 했지만, 실제로는 인권과 노동권이 심각하게 훼손된 굴욕적인 노동 계약의 성격을 띠었다. 프로그램의 실행 과정에서 드러난 악용 사례와 역효과는 이러한 정책적 모순을 더욱 선명하게 보여 주었다. 프로그램이 지속되면서 사용자 측의 수익 위주의 편법적 운용으로 인해 저임금, 열악한 생활환경, 위험한 노동 조건 등이 문제로 부상했다. 이로 인해 일부 합법적 지위의 계약노동자들이 오히려 불법 체류를 선택하는 아이러니한 상황이 발생했다. 미국 농장주들은 멕시코 출신 노동자들의 법적 지위를 따지기보다는 그저 저임금으로 안정적인 노동력을 확보하는 데만 관심이 있었다. 프로그램의 근본 취지가 훼손되고 불법 체류자가 되는 브라세로들이 늘어남에 따라, 1950년대에는 '웻백 작전(Operation Wetback)'이라는 미등록 노동자 대규모 검거와 강제 송환 정책이 실시되었다.

더욱이, 브라세로 프로그램은 의도치 않게 미등록 이민의 구조적 토대를 형성했다. 프로그램 종료 후에도 지속된 노동 수요와 이미 형성된 이주 네트워크는 많은 멕시코 노동자들이 비공식적 경로로 미국에 입국하게 만드는 요인이 되었다. 이러한 역사적 맥락은 90년대 이후 미등록 이민자에 대한 사회적 인식을 형성하는 데 중요한 영향을 미쳤다.

　브라세로 프로그램은 결과적으로 인종화된 초국가적 노동력 공급 시스템으로 기능하며 멕시코 출신 농업 프롤레타리아트를 대규모로 양산했다. 치카노 공동체 내부에서도 브라세로들은 종종 임금 협상을 방해하고 저임금 일자리를 차지하는 '원치 않는 외국인'으로 인식되었다. 이러한 인식의 변화는 앞서 언급한 치카노 운동의 성격을 변화시키는 데 중요한 요인이 되었다. 운동의 초점이 종족적 연대에서 노동에 대한 정당한 대가 요구로 이동하게 된 것이다. 특히 브라세로 프로그램은 법적 지위와 무관하게 멕시코계 사람들을 '노동자'라는 단일한 이미지 틀에 가두는 부정적 효과를 낳았다. 이로써 인종적 위계와 계층적 위계가 동전의 양면처럼 복잡하게 얽히는 결과를 초래했다. 결국 브라세로 프로그램은 멕시코 이민자들에게 임시 노동자라는 신분과 이미지를 부여함으로써 이민자들의 노동 자율성을 제한했을 뿐만 아니라, 멕시코계 미국인의 시민권자 지위마저 훼손하는 광범위한 영향을 미쳤다.

― 치카노 노동 문학과 이주 노동자 서사

　브라세로 프로그램의 실상과 그 폐해는 치카노 노동 문학을 통해 더욱 생생히 조명된다. 멕시코 이민자로 성장한 에르네스토 갈라르사(Ernesto Galarza)는 브라세로 노동자들의 경험을 직접 관찰하고 기록하며 이 프로그램의 강력한 비판자로 활동했다. 갈라르사가 1956년에 출판한 『우리 들판의 이방인들 Strangers in Our Fields』은 브라세로 프로그램의 본질을 해부한 중요한 보고서다. 이 저작은 이민자 수용소의 비인간적 환경과 자유주의 이념에 반하는 프로그램의 취약한 본질을 조목조목 짚었다. 갈라르사는 멕시코 정부가 닭장과 창고를 개조한 열악한 수용소를 승인했으며, 미국 고용주들이 이런 고립된 수용소가 노동력 통제에 유리하다고 여겼다는 충격적인 사실을 폭로한다. 그는 단체교섭권이 배제된 계약노동 조건이 이주자들을 권리 없는 노동력으로 전락시켰다고 지적한다. 계약에 명시된 노동자 보호 장치도 국가와 고용주가 제대로 시행하지 않았기에 브라세로 계약 시스템은 노동자들을 사실상 '포로 노동자'로 만들었다는 것이 갈라르사의 핵심 주장이다.

1971년은 치카노 문학사에서 주목할 만한 해로 기록된다. 이 해에 출간된 토마스 리베라(Tomás Rivera)의 『그리고 땅이 그를 삼켰다 Y se lo tragó la tierra』와 갈라르사의 『바리오 보이 Barrio Boy』는 브라세로 프로그램의 그림자 아래에서 성장한 멕시코계 이주민 2세대의 경험을 문학적으로 형상화했다.

리베라의 작품은 파편화된 서사 구조를 통해 이주 노동자 가정의 현실을 모자이크처럼 재구성한다. 14개의 단편과 13개의 비네트로 이루어진 이 소설은 마치 깨진 거울 조각들처럼 1940년대와 50년대 텍사스 농장의 파편화된 현실을 반영한다. 주인공 소년의 시선은 때로는 날카롭게, 때로는 혼란스럽게 브라세로 프로그램이 만들어 낸 사회적 풍경을 탐색한다. 한 에피소드에서 소년은 뙤약볕 아래 면화밭에서 일하는 부모와 이웃들을 지켜본다. 땀에 젖은 옷, 갈라진 손, 그리고 끝없이 이어지는 하얀 면화 줄기의 묘사는 브라세로 프로그램의 고된 노동 현실을 전달한다. 또한 한 비네트에서 소년이 할아버지가 들려주는 멕시코 혁명 이야기를 반신반의하며 듣는 장면은, 이주 2세대가 문화적 뿌리로부터 소외됨을 상징적으로 보여 준다. 이런 에피소드들을 통해 리베라는 빈곤과 차별이라는 가시적인 문제를 넘어, 문화적 정체성의 균열과 세대 간 단절이라는 보이지 않는 상처까지 재현한다.

한편, 갈라르사의 『바리오 보이』는 개인의 성장 서사를 통해 집단의 역사를 재구성하는 접근법을 취한다. 멕시코 혁명의 혼란을 피해 미국으로 건너온 소년 에르네스토의 이야기는 브라세로 시대 멕시코계 공동체의 집단적 경험을 집약해 낸다. 에르네스토가 처음 수용소에 도착했을 때 마주한 광경, 즉 허술한 천막, 열악한 위생 시설, 그리고 끝없이 이어지는 노동의 행렬은 브라세로 프로그램의 비인간적 측면을 적나라하게 보여 준다. 이러한 상황에서 과일 농장에서 일하던 에르네스토가 동료들과 함께 저임금과 열악한 노동 조건에 항의하며 일손을 놓게 되는데, 그 순간이 개인의 정치적 각성과 공동체의 저항이 겹치는 결정적 사건으로 그려진다. 이 장면에서 그는 처음으로 '우리'라는 집단적 정체성을 강하게 인식하며, 동시에 자신의 권리를 주장하는 법을 배운다.

두 작품은 모두 아이들의 시선을 통해 브라세로 프로그램의 실상을 해부한다. 아이들의 눈에 비친 집단 거주 수용소의 모습, 부모 세대의 침묵과 분노, 그리고 서서히 내면화되는 열등감은, 브라세로 프로그램이 개인과 가족, 나아가 공동체 전체에 미친 부정적 흔적을 풀어 낸 것이다. 이 작품들을 통해 브라세로 프로그램이 인간의 존엄성과 문화적 정체성, 그리고 세대 간 관계를 근본적으로 재편했고, 더 나아가 멕시코계 미국인 공동체의 변화에 장기적이고 구조적인 영향을 미쳤음을 이해할 수 있다.

마리아 에레라 소벡(María Herrera-Sobek)의 『브라세로 체험 The Bracero Experience』는 브라세로 프로그램의 숨겨진 실상을 적나라하게 드러내는 구술사의 중요한 연구 성과다. 연구서는 16명의 전직 브라세로들과의 심층 인터뷰, 관련 민요의 세밀한 분석, 그리고 멕시코 문학 작품에 나타난 브라세로에 관한 묘사를 종합적으로 검토함으로써 이 프로그램의 다양한 측면을 기록했다.

소벡의 기록에 따르면, 브라세로 지원자들은 단순히 건강한 신체 조건을 갖추는 것을 넘어, 극도로 가혹한 노동 환경에 적합한 신체적 특징까지 요구받았다. 그녀가 포착한 선발 과정은 19세기 노예 제도의 관행을 연상시킬 정도로 굴욕적인데, 한 브라세로의 생생한 증언은 이를 적나라하게 보여 준다. "그들은 우리의 손을 마치 고기를 살피듯 검사했어요. 손바닥에 굳은살이 없으면 즉시 탈락이었죠. 심지어 흉터가 있는 사람들도 거절당했어요. 그들은 완벽한 노동 기계를 원했습니다."[5]

아울러 소벡의 작품은 브라세로들이 겪은 비위생적이고 비인도적인 처우도 상세히 기록하고 있다. 구술 증언 중에는 프로그램 관리자들이 마치 가축이나 해충을 다루듯 그들에게 소독약을 뿌려 가며

1956년, 멕시코 몬테레이 수속센터에서 한 관리가 손전등으로
브라세로의 치아와 입안을 검사하는 모습

검사를 했다는 내용이 포함되어 있다. 이러한 브라세로들의 증언을 뒷받침하는 역사적 증거로, 당시 촬영된 사진들이 존재한다. 이 사진들은 국경 검문소에서 이루어진 소독 과정의 충격적인 실상을 상세히 보여 준다. 사진에는 브라세로들이 옷을 벗은 채 줄지어 서 있는 가운데, 프로그램 관리자들이 그들에게 DDT와 같은 강력한 살충제를 무차별적으로 뿌리는 장면이 담겨 있다.

특히 주목할 만한 점은 소벡이 멕시코 엘리트들의 관점(Elitelore)과 브라세로들 자신의 경험(Folklore)을 대조한 방식이다. 주류 문학에서 브라세로들은 주로 수동적인 희생자나 이기적인 인물로 묘사되었지만, 실제 브라세로들의 자기 인식은 보다 긍정적이고 낙관적이었다. 소벡은 구술사, 인류학, 문학을 유기적으로 연결하는 학제 간 연구 방식을 통해 이들이 지닌 주체적이고 능동적 측면을 보다 사실적으로 재조명할 수 있었다.

결론적으로 소벡의 연구를 포함한 치카노 노동 문학 작품들은 문학적 가치뿐만 아니라 공식 기록에서 누락된 역사적 진실을 밝히는 사료적 의미도 상당하다. 이들은 브라세로 프로그램이 멕시코계 노동자들의 기본적 인권과 존엄성을 어떻게 침해했는지를 생생하게 보여주는 동시에, 이민노동자들의 목소리를 기록하고 보존하는 데 중요한 기여를 했다.

—『예수의 발아래』 브라세로 이후 이주 노동자

엘레나 마리아 비라몬테스(Helena María Viramontes)의 『예수의 발아래 Under the Feet of Jesus』는 브라세로 프로그램 이후 펼쳐진 미국 농업 노동 현장의 현실을 리얼리즘적 시각과 시적 감수성으로 그려 낸 작품이다. 1990년대 캘리포니아 샌트럴 밸리의 포도밭과 과수원을 배경으로, 이 소설은 멕시코계 이주민들의 고단한 삶을 통해 미국 사회에 깊이 뿌리박힌 구조적 불평등과 인권 문제를 탐구한다.

13세 소녀 에스트레야와 15세 소년 알레호의 서사는 이주 노동의 세대 간 연속성을 드러낸다. 에스트레야의 첫 포도 수확 장면은 브라세로 시대부터 이어진 노동 착취의 연속성을 암시하는 알레고리다. 무더운 햇살 아래 끝없이 이어지는 포도나무 사이에서 에스트레야가 겪는 육체적 고통은 마치 멈춘 듯한 농업 노동의 본질을 상징적으로 드러내 준다.

알레호의 살충제 노출 사고는 작품의 중심축을 이룬다. 작가는 알레호가 피부가 불타는 듯한 고통을 느끼며 구토와 어지러움에 시달리는 모습을 상세히 묘사함으로써 독자의 마음을 무겁게 짓누른다. 살충제로 뒤덮인 알레호의 몸은 브라세로 프로그램 시대의 'DDT 샤워'를 떠올리게 하며, 수십 년이 지났음에도 본질적으로 변하지 않는 위험한 노동 환경을 목도하게 한다. 이러한 장면은 미국 농업 경제가 여전히 취약한 노동력에 의존하고 있다는 사실을 감각적으로 느끼게 해 준다.

비라몬테스는 '서류'라는 모티프를 통해 이주 노동자들의 존재론적 불안정성을 형상화한다. 에스트레야의 어머니 페트라가 "이건 네 존재의 증명이야"[6]라며 출생증명서를 소중히 간직하는 장면과, 알레호가 "빈 주머니를 뒤적이며 한숨을 내쉬는"[7] 모습의 대비는 법적 지위가 인간의 기본권을 좌우하는 현실을 반영한다. 페트라의 행위는 문서화된 존재의 안정성을 나타내면서도, 동시에 그러한 '증명'에 의존해야 하는 멕시코계 미국인의 취약한 위치를 역설적으로 드러낸다. 반면 알레호의 빈 주머니는 서류 없는 이민자의 보호받지 못하는 삶으로, 그의 한숨은 법적 지위 없이 살아가는 수많은 이주 노동자들의 집단적 고뇌로 읽힌다.

한편, 노년의 미등록 이주 노동자 페르펙토는 장기 체류 이주 노동자의 모순적 위치를 대변한다. 작가는 페르펙토가 허리 통증을 참으며 포도나무 사이를 비틀거리며 걷는 모습을 통해 30년간의 노동에도 불구하고 사회적 인정을 받지 못하는 그의 처지를 효과적으로 그려 낸다.

소설은 이주 노동자들의 일상적 투쟁과 생존의 의지를 부각시키며, 그들을 피해자로 단순화하지 않았다. 농약 중독으로 생사의 갈림길에 선 알레호를 위해 에스트레야의 가족은 자신들의 마지막 자원과 남은 희망을 투입하여 그를 병원으로 데려간다. 병원으로 향하는 길에 휘발유 통에 사라지는 9달러의 장면은 이주 노동자 가족의 살얼음판 같은 삶을 상징적으로 보여 준다. 에스트레야가 병원에서 알레호의 치료비 영수증을 요구하는 행위는 사회적 편견에 맞선 도전이다. 이는 불공정한 시스템에 대한 작은 저항으로, 새로운 세대가 자신들의 법적 권리를 인식하기 시작했음을 암시한다. 영수증 요구는 단순히 종이 한 장을 받는 것이 아니라, 그들도 정당한 의료 서비스를 받을 자격이 있는 인간임을 주장하는 상징적 행위이다. 알레호의 치료를 둘러싼 이 장면에서 작가는 의료 서비스의 불평등, 이주 노동자들의 고난, 그리고 그 속에서 피어나는 인간의 강인함을 가슴 아프게 그려 낸다.

『예수의 발아래』는 정치적 고발과 문학적 승화라는 두 가지 과제를 수행함으로써, 치카노 문학의 새로운 지평을 열었다는 평가를 받는다. 이 작품은 미국의 농업 노동 현실과 이주민 정책에 대한 비판적 성찰을 촉구하는 사회적 증언으로 의미를 지닌다. 동시에 작가의 서정적 묘사와 상징적 장치들은 이주 노동자들의 내면 풍경과 존엄성을 복원함으로써 독자로 하여금 그들의 실존을 재발견하도록 이끈다.

─ 〈알람브리스타!〉: 반복되는 브라세로들

브라세로 프로그램 이후 이주 노동자를 다룬 영화 〈알람브리스타!(Alambrista!)〉, 〈슬립 딜러(Sleep Dealer)〉는 각기 서로 다른 시대를 배경으로 하지만, 미국 내 멕시코 노동자의 운명이 세대를 거쳐 반복된다는 메시지를 전달한다.

〈알람브리스타!〉는 1977년에 제작된 작품으로, 멕시코계 미등록 이주 노동자들의 미국 농장 생존기이자 노동 이민 로드 다큐라 할 수 있다. 이 영화는 지금처럼 국경 경비가 삼엄하지 않았고, 대규모 이민 행렬도 본격화되지 않았던 나프타 협정 이전의 시기를 배경으로 하고 있다. 그래서 국경지대 감시가 허술하게 진행되는 장면이 영화 곳곳에 삽입되어 있다. 영화는 계절 이주 노동자 신분으로 도망자처럼 과일 농장을 이리저리 옮겨 다니며, 힘들게 번 돈으로 멕시코에 있는 가족을 부양하는 주인공 로베르토를 클로즈업한다. 물론 로베르토의 불법 이민자 생활과 송환 과정에서는 수많은 '로베르토들'이 오버랩된다. 카메라는 로베르토의 여정을 따라가며 아메리칸 드림과 환멸, 고투를 담담하게 담아낸다.

영화 속 카메라는 일자리를 찾아 기차 아래에 매달려 목숨을 걸고 다른 도시로 이주하는 장면, 급습한 불법 체류자 단속 차량에 놀라 도망치는 장면, 위험한 농약 살포가 이루어지는 농장에서 안전장치 없이 작업하는 장면 등, 시대의 변화와 상관없이 반복되는 상황을 건조하게 응시한다. 화물 트럭에 실려 도착한 다른 주의 새로운 농장에서 수박을 수확하는 장면은 족쇄처럼 이어지는 이주 노동자들의 고된 현실을 강조한다.

　현실은 때로 소설이나 드라마, 영화의 스토리텔링보다 더 작위적으로 보일 때가 있다. 이 영화의 결말 역시 다소 극적인 '우연의 설정'으로 인해 작위적이거나 식상하게 느껴질 수 있다. 그러나 이는 감독의 의도된 '장면 엮기'이자 현실을 기막히게 반영하고 있다는 점에서 오히려 극사실적이다.

　로베르토의 아버지는 가족을 떠나 노르테(Norte)[8]로 간 이후 소식이 끊겼고, 멕시코에 남겨진 그의 어머니는 떠난 남편을 원망하며 살아간다. 이 상황은 로베르토의 현재와 놀랍도록 겹쳐진다. 아버지처럼 로베르토도 미국에서 자신을 도와준 여성과 연인 관계를 유지하며 아내와 자식을 배반했기 때문이다.

　영화의 마지막, 콜로라도의 한 농장에서 우연히 마주한 아버지의 죽음을 통해 알게 된 아버지의 행적은 로베르토 자신의 이중생활과 일치했다. 그가 아내와 어머니, 갓 태어난 딸을 남겨두고 멕시코의 집을 떠날 때 화면을 가득 채웠던 가족들의 불안한 표정이, 아버지가 남긴 유품들(허름한 가방, 동거녀로 보이는 여성 사진)과 겹쳐지는 이유도 여기에 있다.

　카메라는 이러한 '우연 설정'을 통해 로베르토와 아버지를 거울 속에서 서로를 되비추는 역상(逆像)으로 마주 보게 한다. 아버지처럼 죽을까 봐, 또 아버지처럼 살아갈까 봐 두려웠을 로베르토는, 결국 아버지가 멕시코의 가족을 버리고 남긴 것들을 보며 짐승처럼 울부짖는다. 아버지에 대한 원망과 배신감, 그리고 아메리칸드림에 대한 환멸이 그의 울부짖음에 담겼을 것이다. 하지만 가장 큰 이유는 아버지의 과거와 죽음을 통해 자신의 미래를 마주했기 때문일 것이다.

이처럼 영화 〈알람브리스타!〉의 마지막 장면은 멕시코 이주 노동자들의 반복되는 운명을 집약적으로 보여 주는 슬픈 우연이자 기막힌 현실이다. 자발적으로 송환되는 과정에서 국경지대의 한 이민 사무소를 통과할 때, 로베르토는 한 여성이 마당의 기둥을 붙잡고 출산하는 모습을 목격한다. 아이의 울음소리와 함께 산통을 겪던 여인이 마침내 "내 아들은 [미국의 출생] 증명서가 있어요."라고 외치며 안도한다. 이 장면에서 고통과 기쁨이 교차하는 얼굴에서 나오는 희망 어린 목소리와 초점 없이 무표정한 사람들의 얼굴이 대조를 이룬다.

이 출산 장면은 이중의 상징성을 지닌다. 새 생명의 탄생이 상징하는 희망과 미래의 가능성은, 송환되는 이주 노동자들의 좌절된 현실과 무력하게 부딪힌다. 미국 시민권을 얻게 될 아들을 향한 그녀의 환희 어린 외침은, 더 나은 삶을 위해 이주 노동자들이 감수해야 하는 희생의 깊이를 상징적으로 드러낸다. 이처럼 로베르토의 여정은 아버지 세대와의 반복되는 이별과 노르테에서의 고단한 삶을 통해 이주 노동자들이 세대를 거쳐 겪는 고난과 희망을 응축해 낸다.

— 이민법 개정과 반이민 정서의 상승

1990년대에 들어 멕시코계 인구의 급격한 증가가 다양한 통계 지표를 통해 확인되면서, 이민자가 미국 사회의 잠재적 분열 요인으로 인식되기 시작했다. 이민법 개정이 역설적으로 멕시코 출신 이민자의 유입을 가속화하는 결과를 낳았고, 이런 상황은 '라티노 위협론'이라는 주류사회의 경계 담론을 촉발시켰다. 이는 법적 조치가 때로는 예기치 못한, 심지어 의도와 상반된 결과를 낳을 수 있음을 보여 주는 역사적 사례다.

이민법이 반이민 정서의 상승에 원인을 제공했다는 점을 이해하기 위해서 주요 이민법 개정을 간략히 살펴볼 필요가 있다. 1965년 이민법은 국적과 인종에 따른 차별을 폐지하고 대륙별 이민자 수에 제한을 뒀다. 이 법은 전문직 및 숙련 기술직 이민자에게 기회를 제공하는 동시에 가족 재결합을 목적으로 하는 이민을 허용했다. 정책 입안자들의 예상과 달리 아시아, 중남미, 중동 출신 이민자가 크게 증가하고, 특히 멕시코계 미국인의 전체 규모가 대폭 확대되는 계기가 되었다.

1964년 브라세로 프로그램 종료 이후, 노동 수요와 공급에 따라 미국에 유입된 비숙련 이민자들 중 상당수는 미국과 멕시코 사이를 순환하는 이주 패턴을 유지했다. 더글러스 마세이(Douglas Massey)의 연구[9]에 따르면, 1986년 이전까지 이러한 순환이민 방식으로 인해 인구수가 일정 범위 내에서 자연스럽게 조절되어 왔다.

시간이 경과하면서 미등록 이민자 비율이 점진적으로 상승하자, 이들을 잠재적 범죄자로 낙인찍는 반이민 정서가 고조되었다. 이에 따라 전체 미등록 이민자의 약 70%를 차지하는 멕시코인들을 주요 대상으로 삼는 이민 정책에 변화의 바람이 불기 시작했다.

1986년 이민개혁통제법(IRCA)은 미등록 이민자를 합법화하는 동시에 국경 통제를 강화하여 추가 유입을 막고자 도입한 법안이었다. 이로 인해 260만 명의 멕시코 출신 미등록 이민자가 합법적 지위를 획득했고, 이어진 시민권 취득자와 그에 따른 가족 이민의 증가로 인해 전체 멕시코계 이민자 인구가 급격히 증가하는 결과를 낳았다.

1986년부터 2008년까지 국경 통제가 지속적으로 강화되었으나, 예상과 달리 미등록 이민자 수는 오히려 증가하는 역설적 현상이 나타났다. 국경의 군사화가 남성 노동자의 순환적 이동을 방해하면서 미등록 이민자의 미국 내 장기 정착을 촉진했기 때문이다.

1996년 복지개혁법안과 불법이민개혁 및 이민책임법(IIRIRA)은 미등록 이민자뿐만 아니라 합법적 이민자의 권리도 제한하는 강경책이었다. 이로 인해 많은 임시체류노동자들이 미등록 상태로 전락하게 되었고, 강화된 국경 통제는 인도주의적 측면에서 심각한 문제를 야기했다. 미등록 이민자의 수가 급증하면서 "이민기관 — 요원, 법원, 보호소 — 은 이제 무엇보다 신속한 추방에 중점을 두었고 추방 건수는 급격히 증가했다. 법적 거주지가 있는 이주자도 경범죄만 범해도 바로 추방될 수 있었다."[10]

2001년 9.11 테러 이후 제정된 애국법은 대테러와의 전쟁을 명분으로 미국-멕시코 국경을 국가안보 문제와 직결시켰다. 이는 대대적인 국경 감시와 단속, 추방 정책으로 이어졌으며, 국경경비대의 규모가 3배로 확대되어 FBI에 이어 두 번째로 큰 집행기관으로 부상했다.[11]

그러나 실제 멕시코 출신 미등록 이민자 수의 감소는 2000년대 후반 미국의 경기 침체로 인한 일자리 부족에서 비롯되었다. 최근 데이터는 멕시코로부터의 대규모 이민 유입이 과거와 같은 규모로 반복되기 어려울 것임을 시사하고 있다.

결론적으로, 이민법 개정의 의도와 실제 효과 사이에는 상당한 괴리가 존재했다. 이민자의 유입 패턴은 법적 통제보다는 경제적 요인에 더 큰 영향을 받았으며, 국경 통제 강화는 오히려 미등록 인구를 증가시키는 역설적 결과를 초래했다. 이러한 변화는 미국의 이민 정책과 국경 관리에 새로운 패러다임이 필요함을 명확히 보여 준다. 향후 이민 정책은 라티노 위협론과 같은 감정적 담론에서 벗어나, 실증적 데이터에 기반한 균형 잡힌 접근이 요구된다.

— 나프타와 미등록 이민

NAFTA(북미자유무역협정)는 미등록 이민자를 크게 증가시키는 직접적 원인이 되었으며, 이는 '치카노/라티노 위협 서사(Chicano/Latino threat narrative)'의 확산을 촉진하는 계기가 되었다. 미국은 NAFTA를 통해 빈곤과 인종차별 문제를 해결할 수 있다고 낙관했으며, '미국 우선주의'를 내세우는 극우주의의 요구를 충족시키면서도 경제적 팽창과 '안정적 영토 수호'를 동시에 달성할 수 있다고 판단했다. 이에 대해서 일부 학자들은 "통상 조약이 '도덕적 비전'과 '국가적 이익'을 합친 '국제주의'를 상징했다."[12]라고 평가하기도 한다.

당시 미국은 탈산업화와 고금리 정책을 유지했고, 이로 인해 소규모 농가의 몰락과 농업의 대규모화가 신속히 진행되었다. 반면 멕시코는 국가부도 위기에 직면하여 IMF의 지원을 받으며, 그 대가로 공기업의 민영화, 해외투자에 대한 규제 철폐, 노동법 보호 완화, 토지개혁 축소 등의 구조조정 정책을 수용해야 했다.

NAFTA 발효 이후, 대부분의 보조금과 관세가 철폐되었고, 멕시코의 옥수수와 설탕 수입이 3배 증가했으며, 곡물 가격이 약 50% 하락하였다. 국경지대의 마킬라도라 공단에서 약 100만 명의 고용이 창출되었지만, 토지를 잃은 농민은 470만에 달했기에 이들 중 상당수가 멕시코시티와 미국 국경을 향해 이주의 길을 택해야 했다.[13]

그랙 그랜딘은 "국경을 확실하게 지켜야 한다는 충족할 수 없는 욕망이 문제였다. 미국의 국경은 국가 안보 문제가 아니라 '절망적인 빈곤과 막대한 부를 가르는 경계선'이었기 때문"[14]이라고 지적한다. 결과적으로, 국경 경비 강화에도 불구하고 경제적으로 절박한 사람들은 계속해서 국경으로 (내)몰렸고 미국으로 유입되었다. 기존의 계절 이주 패턴이 붕괴되면서 많은 이들이 미국에 정착하게 되었고, 이는 미등록 이민자 수의 증가로 이어졌다.

그러나 NAFTA가 멕시코계 미국인 공동체에 미친 영향은 단순한 이민 증가나 문화적 혼합을 넘어서는 복잡한 과정이었다. 문화적 정체성의 재구성, 사회적 통합과 갈등의 새로운 역학관계, 그리고 탈국가적 네트워크의 강화라는 다층적인 변화를 수반했다. 이러한 변화는 미국 사회의 다양성을 증진시키는 동시에, 사회경제적 불평등과 문화적 갈등이라는 새로운 과제를 제기했다.

— ⟨슬립 딜러⟩: 사이브라세로의 재현

영화 ⟨슬립 딜러⟩는 NAFTA의 그림자가 드리운 미래를 그린 충격적인 디스토피아 영화다. NAFTA와 그 이후의 신자유주의적 경제 정책이 만들어 낸 사회경제적 환경을 미래적 관점에서 비판적으로 재해석한다.

〈슬립 딜러〉에서 제시하는 '사이브라세로' 개념은 브라세로 프로그램의 근미래 SF 버전으로 볼 수 있다. 기술 발전을 통해 노동력만을 국경 너머로 전송하는 극단적 형태의 원격 노동 착취 시스템이 구동되는 미래를 보여 준다. 황폐한 멕시코 시골 마을, 티후아나의 번잡한 거리, 마킬라도라의 공장 등 다양한 배경에서 노동자들은 이제 '노드'라는 장치를 통해 마치 국경을 해킹하듯 가상으로 국경을 넘는다. 그들의 몸은 멕시코에 머물지만, 사이보그화된 그들의 팔, 곧 노동력은 물리적 국경 펜스가 아닌 사이버 공간을 경유해 미국의 일터에 투입된다. 이는 마치 최첨단 디지털화된 시대의 '사이버-프롤레타리아(Cyber-proletaria)'를 연상케 한다.

영화 속 노동자들은 '노드'라는 장치를 신경계에 이식하여 국경 너머의 일터에 원격으로 연결된다. 이는 지리적 이동 없이 국경을 초월한 노동을 가능케 하지만, 동시에 더욱 비인간적이고 착취적인 노동 환경을 조성한다. '코요텍'이라는 새로운 형태의 중개인을 통해 고가의 노드를 구매해야만 노동 기회를 얻을 수 있는 구조는 기존의 이주 노동 시스템의 불평등을 더욱 심화시킨다.

영화는 사이버 공간을 통한 원격 노동이 여전히 인간의 신체적 노동에 기반해 행해지고 있음을 보여 준다. 이는 기술 발전에도 불구하고 노동의 본질적인 착취 구조는 변하지 않았음을 암시한다. 이민자 없는 원격 원거리 노동이라는 새로운 형태의 아메리칸드림이 실상은 자동화되고 고도화된 착취 구조에 불과함을 적나라하게 드러낸다.

코요테가 코요텍으로 업그레이드되고, 밀입국이 '보더 해킹'과 '노드'로 연결된 원거리 노동으로 대체되었지만, 노동자들의 고통은 여전하다. 노동 환경은 오히려 더 악화됐다. 그들은 이제 자신의 신체와 정신까지도 완전히 자본에 양도해야 하기 때문이다. 비가시적인 '고스트 워커(Ghost worker)'로 표현되는 '사이브라세로들'이 거대한 시설에서 허공을 향해 손을 허우적거리는 모습은 디지털 시대의 '당스 마카브르(Danse macabre)'[15], 즉 죽음의 무도를 연상시킨다. 이를 통해 영화는 과로사, 열악한 노동 환경, 송금 경제 등 현재의 이주 노동 문제들이 미래에도 지속될 것임을 암시한다.

〈슬립 딜러〉는 NAFTA로 대표되는 신자유주의적 경제 정책이 궁극적으로 노동자의 인간성을 완전히 배제한 채 '노동자 없는 노동'이라는 극단적 형태의 착취 시스템을 낳을 수 있음을 경고한다. 이는 자본주의의 궁극적 목표를 적나라하게 드러낸다. 인간은 없고 노동만 있는 세상, 이는 브라세로 프로그램에서 시작된 불균등한 경제 관계와 노동 착취가 기술 발전과 결합하여 더욱 심화될 수 있는 가능성을 보여 준다.

— 이민 노동자의 민주주의 시민권

2006년 대규모 반이민법 규탄 시위는 미국 이민 정책에 대한 새로운 시각을 제시했다.[16] 정치사회학자 크리스티나 벨트란(Cristina Beltrán)은 이 시위를 통해 이민자, 특히 미등록 이민자를 바라보는

기존의 관점에 대해 근본적인 문제를 제기했다.[17]

  벨트란은 이민자를 단순히 '노동하는 인간'으로만 보는 오래된 패러다임에서 탈피해야 한다고 주장한다. 그녀는 시위에 참여한 이민자들, 특히 미등록 이민자들의 목소리를 통해 이들을 노동자라는 범주에만 한정시켜 온 담론의 편향성을 지적한다. 시위 현장에서 벨트란이 목격한 것은 기존의 인식을 뛰어넘는 '축제적 분노'와 게릴라적 '깨시민'의 모습이었다. 미등록 이민자들이 자신들의 불안정한 법적 지위에도 불구하고 공공장소에서 정치적 행위자로서 연대하는 모습은 기존의 고정관념을 깨뜨리는 놀랍고 신기한 광경이었다.

5월 1일 로스앤젤레스에서 미등록 이민자 합법화를 요구하는 시위.
'위대한 미국 보이콧'으로도 알려져 있음

특히 주목할 만한 점은 멕시코계 이민자들이 미국 국가를 스페인어로 부르며 미국과 멕시코 국기를 동시에 흔드는 행위였다. 이는 '우리'의 정의를 새롭게 요구하는 상징적 퍼포먼스로 해석될 수 있다. 벨트란은 이러한 현상을 토대로 미등록 이민자들이 분산된 저임금 무권리 노동력에서 연대를 지향하는 정치적 주체로 부상하는 과정을 분석한다. 주디스 버틀러(Judith Butler)의 해석을 인용하며, 이들이 '자유롭지 못한 몸'으로 자유를 실현하는 정치적 행위를 함으로써 '우리'의 의미를 재정의하고 있다고 설명한다. 미등록 이민자들이 공적 공간에서 자신을 드러내고 권리를 주장하는 행위는, 자유민주주의 시민의 본질적 속성을 체현하는 적극적 정치 수행이었던 것이다.

이러한 현상은 경제적 실익, 합법화 여부, 공공정책 적용 범위 등 기술적 차원에 머물렀던 기존 이민법 논의의 한계를 드러내고, 근본적인 방향 전환을 촉구했다. 벨트란의 분석은 우리에게 '누가 시민인가'라는 질문을 새롭게 제기한다. 이는 단순히 법적 지위나 경제적 기여도를 넘어서, 민주주의를 실천하는 주체로서 이민자의 위상을 재고하게 하는 중요한 계기가 되었다. 벨트란의 연구는 이민자들이 단순한 정책의 대상이 아닌 능동적인 정치적 주체로서 미국 사회의 민주주의 발전에 기여할 수 있음을 시사한다.

— 이민 시위와 '우리'에 대한 새로운 정의

미등록 이민자의 규모가 커지자 미국 정부와 주류 백인 사회는 이민자 공동체를 대상으로 시민권 문제를 쟁점화하고, 불법 체포와 구금을 통해 공포 분위기를 조성했다. 앞서 언급했듯이, 2006년의 강화된 이민법 발의는 사회적 분열과 반발을 야기했으며, 이는 전례 없는 전국적 규모의 저항 시위로 이어졌다. 이 시위에는 법적 지위와 무관하게 치카노 공동체가 대규모로 연대했는데, 이는 미국 주류 사회에 상당한 충격을 안겼다. 그러나 이에 대한 반작용으로, 주류 사회는 멕시코계 이민자에 대한 억압과 통제를 전방위적으로 강화하는 양상을 보였다.

정치적 변화를 기대했던 참가자들의 희망과는 달리 반이민법 시위 이후 반이민 정서는 오히려 더욱 거세졌다. 사회 전반에 걸쳐 우경화와 보수화 바람이 확산되면서 이민자 관련 논의는 후퇴하거나 정체되었다. 라티노의 정치적 주체화와 조직화에 대한 백인 주류 사회의 우려로 인해 반이민 정서가 학계와 미디어를 통해 더욱 광범위하게 확산되었다.

라티노 정치 조직은 전국적 차원에서 내부 갈등을 극복하고 다양한 그룹으로부터 균형 잡힌 지지를 얻을 만큼 강력한 영향력을 구축하지 못했다. 라틴아메리카 출신 이민자 공동체의 다양성과 이해관계의 차이로 인해 통합된 정치 세력으로 부상하는 데 한계를 보였다.

결과적으로 2006년 시위를 통해 형성된 단결력은 점차 약화되었다. '미등록 이민자' 문제가 사회적 이슈로 부각되면서, 주류 사회뿐만 아니라 치카노 공동체 내에서도 이들에 대한 단속과 규제 요구가 증가했다. 이는 다시 이민자 공동체 내부의 분열을 심화시키고, 전체적인 이민자 권리 운동의 모멘텀을 약화시키는 결과를 낳았다.

브라세로 프로그램에서 현대의 H-2A 비자에 이르기까지, 멕시코계 노동자들의 여정은 미국 사회의 진화하는 자화상을 그려 왔다. 이 여정의 핵심에는 '이중의 자유'라는 아이러니가 자리 잡고 있다. 브라세로들은 봉건적 속박에서 벗어나 자유롭게 일할 수 있게 되었지만, 동시에 생산 수단으로부터도 '자유로워져' 자본주의 시스템 속에서 새로운 형태의 종속을 경험하게 되었다. 그들의 노동력은 상품화되어, 미국의 들판과 공장에서 아메리칸드림을 뒷받침하는 보이지 않는 기둥이 되었다.

멕시코계 미국인 공동체는 나프타 이후 이민 노동의 다양화, 미등록 이민자의 증가, 그리고 반이민법 시위 등에 의해 큰 변화를 겪었다. 이러한 변화는 공동체의 정체성, 정치적 참여, 그리고 사회경제적 지위에 중대한 영향을 미쳤다. 2006년의 대규모 반이민법 시위는 이 '보이지 않는' 노동자들이 미국 사회의 전면에 등장한 역사적 순간이었다. 그동안 단순한 노동력으로 취급되었던 그들이 권리와 존엄성을 가진 미국 사회의 당당한 구성원으로서 자신들의 목소리를 높인 것이다. 이는 멕시코계 미국인 공동체가 정치적 주체로 성장하는 결정적 전환점이 되었다. 하지만 이러한 공동체 결속을 유지하기 데에는 여러 도전 과제가 있었다. 결국 내부적 다양성과 이해관계의 차이, 그리고 정부의 이민자 단속과 감시 강화로 인해 정치적 활동이 크게 위축되었다.

COVID-19 팬데믹은 역설적으로 이민노동자들의 존재 가치를 재조명하는 계기가 되었다. '필수 노동자'라는 새로운 호칭은 그동안 주변부에 머물렀던 이들을 중심으로 불러냈다. 농장에서 식탁까지,

공장에서 병원까지, 이들의 노동 없이는 영화 〈멕시칸 없는 하루(A Day Without a Mexican)〉가 묘사한 것처럼 미국의 일상이 유지될 수 없다는 사실이 분명히 각인되었다. 멕시코계 미국인 노동자의 역사가 미국의 경제적, 사회적, 문화적 변화와 얼마나 밀접하게 연관되어 있는지를 다시 한번 상기시키는 계기가 되었다.

History of Mexican American

제10장

미국과 멕시코를 가로지르는 강, 장벽, 사막

미국과 멕시코를 가르는 국경을 떠올릴 때, 우리의 뇌리에 스치는 것은 아마도 다음과 같은 장면일 것이다. 폭력과 빈곤의 악순환에 갇힌 마을들, 노동 착취의 현장인 마킬라도라, 그리고 날이 갈수록 살벌해지는 군사화된 장벽과 감시 시스템. 하지만 이런 모습은 어디까지나 근래의 풍경일 뿐이다. 실제로 미국-멕시코 전쟁 이후부터 20세기 후반까지 이 국경은 훨씬 더 개방적이고 유연한 공간이었다. 물리적 경계에 얽매이지 않은 채, 양측을 오가는 삶의 흐름을 엄격히 통제하지도, 차단하지도 않았다. 말하자면 두 지역 사이에 분열의 장벽이 아닌, 연결의 다리를 놓던 시대였다고 해야 할 것이다.

『장벽은 왜 무력한가, 미국-멕시코 분열 해소하기 Why Walls Won't Work: Repairing the US-Mexico Divide』의 저자 마이클 디어(Michael Dear)에 따르면, 미국-멕시코 국경 지역은 '국경 시스템(Sistema de la Frontera)'에 의해 문화와 교류의 상호작용으로 발전해 왔다. 19세기부터 이 지역에 정착한 다양한 배경의 '경계인들'은 양방향 관계 속에서 공존의 묘수를 발전시켜 왔고, 문화적 융합과 경제적 연결을 통해 독특한 국경 공동체를 형성해 왔다. 원래 국경은 매우 다공적이고 느슨하게 규제되는 예외적인 공간이었다. 그러나 미국의 억압적 국경 통제 정책, 멕시코와 중미의 폭력 및 빈곤 탓에 물리적 장벽과 철조망이 점점 더 강화되면서, 혈연, 문화, 경제 네트워크로 연결된 공동체가 위협받고 있다. 오랜 세월 쌓아 온 문화적 교류의 메커니즘은 미국의 국경 경비 강화와 마약 카르텔이 준동하는 멕시코 국경 상황으로 인해 와해될 위기에 처했다. 이로 인해, 미국인과 멕시코인이 공존하는 '제3국'이라 불릴 만한 이 지구촌 최대의 독특한 공생 지역이 심각한 위협에 직면해 있다.

─ 미등록 이민자와 불법성(illegality)

지지 정당과 정책, 정체성, 일자리에 대한 견해차를 증폭시키는 미등록 이민자 문제는 멕시코계 미국인 공동체의 내부 분화를 촉진하는 주요 요인이다. 특히 2000년대 이후 새롭게 유입되는 이민자를 둘러싼 갈등과 저항은 국경지대의 통제와 인권 문제를 중심으로 불거졌다. 2008년 미국 경기 침체 이후부터는 멕시코로부터의 이민자 유입 패턴에도 큰 변화가 생겼다. 양국의 노동 시장 상황이 변했고, 국경 경비도 한층 더 강화되었기에 이전처럼 노동력 이동이 원활하지 않게 되었기 때문이다. 여기에 중앙아메리카 출신 이민자들의 급증이라는 새로운 변수가 더해졌다. 이들이 미국과 멕시코 사이 국경을 불법적으로 건너는 사례가 급증하면서 미등록 이민자를 바라보는 시각은 지역별로 더욱 첨예하게 갈라졌다. 이는 멕시코계 미국인 공동체 내부의 갈등을 심화시키는 동시에, 국경 지역의 사회적, 경제적 역학 관계를 훨씬 더 복잡하게 만들고 있다. 단순히 '우리'와 '그들'의 문제가 아니라, '우리' 안의 '그들', '그들' 안의 '우리'라는 복잡한 정체성의 문제로 확장된 것이다.

미국 시민권자나 합법적 거주자인 멕시코계 미국인들 중 일부는 불법 이민자에 대한 부정적 시선과 반사적 경계 심리가 자신들에게도 향한다는 점에 불편함을 느낀다. 그러나 더 주목할 만한 변화는 일자리 문제, 경제 불안, 안보 위기 등을 강조하는 공화당의 논리에 동의하는 라티노/히스패닉의 비율이 증가하고 있다는 점이다. 이민자들로 구성된 공동체가 이민 정책에 강경한 태도를 보이는 공화당을 지지하는 현상은 일견 모순적으로 보일 수 있다. 그러나 『히스패닉 공화당원 Hispanic Republican』의 저자 헤랄도 카다바(Geraldo Cadava)는 이 모순적 태도를 올바로 파악하려면 고정관념을 완전히 해체하라고 요구한다. 히스패닉을 단일한 집단이 아닌 다양한 배경과 정치적 견해를 가진 개인들로 이해해야 한다고 역설한다. 히스패닉 공화당 지지자들의 정치적 성향은 다양한 요인들에 의해 형성된다. 이를테면 경제적 보수주의, 전통적 가족 가치관, 종교적 신념 등이 복합적으로 상호작용해서 정치적 성향이 '만들어진다'. 최근 들어 민주당의 이민 정책에 대한 실망감이 두드러진다. 이 불만이 일부 히스패닉 유권자들을 공화당이 내건 엄격한 이민 통제 정책 쪽으로 더욱 쏠리게 만든다.

한편 공화당의 전략적 접근도 간과할 수 없다. 그들은 라티노 공동체와의 유대 강화에 공을 들여 왔고, 특히 소규모 사업주와 노동 계층의 관심사에 부합하는 정책과 가치를 강조함으로써 지지 기반을 확대해 왔다. 이러한 다양한 요인들의 상호작용으로 라티노 공동체의 정치 지형이 보수화되고 내부 분화도 촉진되고 있다.

특히 2001년 9.11 사태 이후 테러에 대한 불안감을 핑계로 미국-멕시코 국경지대의 이민 통제가 강화되면서 치카노 공동체의 관심사도 변화했다. 불법 월경, 추방, 송환, 그리고 중미 출신 난민이 주요 관심 사안이 되었다. 주류 미디어의 초점이 국경지대에 맞춰지면서 '불법성(illegality)'에 대한 두려움과 적대적 여론도 증가했는데, 미디어의 이런 '호들갑'은 다분히 정치적이고 의도적인 측면이 강했다.

국경은 단순한 지리적 경계선이 아니다. 그것은 인식의 경계이며, 담론의 출발점이다. 학자들의 주장은 여기서 시작한다. 국경이 이주자와 난민을 범죄자로 낙인찍는 과정에서 중추적 역할을 한다는 것이다. 미국-멕시코 국경의 군사화는 1990년대 중반에 시작되었는데, 이는 양국 간 지정학적 갈등이 존재하지 않음에도 불구하고 국내의 반이민 정서에 따라 이루어진 매우 이례적인 사례로 볼 수 있다. 국경 지역의 단속은 역사적으로 유사한 패턴으로 진행·확장되어 왔지만, 2000년대 이후 이민자를 추적-체포-연행-구금하는 과정이 미디어를 통해 재현되면서 그들의 '폭력성'과 '불법성'이 과도하게 부각되었다. 과거에는 이민 문제가 주로 법의 영역에 속했고, 이민법 개정을 통해 노동력을 조정했다. 그런데 시민법 단속을 담당하는 기관에 군사 기술이 이전됨에 따라, 국경지대에서의 체포와 구금 등의 이민법 집행이 더 폭력적이고 불법적인 방식으로 이루어지게 되었다. 그래서 이제는 사막이나 산지에서 이민자를 검거하는 것이 마치 정상적인 일인 양 취급된다.

  이민 문제가 국경 단속에 집중된 이유는 사회적 두려움과 혐오라는 정서적 파도가 미등록 이민자의 경제적 유용성이라는 차가운 논리를 압도하게 되었기 때문이다. 과거의 이민제도는 표리부동한 성격을 지니고 있었다. 표면적으로는 미등록 이민자의 유입을 차단하려는 정치적 의도를 내세웠지만, 실제로는 노동 수요에 맞춰 '착취 가능성 효과(Exploitability effects)'를 극대화하는 방식으로 운영되었다. 이는 노동 시장의 이해관계와 정치적 손익 계산 사이의 균형을 교묘하게 맞추는 방식의 전략이었으나, 현재는 그 효과가 감소했다. 이 변화의 배경에 미등록 이민노동자를 고용하는 주체들의 변화, 즉 사업주와 농장주의 규모와 지역의 다변화, 그리고 일자리 수의 감소를 주요 요인으로 꼽을 수 있다.[1] 이전에는 경제적 논리에 밀려 이들에 대한 단속이 철저히 이루어지지 않았으나, 1990년대부터는 이민자 검거와 추방이 여론의 큰 저항 없이 가능해졌다. 이런 흐름을 따라 미등록 이민자 차단에 대한 여론이 강화되었고, 정부는 이를 놓치지 않았다. 국경지대에 공권력을 집중 배치하는 전략을 취한 것인데, 정치적 계산이 깔린 전략적 선택이었다.[2]

― 사람과 사람 사이에 흐르는 단절의 강

미디어에 포착된 국경지대는 장벽 근처에서 검거되는 사람들, 리오그란데(Rio Grande)강을 헤엄쳐 건너거나 사막 부근에서 체포되는 사람들로 채워진다. 이처럼 미디어 속 국경의 상징적인 이미지는 강과 사막, 다양한 형태의 장벽으로 요약된다. 이 중 가장 대표적인 강인 리오그란데는 미국-멕시코 국경을 형성하는 자연 지리적 경계로, 1848년 과달루페 이달고 조약에 의해 공식적으로 양국의 국경으로 지정되었다. 강의 흐름과 범람으로 인해 국경선이 자연적으로 변화하면서, 양국 간의 영유권 논쟁과 토지 소유권 분쟁을 야기하기도 했다. 범죄와 폭력, 국가 통제의 상징으로 형상화되곤 하지만, 정형화된 이미지의 리오그란데는 실제 국경 지역 주민들의 삶을 반영하지 못하는 경우가 태반이다.[3]

클레어 폭스(Claire Fox)의 『울타리와 강 The Fence and The River』에 따르면, 미국-멕시코 국경 일대의 울타리와 강은 역사적 흐름에 맞춰 시각 예술과 대중문화에 다르게 반영되어 왔다. 사진, 엽서, 영화, 공연 등에 재현된 이미지는 양 국가 간의 불균등이나 차별과 같은 정치사회적 변화 양상을 정확히 포착해 왔다. 예를 들어, 리오그란데강을 사이에 두고 미국인들이 물 건너 불구경하듯이 멕시코 혁명을 관전하는 사진은 두 나라의 대조적 상황을 잘 보여 준다. 이 사진에는 정치적 혼란을 겪는 멕시코인들과 이를 강 건너편에서 관망하는 미국인들이 극명한 대조를 이루고 있다. 폭스는 이 장면이 단순한 구경 이상의 의미를 지닌다고 해석한다. 사진 속 인물들이 멕시코 혁명을 구경하는 모습을 일종의 '관광' 행위로 볼 수 있다는 것이다.

멕시코 혁명 시기 리오그란데강을 사이에 둔 양국 사람들

　멕시코 혁명을 담은 사진과 달리 20세기 중반부터 리오그란데는 또 다른 차원의 드라마를 연출한다. 강을 건너는 이민자들의 어려움을 담은 흑백 사진은 그들의 고된 여정을 시각적으로 전달하며, 강의 이중적 역할을 강조한다. 생명의 물줄기이자 죽음의 경계선. 멕시코 영화는 강을 통해 이민자들의 희망과 절망을 상징적으로 그려 낸다. 반면, 미국 영화에서 이 강은 국경경비대와 이민자 사이의 인간적 갈등이나 대립의 무대가 된다. 이 차이에도 불구하고 오랜 세월 동안 리오그란데는 두 나라 사람들 간의 교류와 상호작용의 장이 되어 왔다. 국경의 경직성을 완화하는 유연한 매개체 역할을 해 온 것이다.

폭스의 텍스트가 주로 20세기 예술에 초점을 맞추고 있어서 강의 현재적 의미를 포괄적으로 분석하는 데에는 한계가 있다. 그렇다면 21세기 리오그란데강은 어떤 이미지를 구축하고 있을까? 오늘날에 이르러서도 강의 이미지는 여전히 강력한 사회적, 정치적 영향력을 행사하고 있다. 이런 점은 특히 강에서 발생하는 비극적 사건을 담은 시각적 자료를 통해 두드러지게 나타난다. 2019년 강변에서 발견된 엘살바도르 출신 이주자 부녀의 안타까운 죽음을 담은 한 장의 사진은 미국-멕시코 국경지대의 이민 문제에 대한 광범위한 논의를 촉발했다. 이 사진은 국경 안보와 인권 사이의 균형이라는 오래된 딜레마를 재조명했을 뿐만 아니라, 미디어 윤리에 관한 첨예한 논쟁 또한 불러일으켰다. 한 포토저널리스트의 '작품'인 이 시신 사진은 언론을 통해 광범위하게 유포되어 큰 파장을 낳았고, 단순한 보도 사진의 차원을 넘어 현대 사회에서의 이미지 생산과 소비, 그리고 그것이 내포하는 정치적 함의라는 다양한 사회적 논의로 확장되었다.

모니카 무뇨스 마르티네스의 『불의는 결코 사라지지 않는다』는 현대 국경 문제를 역사적 맥락에서 이해할 수 있는 중요한 통찰을 제공한다. 마르티네스는 20세기 초 멕시코 혁명 시기에 유포된 시신 엽서를 분석하며, 이러한 충격적인 이미지들이 단순한 구경거리를 넘어서는 기능을 했다고 주장한다. 특히 이 이미지들의 유통이 공유자들을 하나로 결속시키는 메커니즘으로 작용했으며, 더 나아가 인종차별적 위협의 지속적인 도구로 활용되었다고 설명한다.

마르티네스의 이러한 분석을 현대적 맥락에 적용해 보면, 앞서 언급한 리오그란데강 가의 부녀 익사자 사진은 표면적으로는 전혀 다른 맥락에서 촬영된 사진이지만, 그 사회적 기능은 과거의 시신 엽서와 놀랍도록 유사하다. 이 사진은 미국의 이민 정책에 대한 강력한 비판과 인도주의적 호소의 상징이 되었다. 그러나 동시에 이 이미지가 특정 정치적 의제를 추진하기 위한 선전 수단으로 악용될 수 있다는 우려의 목소리도 제기되었다. 이처럼 시각적 이미지를 둘러싼 뚜렷한 견해차는 이민 문제를 둘러싼 현대 사회의 분열된 현실을 그대로 반영한다.

엘살바도르 출신 부녀의 비극적 죽음은 더 큰 맥락에서는 중미 출신 난민 문제를 다시 정치 쟁점화했다. 이 사건은 2010년대부터 악화된 중앙아메리카 지역의 복잡한 위기 상황과 밀접하게 연관되어 있다. 이 시기부터 가족 단위 혹은 미성년자 단독 이주 사례가 급격히 증가해 왔고, 그 배경에 중앙아메리카 지역에서 발생한 복합적인 사회적, 경제적, 정치적 위기가 자리 잡고 있다. 엘살바도르, 과테말라, 온두라스와 같은 국가들에서는 갱단 폭력과 조직범죄가 극심해져 수많은 '카르텔 난민'이 대거 발생했다. 경기 침체와 정치 불안 역시 이주를 부추기는 주요 원인으로 작용하고 있다. 아울러, 미국에 이미 이주한 가족 구성원과의 재결합을 위해 많은 미성년자들이 위험을 무릅쓰고 국경을 넘고 있다. 결국, 이들 중 누군가의 절박한 여정이 리오그란데강 가에서 비극적으로 마무리되는 것이다.

─ 장벽 세우기의 욕망과 환상

앞서 언급한 불법성의 재현은 미국-멕시코 국경 장벽을 통해 구체화되며, 이는 다시 사회적, 정치적 담론을 더욱 악화시키는 결과로 이어진다. 국경 장벽은 물리적 경계일 뿐만 아니라 미등록 이민자에 대한 사회적 불신과 불만을 상징화하는 강력한 도구로도 작용한다. 이러한 장벽의 존재는 이민 문제에 대한 복잡한 현실을 단순화하거나 왜곡하는 역할을 한다.

미국-멕시코 국경을 가르는 장벽은 트럼프 정권 시기에 특히 주목받았다. 트럼프 대통령이 장벽 건설을 통해 이민자를 막겠다는 공약을 발표하고, 그 비용을 멕시코에 부담시키겠다는 비현실적인 제안을 했기 때문이다. 일부 학자들은 이를 두고 미국의 '프론티어의 종말'과 '제국적 패권의 쇠퇴'로 해석하며, 미국의 미래 쇠락을 예견하는 징후로 보았다.

미국과 멕시코의 노갈레스 쌍둥이 도시를 가르는 석조물

국경지대의 역사적 사진들을 보면, 초기에는 흙바닥에 그어진 선이나 목재 울타리 같은 단순한 경계선에서 시작해 철조망, 철봉 등으로 발전해 온 분리대의 변천사를 확인할 수 있다. 이러한 과거의 허술한 설치물들은 현재의 장벽 논쟁과 대비되어 허망한 대조를 이루기까지 한다. 특히 국경지대 쌍둥이 도시를 가르는 장벽은 그 변화 모습이 두드러진다. 처음에는 한 마을이나 다름없던 곳을 가르는 간단한 판자 이음막이었던 것이 시간이 지나면서 점차 견고하고 두터운 철조물로 변모한다. 이 과정에서 장벽 양쪽의 모습이 점차 달라지는 것을 관찰할 수 있는데, 이는 물리적 장벽이 어떻게 사회적, 문화적 분리로 이어지는지를 보여 주는 예시가 된다.

미국-멕시코를 가르는 장벽의 실효성을 비판하기 위해서는 먼저 장벽의 의미에 대한 철학적 성찰이 필요하다. 이것이 우리 시대의 불안과 모순, 그리고 미해결된 질문의 구체화된 형태에 가깝기 때문이다. 문명과 야만을 가르는 거대 장벽의 대표적 예로 흔히 "위대하고도 저주스러운 장성"[4], 만리장성을 떠올린다. 보르헤스는 『만리장성과 책들』이라는 글에서 시황제의 의도에 대해서 다음과 같이 해석한다. "시황제는 자신의 제국이 덧없다는 것을 알았기에 그 제국에 장벽을 둘러치려 했다. 책들이 성스럽다는 것을 알았기에, 즉 책들이 우주 혹은 각 개인의 양심이 가르쳐 주는 모든 것을 가르치고 있다는 것을 알았기에, 책들을 없애 버리려 했을 것이다."[5] 보르헤스는 시황제가 만리장성 축조를 통해 민중의 소통을 방해하고 권력체제에 순응하는 사회적 구조를 만들고자 했다고 해석한다.

이와 유사한 맥락에서 카프카는 「만리장성의 축조 때」라는 단편에서 "만리장성은 왜 지어졌는가?"라는 도발적인 질문을 던지며 장성 축조 방식을 문제 삼는다. 방어가 주된 목적이었다면 "왜 '부분 축조' 방식을 택했을까?"라는 의문을 제기한다. 카프카는 '부분 축조'를 명령한 권력이 어떻게 '동일화된 정체성의 환상'[6]을 만들어 냈는지 밝히기 위해 그 구성 논리를 제시하고자 한다. 카프카는 거대한 건설 프로젝트가 노동자들의 사고방식에 미치는 영향, 장벽 건설의 실제 목적과 효과에 대해 독자들이 의문을 품도록 유도한다. 그는 만리장성 축조 노동자들이 평생 이루지 못할 목표를 위해 살며, 심지어 목표를 이루어 가고 있다는 착각 속에 산다는 점에 주목한다. 그래서 장벽 건설의 실질적 효용성이 무엇인지 질문한다. 오랑캐의 유입을 차단하기 위한 제국의 공간적 경계 긋기인가? 아니면 내부의 균열을 감추기 위한 것인가? 아니면 제국 그 자체의 존재를 정당화하기 위한 것인가? 카프카는 장벽이 지니는 상징적 의미와 사회적 기능이 우선시되었을 가능성을 암시한다. 이는 권력의 본질과 '장벽 정치'에 대한 예리한 비평이다. 따라서 그는 '부분 축조'가 보이지 않는 황제의 존재에 대한 의구심과 장벽의 기능에 대한 불안감을 해소하려는 지배 세력의 전략이었을 것이라는 해석을 흘린다.

이런 맥락에서 웬디 브라운(Wendy Brown)은 『장벽화된 국가, 기우는 주권 *Walled States, Waning Sovereignty*』에서 카프카의 글과 현대의 국경 문제와 연결하는 중요한 가교 역할을 한다. 브라운은 현대 국가들이 건설하는 장벽이 실제적인 안보 기능보다는 국가 주권의 상징으로서 더 큰 의미를 지닌다고 주장한다. 이는 카프카가 「만리장성의 축조 때」에서 제시한 장벽 건설의 실제 목적과 그것이 사회에 미치는 영향 간의 괴리를 현대적 맥락에서 재해석한 것이다.

브라운의 분석에 따르면, 장벽을 세운다는 행위 자체가 역설적으로 국가 주권이 흔들리고 있다는 사실을 드러내는 징후다. 그녀는 '장벽 세우기'의 목적과 결과를 광범위하게 고찰하면서, 장벽을 둘러싼 네 가지 집단적 환상을 제시한다. 외부인은 위험하다는 편견, 완벽한 봉쇄가 가능하다는 착각, 장벽이 침투 불가능하다는 확신, 장벽 속 국민이 무결점이며 선하다는 맹신이 그것이다. 브라운은 이 모든 것이 근거 없는 집단 환상에 불과하다고 강조한다.

더 나아가 브라운은 장벽 건설 욕망을 인간의 심리적 방어기제의 표현으로 해석한다. 두려움이 방어적 태도를 낳고, 주권의 흔들림이 물리적 장벽 건설로 이어진다는 것이다. 이러한 분석은 카프카의 서술과 맥을 같이하며, 장벽이 단순한 물리적 구조물이 아닌, 심리적 방어기제와 국가 정체성, 그리고 사회적 통제를 반영하는 복합적 기호임을 시사한다.

― 장벽과 변경

장벽은 실제 안보와 어느 정도 관련이 있을까? 2001년 9.11 테러 이후, 미국에서는 불법성에 관한 담론이 폭넓게 확산되었다. 테러에 대한 불안감 증가로 비합법적 이민에 관한 미디어 보도가 늘어났고, 관련 정책적 결정도 활발하게 이루어졌다. 2003년 국토안보부 신설과 함께 모든 이민 통제는 반테러리즘이라는 명목 아래 진행되었다.

그러나 미국 본토를 겨냥한 테러의 발생 원인과 과정을 고려하면, 국경 장벽 강화가 테러 방지에 실질적 효과가 있는지에 대한 의문이 제기된다. 테러리즘에 대응하는 과정에서 원인과 처방이 불일치하는 상황이 발생한 것이다.

1994년 국경 경비 강화 이후, 정치 지형의 변화 속도가 빨라지면서 국경 장벽 설치 구간도 급속히 늘어났다. 국경 장벽 증축에 발맞춰 국경 통제와 감시에 첨단 군사 장비들도 대거 투입되어 왔다. 이미 2010년대부터 미국-멕시코 국경지대는 최첨단 '감시 기술의 실험실'이 된 상태다. 야간용 열탐지 장비, 야간 적외선 투시경, 이동형 감시카메라, 지상 레이더, 각종 정찰용 드론 등의 도입으로[7] '가상의 벽(Virtual wall)'이 구축되어 실제 물리적 장벽 이상의 역할을 하게 되었다. 브라운에 따르면 이러한 장벽은 단순한 언어적 수사를 넘어 이민자를 실제 '침입자'로 인식하게 만든다. 장벽 건설은 이민자에 대한 혐오를 표출하는 수단이며, 정치적, 도덕적, 심리적, 나아가 실존적이자 종교적 의미에서의 두려움이 함께 작동한다. 이는 결국 외부인을 수용하고 관용하기 어려운 현실을 반영하는 것으로 볼 수 있다.

이러한 맥락에서 그렉 그랜딘의 『신화의 종말』은 미국의 국경 정책과 장벽에 대한 역사적 통찰을 제공한다. 그랜딘은 장벽을 세우려는 욕구가 미국 건국 신화의 뼈대를 이뤘던 프론티어 사관의 죽음을 의미한다고 해석한다. 그랜딘은 "국경이 없는 나라는 없고, 오늘날 많은 나라에 실제로 장벽이 서 있다. 그러나 변경이라는 개념을 가졌던 나라는 미국뿐이다."라고 주장한다. 그에 따르면 "최소한 자유의 대리 역할을 하는 변경은 미국에만 존재했다. 미국의 변경은 현대의 삶을 이

룩할 수 있다는 가능성이자 약속이었고, 전 세계가 본받아야 할 모범과도 같았다."[8] 개척지와 미개척지 사이의 경계선을 의미하며 사고와 태도를 형성했던 변경, 즉 프론티어는 청교도주의와 함께 미국인의 정체성의 핵심이었다. 잭슨 터너의 주장처럼 이 프론티어 개념은 미국의 팽창과 성장을 이끄는 동력이었다. 그러나 그랜딘은 현재 미국의 변경이 장벽으로 바뀌는 순간을 지나고 있다고 진단한다. 그랜딘에 따르면 "실제 '장벽'을 세우지 않아도 장벽을 세우겠다고 계속해서 알리는 것"[9] 자체가 프론티어 정신의 상실을 나타내는 징후다.

　이러한 맥락에서 바이든 행정부의 미국-멕시코 국경 추가 장벽 건설 결정은 예상을 크게 벗어난 일이 아니었다. 이는 이민 문제에 강경했던 트럼프 행정부의 정책에 대한 비판으로부터 입장을 선회한 것으로, 그랜딘의 표현을 빌리자면 미국의 "변경은 닫혔고 안전밸브는 잠겼다."[10] 그랜딘은 더 나아가 오늘날 사방에 국경이라는 개념이 편재한 상황에서 물리적 장벽 건설은 시대착오적이라고 지적한다. 사실 현대의 국경은 디지털 장벽, 사이버 보안, 비자 정책 등 다양한 형태로 존재하고, 과거의 '변경'처럼 특정한 지리적 구역에 국한되지 않는다. 결론적으로, 장벽은 단순한 물리적 분리대를 넘어 타자에 대한 두려움과 배제를 반영하는 중요한 지표가 되고 있다. 또한 미국 예외주의, 패권주의, 개척정신, 민주적 개인주의 등을 낳은 미국 정체성의 약화를 상징한다. 미-멕 국경지대에서 진행되는 장벽 건설은 이런 변화를 가장 극명하게 보여 주는 사례라 할 수 있다.

― 『선은 장벽이 되고』의 악몽과 갈등

　치카노 문학은 미국 이민자 문학계에서 한동안 주목과 호평을 받았다. 특히 여성 작가들의 활약과 자전적 경험을 사회 비평과 결합한 성장 소설이 이러한 흐름을 주도했다. 80~90년대 치카노 문학의 주요 주제는 이민 공동체 내 세대 갈등, 사회적 차별, 정체성의 혼란 등이었다. 그러나 최근에는 새로운 주제들이 부상하고 있다. 고국에 남겨진 가족의 해체, 이민자의 정신적 고통과 범죄, 사회부적응, 그리고 생명 권력의 행사 등 그동안 조명받지 못했던 내용이 다뤄지기 시작한 것이다. 이러한 변화 속에서 불법 월경의 자전적 경험이나 국경지대의 폭력에 희생되는 이민자들의 고통도 주목받았다. 이런 작품은 새로운 소재와 주제를 제기하며 변화된 시대 양상을 반영한다. 또한 국경지대를 배경으로 삼거나 탈국가적 맥락에서 이민을 다루는 데 그치지 않고, 실존적 탐구와 장르적 실험을 통해 주목할 만한 문학적 성취를 이루어 내고 있다.

　프란시스코 칸투(Francisco Cantú)의 『선은 장벽이 되고 *The Line Becomes a River*』는 이런 치카노 문학의 새로운 경향을 잘 보여 준다. 칸투는 미국-멕시코 국경지대에서 벌어지는 폭력과 부조리, 이민자들의 고통을 현장감 있게 전달하며, 기존의 이민자 문학에서 다루지 않았던 새로운 주제를 조명한다. 칸투는 국경순찰대원이었던 자전적 경험을 바탕으로 허구와 비허구를 넘나든다. 칸투의 성장 배경은 그의 경력 선택에 큰 영향을 미쳤다. "미국과 멕시코의 국경은 그의 피 속에 있다. 공원 경비원이자 멕시코 이민자의 딸인 그의 어머니가 남서부의 관목지대에서 그를 키웠다."[11]라는 소개글이 보여 주 듯, 유년기의 풍광과 경험이 2008년 그가 미국 국경순찰대원이 되는 데 결정적 요인이 되었다.

애리조나주, 뉴멕시코주, 텍사스주의 사막에서 불법으로 월경하는 이민자들을 추적하거나 검거하는 임무를 수행하면서, 칸투는 국경 순찰대의 폭력과 잔혹함에 충격을 받는다. 그는 마약 밀매와 밀수 현장, 사막의 혹독한 환경, 이주자들이 당하는 위협적 처우 등을 목격하며 악몽에 시달린다. 자신의 업무가 이주자들에게 고통을 초래한다는 사실에 죄책감을 느끼고, 국경 수비와 인도주의적 가치 사이에서 끊임없는 도덕적 갈등을 겪는다. 시간이 지날수록 칸투는 점점 이주자들의 비극적이고 안타까운 사연에 둔감해지고, 기계적으로 반응하는 자신의 비인간적 모습에 자괴감을 느낀다. 결국 이를 견디지 못하고 국경순찰대를 떠나게 된다. 멕시코계 미국인으로서 칸투는 자신의 문화적 뿌리와 직업적 의무 사이에서 정체성의 혼란을 겪는데, 작품 후반으로 갈수록 그의 내적 갈등은 더욱 심화된다. 작품의 말미에서 작가는 미등록 이민자 친구의 곤경을 소개하며, 사실과 허구를 교묘히 융합하여 그의 입국을 지원하는 과정을 상세히 서술한다. 이 작품을 통해 우리는 국경지대의 험난한 현실과 그 속에서 벌어지는 인간적 딜레마를 선명하게 직면하게 된다.

이 책이 특별히 주목받는 이유는 주인공의 독특한 이중적 정체성에 있다. 치카노이면서 국경순찰대원이라는 특이한 이력은 국경 문제의 어려움을 한층 더 복잡하게 만든다. 이러한 설정은 국경순찰대의 인구 구성과 밀접한 관련이 있다. 국경순찰대는 오랫동안 스페인어를 구사하는 직원들을 적극적으로 채용해 왔다. 1989년까지 라티노가 전체 인력의 3분의 1 이상을 차지했는데, 현재는 그 비율이 더욱 높아져 국경순찰대원의 약 50퍼센트, ICE(이민세관단속국) 요원의 약 24퍼센트 이상을 차지한다.[12] 이처럼 높은 라티노 비율은 빈곤율이 높고 일자리가 부족한 국경 지역에서 이 직업이 제공하는 고용 안정성 및 각종 혜택과 관련이 있다. 이러한 현상은 토드 밀러(Todd Miller)가 제시한 '국경-산업 복합체' 개념으로 설명된다. 밀러에 따르면, 국경은 이제 단순한 경계선이 아니라 일자리, 산업, 자원이 집중된 성장 산업의 장이 되었다. 이는 군부와 방위산업체 사이의 상호 의존체제를 의미하는 군산복합체와 유사한 개념이다.[13] 이민법 집행부에서 일하는 대부분의 라티노 요원들은 자기 직업에 대해 불편한 심경을 감추지 않는다. 그럼에도 불구하고 이들은 가족을 보호하고 부양하기 위해서 그 부담감을 감내하고 있다. 이런 상황은 라티노 요원과 이민자들 사이의 공통점을 보여 준다. 두 집단 모두 경제적 불안정과 제한된 기회로 인해 원치 않는 노동과 생존 전략 사이에서 고뇌하고 있다.[14]

국경 문제를 다룬 미디어 보도와 이미지는 넘쳐 나지만, 그 이면에 있는 인간적 고통을 생생하게 전달하는 내용은 상대적으로 부족하다. 특히 미등록 이민자가 아닌 미국 시민의 시각에서 국경 문제의 딜레마를 구조적으로 접근하는 서적은 매우 드물다. 이런 맥락에서 칸투의 경험은 특별한 의미를 지닌다. 그의 서사는 정체성의 갈등과 도덕적 딜레마뿐만 아니라 동시에 법 집행 측의 내적 갈등도 조명한다. 그래서 국경 위기가 이민자뿐만 아니라 모든 관련자를 점진적으로 비인간화하고 있음을 증언한다.

칸투는 "희생자들이 하나의 거대한 숫자의 일부분으로 인식되면, 고유의 개별성을 잃게 된다. 이는 결국 역사에 의해 버림받는 것과 같다."[15]라고 지적한다. 이처럼 그는 국경에서 발생하는 비극을 단순한 통계로 치부하는 현실을 비판한다. 각각의 숫자 뒤에 개인의 삶과 이야기가 놓여 있어, 이민자들의 인간성 회복이 이 문제를 다루는 중요한 출발점이라는 사실을 역설한다.

꿈속에서 나는 입안에서 부서진 이 조각을 느낀다. 조각난 이를 꺼내는 순간, 다른 이들이 부서지기 시작한다. 나는 더 이상 이를 잃지 않기 위해 손으로 입을 막는다. 하지만 입안은 점점 더 많은, 조각난 이로 차게 된다. 결국 손바닥 안에 토해 내고 만다. 나는 절망의 눈빛으로 그것을 바라본다.[16]

칸투가 반복해서 꾸는 악몽을 묘사한 장면이다. 국경의 황무지에서 목격한 폭력과 잔혹함이 그의 무의식에 남긴 심리적 상흔의 표현이다. 이 꿈은 칸투의 내면에서 벌어지는 윤리적 갈등의 축소판으로, 꿈속에서 부서지는 치아는 그의 양심이자, 그가 목격한 이민자들의 파괴된 삶을 상징한다. 그는 황무지에서 시체를 발견하는 꿈과 이민자를 추격하는 현실 사이에서 고뇌하며 "이 국경의 황무지에서 결코 평안을 얻지 못할 거라고"[17] 가족들에게 고통스런 심경을 토로하길 원한다.

칸투는 국경순찰대원들이 자신들의 역할을 정당화하기 위해 사용하는 다양한 서사 또한 전해 준다. 이들은 종종 이민자들의 도덕성을 문제 삼아 범죄화하거나, 그들의 신원 불확실성을 강조하며, '관심과 통제'라는 명목하에 자신들의 도덕적 권위를 확립하려 한다. 그러나 칸투는 이러한 정당화 서사 뒤에 숨겨진 폭력적 현실을 여과 없이 드러낸다. 예를 들어, 일부 대원들은 이민자들의 생존을 위해 인권보호 단체들이 설치한 물과 식량 저장고를 파괴하거나, 이민자들의 가방 위에 소변을 보며 소지품을 훼손하는 등의 비인도적 행위를 서슴없이 자행한다.

앞서 언급했듯이 칸투는 국경순찰대원들의 입장 역시 균형 있게 조명한다. 그들도 저임금과 제한된 기회에 지친 사람들이라는 점, 그들이 받은 훈련과 실상 사이에 커다란 괴리가 존재한다는 점을 지적한다. 대원들은 마약 밀매자들과의 치열한 전쟁을 예상하지만, 실제로 마주하는 사람들은 대부분 가난과 폭력을 피해 온 평범한 이주자들이다. 이러한 현실과 기대의 불일치는 적대감을 더욱 강화해서, 그들로 하여금 이민자들에게 'POW'[18](불법이민자 웻백의 약자) 등의 인종차별적 언사를 무분별하게 표출하도록 만든다.

그랜딘의 분석은 이런 상황에 역사적 맥락을 더한다. "국경경비대는 창설 이후로 쭉 백인 우월주의 세력의 최전선 기관의 역할을 담당했다."[19] "경비대는 자신이 머무는 외딴 사무소를 적지의 변경 요새로 탈바꿈하고 야만인을 물리치고 있다고 상상했다. 사실상 의지할 곳이 없는 절박한 사람들에게 어마어마한 권력을 휘둘렀다."[20] 1980~1990년대의 국경순찰대는 사실상 법의 사각지대에 놓인 이주자들을 상대로 가학적인 행위를 일삼았다. 국경지대는 무법지대나 다름없었다. 국경 문제에서 자체적으로 방범 활동을 벌이는 조직들이 발호하기 시작하면서 백인 우월주의자들과 인종차별적 시각을 지닌 자국민 중심주의자들이 이 지역으로 모여들었다. 2000년대 이후 이러한 자경단의 활동이 크게 활발해지면서 폭력적 행태들이 보고되기 시작했다. 9.11 테러 이후 테러리즘으로부터 국경을 지킨다는 명목하에, 이러한 조직에 전직 참전 군인들이 가담하면서 이주자들을 '적'으로 인식하는 경향이 노골화되었다. 2005년, '미닛맨 프로젝트(Minuteman Project)'는 미등록 이민자를 추적하기 위해 사막을 순찰하며 '멕시코인 사냥'에 나섰다. 이렇게 국가의 바깥, 인권 사각지대에 놓인 이주자들을 무분별하게 추적하고 검거하는 중에 폭력 및 인권 침해 사례가 급증했다.

이런 국경 문제의 복잡성과 그로 인한 인간적 고통을 조명하는 멕시코계 미국인 작가로 루이스 알레르토 우레아(Luis Alberto Urrea), 레이나 그란데(Reyna Grande), 발레리아 루이셀리(Valeria Luiselli)를 꼽을 수 있다. 이들의 작품은 국경지대의 위기 상황을 다각도로 탐구하며, 국경순찰대의 행동과 그 정당화 서사, 이민자에 대한 비인간적 대우, 국경 횡단의 폭력적인 경험 등을 서로 다른 각도에서 묘사한다. 이를 통해 독자들은 이주자들이 직면한 역사적 폭력과 현재의 고통, 그리고 그들의 강인한 생존 의지를 보다 가깝게 체감할 수 있다.

─ 죽음의 소노라 사막 건너기

앞서 언급했듯이 국경지대의 사막이 이주자들에게 위험과 폭력의 장소로 부상하게 된 것은 국경 경비의 강화와 국경 군사화 때문이다. 1994년 미국은 '게이트키퍼 작전(Operation Gatekeeper)'이라는 이름으로 캘리포니아주 샌디에이고 근처의 국경 경비를 대폭 강화했는데, 이 작전은 국경을 넘는 이주자들의 흐름을 차단하고 통행 가능한 도시 지역과 도로를 봉쇄하는 데 목적이 있었다. 국경 지역의 군사화는 물리적 장벽, 감시카메라, 열 감지 장비와 무장 순찰대의 배치를 포함했다. 이러한 '이민 유입 저지 전략'으로 인해 이주자들은 국경도시를 멀리 우회하고 사막 지역과 같은 험지를 경유해야만 한다.[21]

인류학자인 제이슨 데 레온(Jason De León)은 국경 정책이 이주민들에게 미치는 영향, 특히 사막 환경이 이주 과정에 어떤 장애로 작용하는지에 주목한다. 그는 "애리조나 사막에서 자연적 요건들이 없으면 국경 집행 시스템이 존재할 수 없을 만큼 주요 행위자로 여길 만하다."[22]라고 강조한다. 1990년대에 시행된 억제계획으로 인해 미등록 이민자들의 도시 접근이 차단되었다. 이에 대해 데 레온은 "국경 순찰대는 사막이 이주민들에게 해를 끼칠 거라고 예상한 것이 분명하다."[23]라고 갈파한다. 탈수증, 저체온증, 고열, 일사병, 극심한 피로, 뱀과 전갈, 타란툴라, 퓨마와 곰 등은 사막이 품은 치명적인 덫으로 국경 정책의 일부가 되었다.

루이스 알베르토 우레아의 『악마의 고속도로 The Devil's Highway: A True Story』는 이주자들이 점점 더 위험한 소노라 사막을 통과하면서 겪는 극한의 고난을 사실적으로 전해 준다. 이 논픽션 작품은 2001년 애리조나주 남부 사막 지역에서 발생한 비극적 사건, 즉 멕시코 베라크루스 출신의 이주자 26명이 코요테(밀입국 안내인)의 치명적인 실수 탓에 유마(Yuma) 사막에서 길을 잃고, 그중 14명이 목숨을 잃은 사건을 다룬다. 멕시코 이주자들은 한낮 최고 체감기온이 무려 45~49도를 넘나드는 살인적인 사막지대를 5일 동안 헤맨다. 코요테가 방향을 잃었다는 것을 깨닫자 물은 더욱 빠르게 고갈되었고, 이들은 극한의 절망과 고립을 경험하게 된다. 코요테 멘데스는 14명의 이주자 사망과 나머지 12명을 위험에 빠뜨린 혐의로 유죄 판결을 받는다.

『악마의 고속도로』는 인간의 존엄성이 무참히 짓밟히는 소노라 사막의 비극을 가슴 저미게 그려 낸다. 애리조나의 카베사 프리에타(Cabeza Prieta) 황무지, 이 불모의 땅은 미국 공군의 폭격장 남쪽에 있는 죽음의 문턱이다. 태양이 무자비하게 내리쬐는 이곳을 가로지르는 '악마의 고속도로'는 더 나은 삶을 꿈꾸며 떠난 이주민들의 희망을 산산이 부수는 잔인한 함정이 되어 버렸다. 사막의 무자비한 폭력은 이주민들의 육체와 영혼을 철저히 파괴한다. 그들의 피부는 태양에 살갗이 벗겨질 듯 타들어 가고, 갈라진 입술에서는 피가 흐른다. 목마름에 지친 그들의 침은 소금기 있는 거품으로 변해 입안에서 말라붙고, 먼지로 뿌옇게 흐려진 눈에서는 더 이상 눈물조차 나오지 않는다. 생존을 위해 자신의 소변을 마시는 극단적 상황에 내몰리면서도, 그들은 가족과 재회하겠다는 한 줄기 희망을 품고 피닉스로 가는 길을 필사적으로 찾아 헤맨다. 선인장 가시에 얼굴과 손이 찢기는 고통을 견디며 험난한 지형을 넘고, 끝없이 이어지는 산을 오르내리는 그들의 모습은 인간의 불굴 의지와 생존 본능을 보여 준다. '검은 철나무 그루터기'와 '고대의 뼈'로 가득한 황량한 풍경, '화산 원뿔'과 '유령 같은 버려진 군용 탱크'는 마치 그들의 꿈과 희망이 산산이 부서진 모습을 상징하는 듯하다.

애리조나 사막 한가운데를 가르는 고속도로

우레아의 사막만큼이나 아동 이주자의 시선에 포착된 사막 또한 매우 고통스럽게 재현된다. '미동반 단독 이주' 혹은 '나 홀로 월경(越境)'하는 아동 문제를 담은 작품들도 연이어 출판되었는데, 그중에서도 레이나 그란데의 자전 소설인 『우리 사이의 거리 The Distance Between Us』와 발레리아 루이셀리의 『잃어버린 아이들을 위한 아카이브 *Lost Children Archive*』가 단연 독자의 눈길을 사로잡는다.[24] 전자는 유년기의 자전적 경험을 담은 작품이고, 후자는 중앙아메리카 출신 아동 난민 문제를 다룬 작품이다. 2000년대 이후 중남미의 치안 위기와 일자리 부족, 자연재해 등이 복합적으로 작용하여 많은 이들이 위험을 무릅쓰고 미국행을 선택하고 있다. 또한 단독으로 이주를 감행하는 아동들도 증가하고 있다. 이들은 미국에 있는 미등록 이민자인 부모와 재회하기 위해 월경을 시도하거나 미국의 난민 정책의 법적 절차를 밟기 위해 보호자 없이 월경을 감행하기도 한다.

그란데의 『우리 사이의 거리』는 1980년대 초반의 경험을 다루고 있다. 이 시기는 현재에 비해 국경 경비가 상대적으로 덜 엄격했던 때이다. 1986년 이민개혁통제법(IRCA)이 제정되기 이전의 시기라, 국경 통제가 오늘날만큼 체계적이거나 엄격하지 않았다. 반면, 루이셀리의 『잃어버린 아이들을 위한 아카이브』는 2010년대 후반, 국경 통제가 매우 강화된 시기로, 특히 중앙아메리카에서 오는 난민 아동들의 문제가 크게 심각해진 상황이었다. 이러한 시대적 차이는 두 작품에서 묘사하는 국경 횡단의 경험과 위험성, 그리고 이민자들이 직면하는 도전의 성격에 큰 영향을 미친다. 그란데의 경험이 상대적으로 덜 위험했다고 말할 수는 없지만, 루이셀리가 다루는 시기의 국경 상황이 훨씬 더 군사화되고 위험해진 것은 사실이다.

『우리 사이의 거리』는 사막의 위험성과 두려움을 재현함으로써 주인공의 고통과 투쟁, 그리고 새로운 문화와의 충돌을 상징적으로 보여 준다. 그란데는 멕시코계 미국인으로서의 정체성 형성 과정을 사막 횡단 경험과 연결시킨다.

나는 10살이었고 우리는 이미 두 번이나 잡혔었다. 그래서 세 번째 시도에서 아버지는 이것이 우리의 마지막 시도일 것이며 만약 다시 잡히면 우리를 멕시코로 돌려보낼 것이라고 경고하셨다. 그래서 내가 가능한 한 빨리 달리는 이유는 아버지의 그러한 경고 때문이었다. 그리고 세 번째 시도에서 가장 기억에 남는 것은 서치라이트를 비추며 지나가던 헬리콥터였다. 우리는 허둥지둥 숨을 곳을 찾아 기어다녔다. 결국 덤불 밑으로 들어갔고 작은 불빛이 내 운동화 위에 떨어졌다. 그리고 나는 간절히 조종석에 있는 사람들이 나를 보지 않기를 기도했다. 다행히도 아무 일이 없었고, 우리는 결국 국경을 넘어왔다.[25]

그란데의 사막 횡단 묘사는 개인적 트라우마와 집단적 경험이 만나는 지점을 보여 준다. 10살 소녀의 시선으로 그려진 국경 횡단의 공포는 수많은 이주민들의 보편적 경험을 대변하면서도, 동시에 그 경험의 개별성과 구체성을 사실적으로 전달한다. 이 글에는 어린 소녀의 공포, 가족의 절박함, 그리고 새로운 삶에 대한 희망이 모두 담겨 있다. 그란데는 이 경험을 통해 사막이 새로운 정체성의 분기점이자 새로운 삶으로의 통로로 기능했음을 보여 준다.

루이셀리의 『잃어버린 아이들을 위한 아카이브』는 아동들이 길을 잃고 걷게 되는 사막 공간을 단순한 배경에서 승화시켜 의미의 진앙지로 만든다. 작가는 사막의 잔혹함을 서정적으로 묘사하면서도, 이를 국경 통제 전략의 핵심 장치로 세밀하게 재현한다. 사막은 이주 아동들에게 생존의 경계선이자 공포의 장소다. 루이셀리는 난민 신청을 하는 아이들에게는 국경을 넘자마자 국경순찰대에 의해 발견되어 구금되는 것이 오히려 최선의 선택이라고 설명한다. 또거운 태양 아래서 충분한 먹을 것 없이 사막을 횡당하는 것이 아이들에게 가장 가혹한 여정이 되기 때문이다.

루이셀리는 '사막의 무기화'라는 현실적 문제를 다루면서도, 서정적 감성과 문학적 언어를 사용하여 '잃어버림'에 대한 실존적 고찰을 펼쳐 낸다. 한편, 어린이의 시선과 환상 문학의 기법을 활용하여 사막을 인간애가 현실화되는 장소로 탈바꿈시킨다. 소설 전반에 걸쳐 실제 다른 고전 작품들에 대한 언급이 많이 등장하는데, 이는 내러티브에 문학적 깊이를 더한다. 시대와 공간을 넘나드는 다양한 작품에 대한 패러디는 이주의 역사와 현재의 사막을 연결하는 역할을 한다. 또한 사막을 통과하는 가혹한 여정을 어른과 아이의 목소리를 교차해 전달함으로써, 독자로 하여금 그 참상을 더욱 사실적이고 입체적으로 체감하게 만든다.

> 배고픔이라기보다는 슬픔이나 공허함, 그 어떤 절망감, 무슨 일이 있어도 회복되지 않을 것 같은 절망감, 끝없는 원 안에 갇혀, 영원히 계속되는 듯한 느낌, 이 둥글고 무한한 사막을 돌고 도는 듯한, 항상 같은 반복이 계속되는 듯한 절망감...[26]

이 묘사는 육체적 고통을 넘어선 정신적, 정서적 황폐화를 전달한다. 작가의 섬세한 문체는 이 잔혹한 현실을 동화적 색채로 덧칠하면서도, 동시에 고전 비극의 숭고함, 혹은 멕시코 혁명 소설의 처연한 울림을 떠올리게 한다. 이처럼 다층적인 문학적 레퍼런스의 교차로 인해 아이들의 고통은 역사의 무게, 신화의 깊이, 그리고 현실의 절박함이 한데 어우러진 지점에서 더욱 강렬하게 전달된다.

이 소설에서 뜨거운 열기와 끝없는 광야가 펼쳐진 사막은 실종된 아이들과 그들의 흔적을 찾는 과정의 중심 무대가 된다. 아이들의 사막 횡단은 역사적, 심리적, 신체적 고립을 상징하면서도, 극한의 상황에서 더욱 절실해지는 인간적 유대와 공동체의 중요성을 부각시킨다. 루이셀리는 사막을 비어 있는 공간이 아닌, 수많은 이야기와 기억, 그리고 상실된 것들을 품고 있는 중층적인 공간으로 그려 낸다. 그래서 사막은 인간 존재의 취약성을 기반으로 기억 및 기록의 보관 및 소멸을 동시에 증언하는 강력한 은유로 거듭난다.

특히 흥미로운 부분은 루이셀리가 소노라 사막의 음향을 채집하는 사운드 다큐멘터리 작업을 생생하게 묘사하는 점이다. 이를 통해 사막은 단순한 상실과 죽음의 공간 그 이상으로 재조명된다. 즉, 오랜 역사와 문화의 퇴적층 속 어딘가에 인간적 고뇌가 남아 있는 장소로 재해석된다. 소설에서 '메아리 저장소'라 불리는 곳은 잃어버린 목소리와 기억을 되찾는 사막의 한 장소이다. 주인공 남편은 이곳에서 마지막 아파치족이 있었던 곳의 소리를 녹음하며, 과거의 흔적을 현재로 소환하려 한다. 이런 작업은 단순한 소리의 수집을 넘어, 사라진 이들의 현존을 확인하고 기억하려는 시도다. 주인공 아내 역시 사막의 메아리의 수집과 기록은 기억할 수단이 없는 사람들을 되찾는 유일한 도구임을 깨닫게 된다. 에코 캐년에서 길을 잃은 아이들이 메아리를 통해 부모에게 자신의 존재를 알리는 것과 같은 맥락이다. 소노라 사막의 바람 소리, 모래의 움직임, 희미한 인간의 흔적들이 만들어 내는 청각적 풍경은 보이지 않는 것을 보이게 하고, 들리지 않는 것을 들리게 하려는 노력의 결과다.

미국과 멕시코 사이의 국경지대는 강, 장벽, 사막이라는 세 가지 상징적 요소로 구성되어 있으며, 각각은 이 지역의 복잡한 지정학적 관계를 선명하게 보여 준다. 리오그란데강은 국경 지역의 역사적, 문화적, 생태적 상호의존성을 반영하는 자연적 장벽 역할을 한다. 이 물줄기는 두 나라의 운명이 얽혀 있음을, 그리고 그 관계가 유동적임을 상징한다. 거대한 국경 장벽은 정치적 의지와 안보 정책의 상징으로, 통합에 대한 희망을 가로막는 현실적 반명제로 작용한다. 이주민과 현지 주민들의 일상을 제한하며, 국경 정책의 모순과 한계를 가시화한다. 척박한 사막은 가혹한 현실과 인내의 서사를 의미한다. 사막을 가로지르는 여정은 생존을 위한 투쟁이자 새로운 삶을 향한 희망의 순례에 가깝다. 이는 개인의 의지와 희망이 극한의 자연환경과 대치하는 현대판 오디세이라 할 수 있다. 강, 장벽, 사막으로 상징되는 이 다층적 국경지대는 멕시코계 미국인들의 회복력과 적응력을 증명하고, 두 나라를 잇는 가교의 역할을 지속적으로 담당해 왔다. 지금도 멕시코계 미국인들은 여전히 국경지대의 역사적, 문화적, 경제적 연속성을 상징하고 있다.

참고 문헌

1장

이은아. 「19세기 깔리포르니오(Californio)와 '스페인적 과거판타지(Spanish Fantasy Past)': 헬렌 헌트 잭슨의 『라모나』(1884)를 중심으로」. 이베로아메리카연구, 2014, pp. 237-263.

Acuña, Rodolfo F. *Occupied America: A History of Chicanos.* Pearson, 2014.

Alemán, Jesse. "Citizenship Rights and Colonial Whites: The Cultural Work of María Amparo Ruiz de Burton's Novels." *Recovering the U.S. Hispanic Literary Heritage*, vol. 6, edited by Antonia I. Castañeda and A. Gabriel Meléndez, Arte Público Press, 2006, pp. 163-182.

Aranda Jr., José F. "Contradictory Impulses: María Amparo Ruiz de Burton, Resistance Theory, and the Politics of Chicano/a Studies." *American Literature*, vol. 75, no. 2, 2003, pp. 271-293.

Beebe, Rose Marie, and Robert M. Senkewicz, editors. *Testimonios: Early California through the Eyes of Women, 1815-1848.* Heyday and The Bancroft Library, U of California, Berkeley, 2006.

Berano-Matthews, Rosemary. "Documenting the Californio Experience: Women's Voices in Transition." *Journal of California History*, vol. 45, no. 2, 2018, pp. 78-95.

Brown-Coronel, Margie. "Beyond the Rancho: Four Generations of del Valle Women in Southern California, 1830-1940." PhD dissertation, U of California, Irvine, 2011.

Camarillo, Albert. *Chicanos in a Changing Society: From Mexican Pueblos to American Barrios in Santa Barbara and Southern California, 1848-1930.* Harvard UP, 1979.

Castañeda, Antonia I. "Testimonios: Early California through the Eyes of Women." *Western Historical Quarterly*, vol. 38, no. 4, 2007, pp. 489-512.

Deverell, William. *Whitewashed Adobe: The Rise of Los Angeles and the*

Remaking of Its Mexican Past. U of California P, 2004.
Farnham, Thomas Jefferson. *Life, Adventures, and Travels in California.* Sheldon, Lamport, and Blakeman, Kindle Edition.
González, Deena J. *Refusing the Favor: The Spanish-Mexican Women of Santa Fe, 1820-1880.* Oxford UP, 1999.
González, Juan. *Harvest of Empire.* Penguin Books, 2011.
Gutiérrez, Ramón A. *When Jesus Came, the Corn Mothers Went Away: Marriage, Sexuality, and Power in New Mexico, 1500-1846.* Stanford UP, 1991.
Haas, Lisbeth. *Conquests and Historical Identities in California, 1769-1936.* U of California P, 1995.
Jackson, Helen Hunt. *Ramona.* Little, Brown and Company, 1884.
Jardine, Robert E. *From the Rancho to the Reservoir: California's Transformation, 1848-1900.* Stanford UP, 2017.
López, Marissa K. *Chicano Nations: The Hemispheric Origins of Mexican American Literature.* New York UP, 2011.
---. "The Language of Resistance: Translating Nineteenth-Century Mexican American Autobiography." *The Routledge Companion to Latina/o Literature,* edited by Suzanne Bost and Frances R. Aparicio, Routledge, 2012, pp. 62-74.
McWilliams, Carey. *North from Mexico: The Spanish-Speaking People of the United States.* Greenwood Press, 1990.
---. *Southern California: An Island on the Land.* Peregrine Smith, 2009.
Monroy, Douglas. *Thrown Among Strangers: The Making of Mexican Culture in Frontier California.* U of California P, 1990.
Montejano, David. *Anglos and Mexicans in the Making of Texas, 1836-1986.* U of Texas P, 1987.
Montes, Amelia María de la Luz. "María Amparo Ruiz de Burton: Negotiating a Place in American Literature." *Recovering the U.S. Hispanic Literary Heritage,* vol. 7, Arte Público Press, 2009, pp. 187-202.
Padilla, Genaro M. *My History, Not Yours: The Formation of Mexican American Autobiography.* U of Wisconsin P, 1993.

Padilla-Barton, María Laura. "Negotiating Identities: Californio Women's Testimonios and the Politics of Remembering." *Western Historical Quarterly*, vol. 50, no. 3, 2019, pp. 281-304.

Pérez-Torres, Rafael. "Chicano Ethnicity, Cultural Hybridity, and the Mestizo Voice." *American Literature*, vol. 70, no. 1, 2006, pp. 153-176.

Pitt, Leonard. *The Decline of the Californios: A Social History of the Spanish-Speaking Californians, 1846-1890*. U of California P, 1966.

Ruiz de Burton, María Amparo. *The Squatter and the Don*. Arte Público Press, 1992.

---. *Who Would Have Thought It?* Arte Público Press, 1995.

Ruiz, Vicki L. "Nuestra América: Latino History as United States History." *The Journal of American History*, vol. 93, no. 3, 2006, pp. 655-672.

Saldaña-Portillo, María Josefina. "Who's the Indian in Aztlán? Re-Writing Mestizaje, Indianism, and Chicanismo from the Lacandón." *The Latin American Subaltern Studies Reader*, Duke UP, 2004, pp. 402-423.

Sánchez, Rosaura. *Telling Identities: The Californio Testimonios*. U of Minnesota P, 1995.

Sánchez, Rosaura, and Beatrice Pita, editors. *Conflicts of Interest: The Letters of María Amparo Ruiz de Burton*. Arte Público Press, 2001.

Vallejo, Mariano Guadalupe. *Historical and Personal Memoirs Relating to Alta California*. Translated and edited by Rose Marie Beebe and Robert M. Senkewicz, U of Oklahoma P, 2017.

Villa, Raúl Homero. *Barrio-Logos: Space and Place in Urban Chicano Literature and Culture*. U of Texas P, 2000.

Weber, David J. *The Spanish Frontier in North America*. Yale UP, 1992.

2장

이은아. 「텍사스 역사 서사의 백인 우월주의와 탈신화화」. 라틴아메리카연구, 2024, pp. 21-48.

Alonzo, Armando C. *Tejano Legacy: Rancheros and Settlers in South Texas, 1734-1900*. U of New Mexico P, 1998.

Carrigan, William, and Clive Webb. *Forgotten Dead: Mob Violence against Mexicans in the United States, 1848-1928*. Oxford UP, 2013.

Coronado, Raúl. *A World Not to Come: A History of Latino Writing and Print Culture*. Harvard UP, 2013.

Cordova, Ruben. "Debunking Alamo Myths." *Glasstire*, 27 Feb. 2024. http://glasstire.com/2024/02/27/debunking-alamo-myths/.

De la Teja, Jesús F. *San Antonio de Béxar: A Community on New Spain's Northern Frontier*. U of New Mexico P, 1995.

Foley, Neil. *The White Scourge: Mexicans, Blacks, and Poor Whites in Texas Cotton Culture*. U of California P, 1997.

Greenberg, Amy S. *A Wicked War: Polk, Clay, Lincoln, and the 1846 U.S. Invasion of Mexico*. Vintage Books, 2012.

Horsman, Reginaldo. *Race and Manifest Destiny: The Origins of American Racial Anglo-Saxonism*. Harvard UP, 1981.

Johnson, Benjamin H. *Revolution in Texas: How a Forgotten Rebellion and Its Bloody Suppression Turned Mexicans into Americans*. Yale UP, 2003.

Johnson, Benjamin H., and Andrew R. Graybill, editors. *Bridging National Borders in North America: Transnational and Comparative Histories*. Duke UP, 2010.

Martinez, Monica Muñoz. *The Injustice Never Leaves You: Anti-Mexican Violence in Texas*. Harvard UP, 2018.

Martínez De Vara, Art. *Tejano Patriot: The Revolutionary Life of José Francisco Ruiz, 1783-1840*. Texas State Historical Association, 2020.

Ramos, Raúl A. *Beyond the Alamo: Forging Mexican Ethnicity in San Antonio, 1821-1861*. U of North Carolina P, 2008.

Seguín, Juan N. *A Revolution Remembered: The Memoirs and Selected Correspondence of Juan N. Seguín*. Edited by Jesús F. de la Teja, Texas State Historical Association, 1991.

Sharpe, Glenn. *Lone Star Mind: Reimagining Texas History*. U of

Oklahoma P, 2021.
Swanson, Doug J. *Cult of Glory: The Bold and Brutal History of the Texas Rangers*. Viking, 2020.
Tijerina, Andrés. *Tejanos and Texas under the Mexican Flag, 1821-1836*. Texas A&M UP, 1994.
Truett, Samuel. *Fugitive Landscapes: The Forgotten History of the U.S.-Mexico Borderlands*. Yale UP, 2006.
Villanueva, Nicholas. *The Lynching of Mexicans in the Texas Borderlands*. Duke UP, 2017.
Weber, John. *From South Texas to the Nation: The Exploitation of Mexican Labor in the Twentieth Century*. U of North Carolina P, 2015.
Windell, Maria A. "A World Not to Come: A History of Latino Writing and Print Culture by Raúl Coronado." *Early American Literature*, vol. 50, no. 1, 2015, pp. 283-288.

3장

이은아. 「1920년대 초기 치카노 소설 — *Las aventuras de Don Chipote o cuando los pericos mamen*의 크로니카적 특징을 중심으로」. 스페인어문학, 55호, 2010, pp. 131-156.
Balderrama, Francisco E., and Raymond Rodriguez. *Decade of Betrayal: Mexican Repatriation in the 1930s*. UNM Press, 2006.
Camarillo, Albert. *Chicanos in a Changing Society: From Mexican Pueblos to American Barrios in Santa Barbara and Southern California, 1848-1930*. Harvard UP, 1979.
García, Matt. *A World of Its Own: Race, Labor, and Citrus in the Making of Greater Los Angeles, 1900-1970*. U of North Carolina P, 2001.
Garcilazo, Jeffrey Marcos. *Traqueros: Mexican Railroad Workers in the United States, 1870-1930*. U of North Texas P, 2012.
Gonzales, Manuel G. *Mexicanos: A History of Mexicans in the United States*. Indiana UP, 2009.

Griswold del Castillo, Richard. *The Los Angeles Barrio, 1850-1890: A Social History*. U of California P, 1979.

Gutiérrez, David G. "Significant to Whom?: Mexican Americans and the History of the American West." *Western Historical Quarterly*, vol. 24, no. 4, 1993, pp. 519-539.

---. *Walls and Mirrors: Mexican Americans, Mexican Immigrants, and the Politics of Ethnicity*. U of California P, 1995.

Haas, Lisbeth. *Conquests and Historical Identities in California, 1769-1936*. U of California P, 1995.

Kanellos, Nicolás. "Introduction." *Las aventuras de Don Chipote o Cuando los pericos mamen*, by Daniel Venegas, Arte Público Press, 1999, pp. vii-xlvii.

McWilliams, Carey. *Factories in the Field: The Story of Migratory Farm Labor in California*. Little, Brown and Company, 1939.

Monroy, Douglas. *Rebirth: Mexican Los Angeles from the Great Migration to the Great Depression*. U of California P, 1999.

Rodríguez, Luis J. *Hearts and Hands: Creating Community in Violent Times*. Seven Stories Press, 2001.

Romo, Ricardo. *East Los Angeles: History of a Barrio*. U of Texas P, 1983.

Sánchez, George J. *Becoming Mexican American: Ethnicity, Culture, and Identity in Chicano Los Angeles, 1900-1945*. Oxford UP, 1993.

Takaki, Ronald. 『역사에 없는 사람들의 미국사』. translated by 오필선, 갈라파고스, 2012.

Venegas, Daniel. *Las aventuras de Don Chipote o Cuando los pericos mamen*. 1928. Arte Público Press, 1999.

4장

김연진. 「주트 수트(Zoot-Suit)와 규범에의 도전, 그리고 주트 수트 폭동(Zoot-Suit Riots)」. 미국학 논집, 52권 1호, 2020, pp. 31-59.

오욱석. "집단의 드레스코드: 치카노." *Visla Magazine*, 2015.

http://visla.kr/feature/24922/

Acuña, Rodolfo F. *Occupied America: A History of Chicanos*. 9th ed., Pearson, 2019.

Alvarez, Luis. *The Power of the Zoot: Youth Culture and Resistance during World War II*. U of California P, 2008.

Campbell, Howard. *Drug War Zone: Frontline Dispatches from the Streets of El Paso and Juárez*. U of Texas P, 2009.

Escobar, Edward J. *Race, Police, and the Making of a Political Identity: Mexican Americans and the Los Angeles Police Department, 1900-1945*. U of California P, 1999.

Escobedo, Elizabeth R. *From Coveralls to Zoot Suits: The Lives of Mexican American Women on the World War II Home Front*. U of North Carolina P, 2013.

García, Mario T. *Desert Immigrants: The Mexicans of El Paso, 1880-1920*. Yale UP, 1981.

Gurza, Agustin. "Zoot Suit: Music, Drama, and an Enduring Social Message." *Frontera*, Feb. 2017. http://frontera.library.ucla.edu/blog/2017/02/zoot-suit-music-drama-and-enduring-social-message.

Licón, Gerardo. "Pachucas, Pachucos, and Their Culture: Mexican American Youth Culture of the Southwest, 1910-1955." Dissertation, U of Southern California, 2009.

Macías, Anthony. "Bringing Music to the People: Race, Urban Culture, and Municipal Politics in Postwar Los Angeles." *American Quarterly*, vol. 60, no. 1, 2008, pp. 97-127.

---. *Mexican American Mojo: Popular Music, Dance, and Urban Culture in Los Angeles, 1935-1968*. Duke UP, 2008.

Martinez, Oscar J. *Border Boom Town: Ciudad Juárez since 1848*. U of Texas P, 1978.

Mazón, Mauricio. *The Zoot-Suit Riots: The Psychology of Symbolic Annihilation*. U of Texas P, 1984.

Miranda, Carolina A. "Zoot suit: How the bold look made history and continues to influence fashion." *Los Angeles Times*, 13 June 2023. https://www.latimes.com/entertainment-arts/story/2023-06-13/zoot-suit-how-the-bold-look-made-history-and-continues-to-influence-fashion.

Pagán, Eduardo O. *Murder at the Sleepy Lagoon: Zoot Suits, Race and Riot in Wartime L.A.* U of North Carolina P, 2003.

Peiss, Kathy. *Zoot Suit: The Enigmatic Career of an Extreme Style.* U of Pennsylvania P, 2011.

Ramírez, Catherine S. *The Woman in the Zoot Suit: Gender, Nationalism, and the Cultural Politics of Memory.* Duke UP, 2009.

Rappaport, Scott. "Zoot Suit still relevant four decades later." *UC Santa Cruz News*, May 2017. http://news.ucsc.edu/2017/05/zoot-suit-feature.html.

Rivas-Rodriguez, Maggie, ed. *Mexican Americans and World War II.* U of Texas P, 2005.

Romo, David Dorado. *Ringside Seat to a Revolution: An Underground Cultural History of El Paso and Juarez, 1893-1923.* Cinco Puntos P, 2005.

Valdez, Luis. *Zoot Suit: And other Plays.* Arte Publico P, 1992.

5장

Bauman, Richard. *Folklore, Cultural Performances, and Popular Entertainments: A Communications-centered Handbook.* Oxford UP, 1992.

Camacho, Alicia R. *Migrant Imaginaries: Latino Cultural Politics in the U.S.-Mexico Borderlands.* New York UP, 2008.

Clifford, James, and George E. Marcus, editors. *Writing Culture: The Poetics and Politics of Ethnography.* U of California P, 1986.

De León, Arnoldo. *Mexican Americans in Texas: A Brief History.* 3rd ed., U of Texas P, 2009.

Flores, Richard R. *Remembering the Alamo: Memory, Modernity, and the Master Symbol.* U of Texas P, 2002.

Gonzales, Manuel G. *Mexicanos: A History of Mexicans in the United States*. Indiana UP, 2009.

González, John Morán. *Border Renaissance: The Texas Centennial and the Emergence of Mexican American Literature*. U of Texas P, 2009.

Limón, José E. *Mexican Ballads, Chicano Poems: History and Influence in Mexican-American Social Poetry*. U of California P, 1992.

---. *Dancing with the Devil: Society and Cultural Poetics in Mexican-American South Texas*. U of Wisconsin P, 1994.

Montejano, David. *Anglos and Mexicans in the Making of Texas, 1836-1986*. U of Texas P, 1987.

Paredes, Américo. "On Ethnographic Work among Minority Groups." *Folklore and Culture on the Texas-Mexican Border*, edited by Richard Bauman, U of Texas P, 1993, pp. 73-110.

---. *"With His Pistol in His Hand": A Border Ballad and Its Hero*. U of Texas P, 1958.

---. *George Washington Gómez: A Mexicotexan Novel*. Arte Público Press, 1990.

---. *The Shadow*. Arte Público P, 1998.

Rosaldo, Renato. *Culture & Truth: The Remaking of Social Analysis*. Beacon P, 1989.

---. 『문화와 진리』. Translated by 권숙인, 아카넷, 2000.

Saldívar, Ramón. *Chicano Narrative: The Dialectics of Difference*. U of Wisconsin Press, 1990.

---. *The Borderlands of Culture: Américo Paredes and the Transnational Imaginary*. Duke UP, 2006.

6장

김연진. 「세자르 차베즈와 UFW, 그리고 치카노 운동」. 미국학 논집, 42권 3호, 2010, pp. 37-71.

박구병. 「세사르 차베스의 변모: 농장노동자 조직가에서 치카노 운동의 정신적 상징으로」. 라틴아메리카연구, 24권 3호, 2011, pp. 73-96.

이은아. 「치카노 운동 다시 보기: 오스카 세타 아코스타의 『바퀴벌레 인간의 반란』과 1960년대 반문화(counterculture)」. 이베로아메리카연구, 34권 3호, 2023, pp. 143-172.

Acosta, Oscar Zeta. *The Revolt of the Cockroach People*. Vintage Books, 1973.

Castillo, Richard G. "The Chicano Generation: Testimonios of the Movement. By Mario T. García." *Western Historical Quarterly*, vol. 47, no. 2, 2016, pp. 235-236.

Cavallo, Dominick. *A Fiction of the Past: The Sixties in American History*. St. Martin's Press, 1999.

Flores, Edward, and Pierrette Hondagneu-Sotelo. "Chicano Gang Members in Recovery: The Public Talk of Negotiating Chicano Masculinities." *Social Problems*, vol. 60, no. 4, 2013, pp. 476-490.

García, Ignacio M. *Chicanismo: The Forging of a Militant Ethos Among Mexican Americans*. University of Arizona Press, 1997.

Gutiérrez, Ramón. "Rethinking the Chicano Movement. By Marc Simon Rodriguez." *Western Historical Quarterly*, vol. 47, no. 3, 2016, pp. 355-356.

López, Hani. *Race and Resistance: Literature and Politics in Asian America*. Oxford UP, 2002.

Macías, Anthony. *Mexican American Mojo: Popular Music, Dance, and Urban Culture in Los Angeles, 1935-1968*. Duke UP, 2008.

Martínez, Elizabeth. *De Colores Means All of Us: Latina Views for a Multi-Colored Century*. South End Press, 1998.

McKiernan-González, John. "Chicano San Diego: Cultural Space and the Struggle for Justice." *Journal of American Ethnic History*, vol. 28, no. 4, 2009.

Montejano, David. *Quixote's Soldiers: A Local History of the Chicano Movement, 1966-1981*. U of Texas P, 2010.

Moreno-Ricano, Marisol. "The Chicano Movement: Paths to Power." *Journal of American Ethnic History*, vol. 37, no. 3, 2018, pp. 99-101.

Muñoz, Carlos. *Youth, Identity, Power: The Chicano Movement*. Verso, 2007.
Ontiveros, Randy J. *In the Spirit of a New People: The Cultural Politics of the Chicano Movement*. NYU Press, 2013.
Oropeza, Lorena. *¡Raza Sí! ¡Guerra No!: Chicano Protest and Patriotism during the Vietnam War Era*. U of California P, 2005.
Paredes, Reymund. "Los Angeles from the Barrio: Oscar Zeta Acosta's *The Revolt of the Cockroach People*." *Los Angeles in Fiction: A Collection of Essays*, edited by David Fine, U of New Mexico P, 1995.
Patiño, Jimmy. *Raza Sí, Migra No: Chicano Movement Struggles for Immigrant Rights in San Diego*. U of North Carolina P, 2017.
Pawel, Miriam. *The Union of Their Dreams: Power, Hope, and Struggle in Cesar Chavez's Farm Worker Movement*. Bloomsbury Press, 2009.
Priewe, Marc. "Turn on, Tune in and Drop out in East Los Angeles: Reflexive Nationalism and Urban Space in Oscar Zeta Acosta's *The Revolt of the Cockroach People*." *Arizona Quarterly: A Journal of American Literature, Culture, and Theory*, vol. 74, no. 3, 2018, pp. 73-92.
Rodriguez, Roberto. "The Origins and History of the Chicano Movement." Julian Samora Research Institute, Michigan State U, 1996. http://jsri.msu.edu/upload/occasional-papers/oc07.pdf.
Rosales, Francisco A. *Chicano! The History of the Mexican American Civil Rights Movement*. Arte Público Press, 1996.
Saldívar, José David. *Border Matters: Remapping American Cultural Studies*. U of California P, 1997.
Valenzuela, Jorge A. "Chicanx Counterstories: Legal Narrative in Oscar Zeta Acosta's The Revolt of the Cockroach People." *American Literary History*, vol. 35, no. 1, 2023, pp. 201-215.
Vigil, Ernesto B. *The Crusade for Justice: Chicano Militancy and the Government's War on Dissent*. U of Wisconsin P, 1999.

7장

박미선. 「인식론적 액티비즘과 경계지대의 영성: 『경계지대/경계선』 이후 글로리아 안잘두아의 후기 사상」. 여성학연구, 25권 1호, 2015, pp. 1-26.
박정원. 「도널드 트럼프와 글로리아 안살두아의 '언어' 게임」. 비교문화연구, 46권, 2017, pp. 85-112.
우석균. 「글로리아 안잘두아의 『경계지대/국경』: 경계에서 경계지대로」. 비교문화연구, 46권, 2017, pp. 63-84.
Anzaldúa, Gloria. *Borderlands/La Frontera: The New Mestiza*. Aunt Lute Books, 1987.
---. "Speaking in Tongues: A Letter to Third World Women Writers." *The Gloria Anzaldúa Reader*, edited by AnaLouise Keating, Duke UP, 2009, pp. 26-35.
---. *Light in the Dark/Luz en lo Oscuro: Rewriting Identity, Spirituality, Reality*. Edited by AnaLouise Keating, Duke UP, 2015.
Anzaldúa, Gloria, and AnaLouise Keating, eds. *This Bridge We Call Home: Radical Visions for Transformation*. Routledge, 2002.
Aparicio, Frances R. "Jennifer as Selena: Rethinking Latinidad in Media and Popular Culture." *Latino Studies*, vol. 1, no. 1, 2003, pp. 90-105.
Cantú, Francisco. "Sounds of Nepantla." VQR, 2020. https://www.vqronline.org/winter-2020/essays/sounds-nepantla
Cepeda, María Elena. *Musical ImagiNation: U.S-Colombian Identity and the Latin Music Boom*. NYU P, 2010.
Delgado Bernal, Dolores, and C. Alejandra Elenes. "Chicana Feminist Theorizing: Methodologies, Pedagogies, and Practices." *Chicano School Failure and Success: Past, Present, and Future*, edited by Richard R. Valencia, 3rd ed., Routledge, 2011, pp. 99-119.
Elenes, C. Alejandra. "Nepantla, Spiritual Activism, New Tribalism: Chicana Feminist Transformative Pedagogies and Social Justice Education." *Journal of Latino-Latin American Studies*, vol. 4, no. 3, 2012, pp. 42-58.

---. *Transforming Borders: Chicana/o Popular Culture and Pedagogy.* Lexington Books, 2011.

García, Alma M. *The Mexican Americans.* Greenwood Press, 2002

Gaspar de Alba, Alicia. "The Chicana/Latina Dyad, or Identity and Perception." *Latino Studies*, vol. 1, no. 1, 2003, pp. 106-114.

Habell-Pallán, Michelle. *Loca Motion: The Travels of Chicana and Latina Popular Culture.* NYU P, 2005.

Moraga, Cherríe. *The Last Generation: Prose and Poetry.* South End Press, 1997.

Moraga, Cherríe, and Gloria Anzaldúa, eds. *This Bridge Called My Back: Writings by Radical Women of Color.* 4th ed., SUNY P, 2015.

Paredez, Deborah. *Selenidad: Selena, Latinos, and the Performance of Memory.* Duke UP, 2009.

San Miguel Jr., Guadalupe. *Tejano Proud: Tex-Mex Music in the Twentieth Century.* Texas A&M UP, 2002.

Vargas, Deborah R. *Dissonant Divas in Chicana Music: The Limits of La Onda.* U of Minnesota P, 2012.

Watts, Brenda. "Aztlán as a Palimpsest: From Chicano Nationalism to Transnational Feminism in Anzaldúa's Borderlands." *Latino Studies*, vol. 2, no. 3, 2004, pp. 304-321.

8장

Arnold, David. "Border Crossings: Rethinking the Theory of Boundaries." *Cultural Studies*, vol. 25, no. 4, 2011, pp. 437-451.

Berger, Joseph. "A Meditation on Race and Culture by a Latin American Who Doesn't 'Fit'." *The New York Times*, 30 Apr. 2002. https://www.nytimes.com/2002/04/30/books/books-of-the-times-a-meditation-on-race-and-culture-by-a-latin-american-who-doesn-t-fit.html.

Caminero-Santangelo, Marta. *On Latinidad: U.S. Latino Literature and the Construction of Ethnicity.* UP of Florida, 2007.

Castañeda, Claudia. *Figurations: Child, Bodies, Worlds*. Duke UP, 2002.
Castillo, Debra A. "Border Theory and the Canon." *Post-Colonial Theory and English Literature: A Reader*, edited by Peter Childs, Edinburgh UP, 1999, pp. 122-135.
Cisneros, Sandra. *The House on Mango Street*. Vintage Books, 1984.
---. *Woman Hollering Creek and Other Stories*. Random House, 1991.
---. *Caramelo*. Vintage Books, 2002.
---. *Have You Seen Marie?* Illustrated by Ester Hernández, Knopf, 2012.
---. *A House of My Own: Stories from My Life*. Alfred A. Knopf, 2015.
García, Ofelia. *Bilingual Education in the 21st Century: A Global Perspective*. Wiley-Blackwell, 2009.
Herrera-Sobek, María. *The Mexican Corrido: A Feminist Analysis*. Indiana UP, 1990.
Irwin, Robert McKee. "Toward a Border Gnosis: On the Relations between Cultural Studies and Border Theory." *Nepantla: Views from South*, vol. 2, no. 3, 2001, pp. 509-528.
Lim, Jeehyun. "'I was never at war with my tongue': the third language and the performance of bilingualism in Richard Rodriguez." *Biography*, vol. 33, no. 3, 2010, pp. 518-42.
Mignolo, Walter D. *Local Histories/Global Designs: Coloniality, Subaltern Knowledges, and Border Thinking*. Princeton UP, 2000.
Mora, G. Cristina. *Making Hispanics: How Activists, Bureaucrats, and Media Constructed a New American*. U of Chicago P, 2014.
Pérez Firmat, Gustavo. "Bilingual Blues." *Lives in Translation: Bilingual Writers on Identity and Creativity*, edited by Isabelle de Courtivron, Palgrave Macmillan, 2003, pp. 3-4.
Rasmussen, Matt. "Junot Díaz: Interview." *World Literature Today*, vol. 82, no. 2, Mar.-Apr. 2008, pp. 43-46.
Rodriguez, Richard. *Hunger of Memory: The Education of Richard Rodriguez*. David R. Godine, 1982.
---. *Days of Obligation: An Argument with My Mexican Father*. Viking, 1992.

---. "Illegal Immigrant: Prophets of a Borderless World." *New Perspectives Quarterly*, vol. 12, no. 1, 1995, p. 63.
---. "Immigration and the Fracturing of Community." June 12, 1997. *Penn National Commission*. https://www.upenn.edu/static/pnc/rodriguez.html
---. *Brown: The Last Discovery of America*. Viking, 2002.
Sadowski-Smith, Claudia. *Border Fictions: Globalization, Empire, and Writing at the Boundaries of the United States*. University of Virginia Press, 2008.
Saldívar, José David. *Border Matters: Remapping American Cultural Studies*. U of California P, 1997.
---. *The Dialectics of Our America: Genealogy, Cultural Critique, and Literary History*. Duke UP, 1991.
Saldívar, Ramón. *Chicano Narrative: The Dialectics of Difference*. U of Wisconsin P, 1990.
Torres, Lourdes. "In the Contact Zone: Code-switching Strategies by Latino/a Writers." *MELUS*, vol. 32, no. 1, 2007, pp. 75-96.
Vila, Pablo. *Crossing Borders, Reinforcing Borders: Social Categories, Metaphors, and Narrative Identities on the U.S.-Mexico Frontier*. U of Texas P, 2000.
Yarbro-Bejarano, Yvonne. "Reflections on Race and Sex in the 'Brown' Texts of Richard Rodriguez." *The Ethnic Canon: Histories, Institutions, and Interventions*, edited by David Palumbo-Liu, U of Minnesota P, 1995, pp. 180-195.
Zentella, Ana Celia. "Spanglish: Language Contact in Puerto Rico and the United States." *Spanish Language and Sociolinguistic Analysis*, edited by Sandro Sessarego and Fernando Tejedo-Herrero, John Benjamins, 2016, pp. 113-138.

9장

김연진. 「이민자 대행진, 2006: 이민자 권리 선언과 라티노의 정치적 정체성의 형성」. 미국학 논집, 47권 3호, 2015, pp. 59-88.
이은아. 「라티노 이민자 불법성과 시민권 투쟁」. 이베로아메리카연구, 30권 3호, 2019, pp. 259-285.
Beltrán, Cristina. *The Trouble with Unity: Latino Politics and the Creation of Identity*. Oxford UP, 2010.
Butler, Judith. "Bodies in Alliance and the Politics of the Street." *Transversal*, Sept. 2011, https://transversal.at/transversal/1011/butler/en.
Cohen, Deborah. *Braceros: Migrant Citizens and Transnational Subjects in the Postwar United States and Mexico*. U of North Carolina P, 2011.
Foley, Neil. *Mexicans in the Making of America*. Harvard UP, 2014.
Galarza, Ernesto. *Strangers in Our Fields*. Joint United States-Mexico Trade Union Committee, 1956.
---. *Barrio Boy*. U of Notre Dame P, 1971.
Garcia, Michael Nieto. "The Inauthentic Ethnic: Richard Rodriguez's Brown and Resisting Essentialist Narratives of Ethnic Identity." *Prose Studies*, vol. 34, no. 2, 2012, pp. 129-150.
Herrera-Sobek, María. *The Bracero Experience: Elitelore versus Folklore*. UCLA Latin American Center Publications, 1979.
López, Sarah Lynn. "A Day Without a Mexican: Politics of Immigration and National Crisis." *Latino Studies*, vol. 14, no. 4, 2016, pp. 485-506.
Massey, Douglas S., and Karen A. Pren. "Unintended Consequences of US Immigration Policy: Explaining the Post-1965 Surge from Latin America." *Population and Development Review*, vol. 38, no. 1, 2012, pp. 1-29.
Mize, Ronald L., and Alicia C.S. Swords. *Consuming Mexican Labor: From the Bracero Program to NAFTA*. U of Toronto P, 2010.
Ngai, Mae M. *Impossible Subjects: Illegal Aliens and the Making of Modern America*. Princeton UP, 2004.
Rivera, Tomás. *...y no se lo tragó la tierra/...And the Earth Did Not Devour Him*. Arte Público Press, 1987.

Shea, Anne. "'Don't Let Them Make You Feel You Did a Crime': Immigration Law, Labor Rights, and Farmworker Testimony." *MELUS*, vol. 28, no. 1, 2003, pp. 123-144.
Viramontes, Helena María. *Under the Feet of Jesus*. Plume, 1995.
Whalen, Carmen Teresa. "Braceros, 'Wetbacks,' and the National Boundaries of Citizenship." *Latin American Research Review*, vol. 44, no. 1, 2009, pp. 138-165.
Ybarra-Frausto, Tomás. "The Chicano Movement and the Emergence of a Chicano Poetic Consciousness." *New Directions in Chicano Scholarship*, edited by Ricardo Romo and Raymund Paredes, U of California, Santa Barbara, 1978, pp. 81-109.

10장

이은아. 「발레리아 루이셀리의 『잃어버린 아이들을 위한 아카이브』에 나타난 아카이브의 의미」. 세계문학비교연구, 2020, pp. 275-300.
장재준. 『대체불가 라틴아메리카』. 의미와 재미, 2021.
Beltrán, Cristina. *Cruelty as Citizenship: How Migrant Suffering Sustains White Democracy*. U of Minnesota P, 2020.
Borges, Jorge Luis. 『만리장성과 책들』. Translated by 정경원, 열린책들, 2008.
Brown, Wendy. *Walled States, Waning Sovereignty*. Zone Books, 2010.
Cadava, Geraldo. *Hispanic Republican*. Harvard UP, 2020.
Cantú, Francisco. 『선은 장벽이 되고』. Translated by 서경의, 서울문화사, 2019.
---. "When the Border Becomes a Wall." *The New Yorker*, 2017.
Chavez, Leo R. *The Latino Threat: Constructing Immigrants, Citizens, and the Nation*. Stanford UP, 2008.
Cortez, David. "Latinxs in La Migra: Why They Join and Why It Matters." *Political Research Quarterly*, vol. 74, no. 3, 2021, pp. 688-702.
---. "I asked Latinos why they joined immigration law enforcement. Now I'm urging them to leave." *USA Today*, 3 July 2019.

https://www.usatoday.com/story/opinion/voices/2019/07/03/latino-border-patrol-ice-agents-immigration-column/1619511001/

Dear, Michael. *Why Walls Won't Work: Repairing the US-Mexico Divide*. Oxford UP, 2013.

De León, Jason. *The Land of Open Graves: Living and Dying on the Migrant Trail*. U of California P, 2015.

Enríquez, Elisa Cristina Vega. "The Sounds of the Desert: Lost Children Archive by Valeria Luiselli." *Latin American Literary Review*, vol. 48, no. 95, 2020.

Fox, Claire. *The Fence and The River*. U of Minnesota P, 1999.

Grande, Reyna. *The Distance Between Us*. Atria Books, 2012.

Grandin, Greg. 『신화의 종말』. Translated by 유혜인, 로크미디어, 2021.

Heyman, Josiah McC. "Putting Power in the Anthropology of Bureaucracy: The Immigration and Naturalization Service at the Mexico-United States Border." *Current Anthropology*, vol. 36, no. 2, 1995, pp. 261-287.

---. "'Illegality' and the U.S.-Mexico Border: How It is Produced and Resisted." *Constructing Immigrant "Illegality": Critiques, Experiences, and Responses*, edited by Cecelia Menjívar and Daniel Kanstroom, Cambridge UP, 2014, pp. 111-135.

Kafka, Franz. 『변신·시골의사』. Translated by 전영애, 민음사, 2019.

Lu Xun. 『화개집』. 열린책들, 2015.

Luiselli, Valeria. *Lost Children Archive*. Knopf, 2019.

Massey, Douglas S. "The Real Crisis at the Mexico-U.S. Border: A Humanitarian and Not an Immigration Emergency." *Sociological Forum*, vol. 35, no. 3, 2020, pp. 787-805. https://www.ncbi.nlm.nih.gov/pmc/articles/PMC9037965/

Miller, Todd. *Border Patrol Nation: Dispatches from the Front Lines of Homeland Security*. City Lights, 2014.

Monforti, Jessica Lavariega, and Melissa Graham. "The Rio Grande." *Latino Studies*, vol. 16, no. 4, 2018, pp. 442-463.

Nevins, Joseph. *Operation Gatekeeper: The Rise of the "Illegal Alien"*

and the Making of the U.S.-Mexico Boundary. Routledge, 2002.
Ramos Jansen, Valeria. "The Politics of Stupidity at the U.S.-Mexico Border: The Devil's Highway by Luís Alberto Urrea." Golden Gate University Law Review Blog, 11 Apr. 2021. https://ggulawreview.com/2021/04/11/the-politics-of-stupidity-at-the-u-s-mexico-border-the-devils-highway-by-luis-alberto-urrea/
Romo, Vanessa. "A conversation with author Reyna Grande on illegal border crossings and today's DREAMERS." *KPCC*, 18 Oct. 2012. https://archive.kpcc.org/blogs/education/2012/10/18/10562/conversation-author-reyna-grande-illegal-border-cr/
Sabo, Oana. "Documenting the undocumented: Valeria Luiselli's refugee children archives." *Crossings: Journal of Migration and Culture*, vol. 11, 2020, pp. 217-230.
Saletan, Rebecca. "The Truth about the Border in Francisco Cantú's THE LINE BECOMES A RIVER." Penguin Random House, Feb. 6, 2018. https://global.penguinrandomhouse.com/announcements/the-truth-about-the-border-in-francisco-cantus-the-line-becomes-a-river/
Slack, Jeremy, and Scott Whiteford. "Violence and Migration on the Arizona-Sonora Border." *Human Organization*, vol. 70, no. 1, 2011, pp. 11-21.
Urrea, Luis Alberto. *The Devil's Highway: A True Story*. Little, Brown and Company, 2004.

미주

1장

1) 이 개념은 캐리 맥윌리엄스(Carey McWilliams)가 1946년 저서 『남부 캘리포니아, 땅에 있는 섬 Southern California: An Island on the Land』에서 처음 발전시킨 개념으로, 알타 칼리포르니아(Alta California)(현 캘리포니아주를 포함한 스페인령 캘리포니아)의 스페인 식민 시대와 멕시코 시대를 둘러싼 낭만화되고 이상화된 역사 인식을 비판적으로 지칭한다.
2) Thomas Jefferson Farnham, Life, Adventures, and Travels in California, 2019, p. 357.
3) 2012년 개봉된 다큐멘터리로, 후안 곤살레스(Juan González)의 『제국의 추수』를 원작으로 피터 겟츠와 에두아르도 로페스가 공동 감독했으며, 라틴아메리카에서 미국으로의 대규모 이주 현상의 숨겨진 역사를 파헤친다. 다큐멘터리는 미국의 대외 정책이 어떻게 라틴아메리카 국가들의 정치, 경제적 불안정을 초래하고 결과적으로 대규모 이민을 유발했는지를 보여 준다.
4) Vicki L. Ruiz "Nuestra América: Latino History as United States History," 2006, p. 658.
5) 이 장은 이은아, 「19세기 깔리포르니오와 '스페인적 과거 판타지': 헬렌 헌트 잭슨의 『라모나』를 중심으로」(2014)의 여러 부분을 수정, 보완하였다.
6) Helen Hunt Jackson, Ramona, 2002, p. 13.
7) 아도베 집은 19세기 캘리포니아의 전통적인 주거 형태로, 흙, 짚, 모래를 혼합해 만든 벽돌(아도베 벽돌)로 지어진 건축물을 말한다. 이 건축 양식은 스페인 식민지 시대부터 멕시코령 시기를 거쳐 미국령 초기 캘리포니아까지 널리 사용되었다. 19세기 말 이후 '스패니시 판타지(Spanish Fantasy)' 건축 붐과 함께 아도베 스타일은 로맨틱한 옛 캘리포니아의 상징으로 재해석되어 관광 산업과 부동산 개발에 활용되었다.
8) Margie Brown-Coronel, "Beyond the Rancho: Four Generations of del Valle Women in southern California, 1830-1940," Doctoral Dissertation, Unversity of California, Irvine, 2011.
9) 6월 14일 소노마에서 시작된 이 반란은 존 C. 프레몬트의 암묵적 지원 아래 약 30명의 미국인 정착민들에 의해 주도되었다. 이들은 멕시코 정부의 통치에 반기를

들고 '캘리포니아 공화국(California Republic)'의 수립을 선언했다. 반란군이 만든 깃발에는 붉은 띠를 배경으로 불곰과 별이 그려져 있었는데, 이는 후에 캘리포니아 주기(州旗)의 모태가 된다. 이 반란의 직접적 계기는 멕시코 정부가 외국인 정착민들을 추방하려 한다는 소문이었지만, 근본적으로는 당시 고조되던 미국의 '명백한 운명' 사상과 맞물려 있었다. 반란군들은 캘리포니아 총독 마리아노 과달루페 바예호를 체포하고 소노마를 점령했으나, 이 '독립국가'의 수명은 불과 25일에 불과했다. 7월 9일, 몬터레이에 정박 중이던 미 해군 함대의 존 D. 슬로트 준장이 캘리포니아의 미국 합병을 선언하면서 베어플래그 반란은 공식적으로 종료되었다. 이는 곧이어 발발한 미국-멕시코 전쟁(1846-1848)의 전초전 역할을 했으며, 결과적으로 캘리포니아가 미국의 영토로 편입되는 과정의 시작을 알렸다.

10) Genaro Padilla, Genaro, "The Recovery of Nineteenth-Century California Latino Literature: Historical and Critical Paradigms," in *Recovering the U.S. Hispanic Literary Heritage*, edited by Ramón Gutiérrez and Genaro Padilla, 1993, pp. 75-90.
11) Marissa K. López, "The Language of Resistance: Translating Nineteenth-Century Mexican American Autobiography," in *The Routledge Companion to Latina/o Literature*, edited by Suzanne Bost and Frances R. Aparicio, 2012, pp. 62-74.
12) Mariano Guadalupe Vallejo, *Historical and Personal Memoirs Relating to Alta California*, translated and edited by Rose Marie Beebe and Robert M. Senkewicz, 2017.
13) Marissa K. López, *Chicano Nations: The Hemispheric Origins of Mexican American Literature*, 2011, p. 87.
14) 바예호는 19세기 캘리포니아의 여러 역사적 사건과 정책들에 대해 구체적인 아쉬움을 표현했다. 그가 언급한 '만약에'의 상황들은 다음과 같다: 자유 무역의 실현: 바예호는 1830년대 멕시코 정부의 제한적 무역 정책이 캘리포니아의 경제 발전을 저해했다고 보았다. 만약 캘리포니아가 외국 선박들과 자유롭게 교역할 수 있었다면, 경제가 더욱 번창했을 것이라고 주장했다. 아시아-멕시코 회사의 설립: 1827년 '캘리포니아 발전 위원회' 보고서에서 제안된 이 회사는 태평양을 가로지르는 무역을 활성화하려는 계획이었다. 바예호는 이 회사가 설립되었다면 캘리포니아가 환태평양 무역의 중심지가 되었을 것이라고 믿었다. 호세 마리아 데 이하르와 호세 마리아 파드레스의 개혁:

1834년, 이들은 세속화 개혁을 통해 미션 시스템을 해체하고 토지를 재분배하려 했다. 바예호는 이 개혁이 성공적으로 실행되었다면 더 공정한 사회가 실현되었을 것이라고 생각했다. 과달루페-이달고 조약의 준수: 1848년 체결된 이 조약은 멕시코계 주민들의 권리를 보장했지만, 실제로는 제대로 이행되지 않았다. 바예호는 미국이 이 조약을 성실히 이행했다면 멕시코계 주민들의 토지권과 시민권이 더 잘 보호되었을 것이라고 주장했다. 카스티요 네그레테의 약속: 1835년 멕시코 중앙 정부에서 파견된 카스티요 네그레테는 캘리포니아에 더 많은 자치권을 부여하겠다고 약속했지만 이행하지 않았다. 바예호는 이 약속이 지켜졌다면 캘리포니아의 정치적 자율성이 높아졌을 것이라고 믿었다.

15) 반란은 1824년 2월 21일 산타이네스 선교단에서 시작되어 빠르게 산타바바라와 라푸리시마 선교단으로 확산되었다. 주도 세력은 추마시족이었지만, 다른 부족들도 이에 가담했다. 봉기의 직접적 계기는 한 원주민에 대한 가혹한 체벌이었으나, 근본적 원인은 선교단 체제하에서의 강제 노동, 문화적 억압, 질병 창궐 등 장기간 누적된 불만이었다. 반란군은 초기에 상당한 성과를 거두었다. 그들은 선교사들을 추방하고 일시적으로 선교단들을 장악했으며, 특히 라푸리시마 선교단에서는 25일간 독자적 통치를 펼쳤다. 그러나 결국 스페인 군대와 원주민 협력자들의 반격에 밀려 3월 말 진압되었다.

16) Jesse Alemán, "Citizenship Rights and Colonial Whites: The Cultural Work of María Amparo Ruiz de Burton's Novels," in *Recovering the U.S. Hispanic Literary Heritage*, Vol. VI, edited by Antonia I. Castañeda and A. Gabriel Meléndez, 2007, p. 163.

17) María Amparo Ruiz de Burton, *The Squatter and the Don*(Mint Editions(Historical Fiction)), p. 140.

18) Amelia María de la Luz Montes, "María Amparo Ruiz de Burton: Negotiating a Place in American Literature," in *Recovering the U.S. Hispanic Literary Heritage*, 2009. p. 187.

19) María Amparo Ruiz de Burton, 같은 책, p. 27.

20) Jesse Alemán, "Historical Amnesia and the Vanishing Mestiza: The Problem of Race in The Squatter and the Don and Ramona," in *Aztlán: A Journal of Chicano Studies*, 2007, p. 59.

21) Rose Marie Beebe and Robert M. Senkewicz, eds. *Testimonios: Early*

California through the Eyes of Women, 1815-1848, 2006, p. 264.
22) Rose Marie Beebe and Robert M. Senkewicz, eds. 같은 책, p. 379.
23) Rosemary Berano-Matthews, "Documenting the Californio Experience: Women's Voices in Transition," 2018, pp. 78-95.
24) Antonia I. Castañeda, "Testimonios: Early California through the Eyes of Women," 2007, p. 489.

2장

1) 이 장은 내용은 이은아, 「텍사스 역사 서사의 백인 우월주의와 탈신화화」(2024)의 일부를 수정 및 보완한 것임.
2) 샌안토니오를 중심으로 한 테하노 지식인의 삶을 이해하는 데 있어 안드레스 티헤리나(Andrés Tijerina)의 『멕시코 국기 아래의 테하노와 텍사스, 1821-1836 *Tejanos and Texas under the Mexican Flag, 1821-1836*』, 헤수스 데 라 테하(Jesús F. de la Teja)의 『산안토니오 데 베하르, 뉴스페인 북부 변경의 공동체 *San Antonio de Béxar: A Community on New Spain's Northern Frontier*』, 라울 코로나도(Raúl Coronado)의 『오지 않을 세상, 라티노 저술과 인쇄 문화의 역사 *A World Not to Come: A History of Latino Writing and Print Culture*』는 중요한 통찰을 제공한다.
3) Art Martínez De Vara, *Tejano Patriot: The Revolutionary Life of José Francisco Ruiz, 1783~1840*, 2020, 참조.
4) 호세 마리아 헤수스 카르바할의 정치적 성향은 단순히 멕시코에 충성했다고 보기 어려운 복잡한 양상을 띠고 있다. 그는 기본적으로 멕시코의 연방주의를 지지했지만, 동시에 텍사스의 자치권 확대도 원했다. 완전한 독립보다는 멕시코 연방 내에서의 자치를 선호했으며, 테하노로서의 문화적 정체성을 유지하려 노력했다. 1835~1836년 텍사스 혁명 당시, 카르바할은 멕시코에 대한 충성을 유지했다. 텍사스 독립 이후에도 그의 입장은 새로운 정치적 현실과 자신의 뿌리 사이에서 계속 변화하고 조정되었다. 카르바할의 행적은 당시 테하노들이 겪었던 정체성과 충성심의 갈등을 잘 보여 주는 사례이다.
5) Juan N. Seguín, *A Revolution Remembered: The Memoirs and Selected Correspondence of Juan N. Seguín*, edited by Jesús F. de la Teja. 1991, p. 96.

6) Reginaldo Horsman, *Race and Manifest Destiny: The Origins of American Racial Anglo-Saxonism*, 1981, p. 208.
7) Amy Greenberg, *A Wicked War: Polk, Clay, Lincoln, and the 1846 U.S, Invasion of Mexico*, 2012, p. 131.
8) 루벤 코르도바(Ruben Cordova)의 최근 역사학계 연구 정리 사이트. "Debunking Alamo Myths," 2014, https://glasstire.com/2024/02/27/debunking-alamo-myths/
9) 그렉 그랜딘, 『신화의 종말』, 2019, 87쪽.
10) Glenn Sharpe, *Lone Star Mind: Reimagining Texas History*, 2021.
11) John Morán González, *Border Renaissance: The Texas Centennial and the Emergence of Mexican American Literature*, 2009, p. 193.
12) William Carrigan and Clive Webb, *Forgotten Dead: Mob Violence against Mexicans in the United States, 1848-1928*, 2013, p. 33.
13) William Carrigan and Clive Webb, 같은 책, p. 56.
14) Benjamin H. Johnson, *Revolution in Texas: How a Forgotten Rebellion and Its Bloody Suppression Turned Mexicans into Americans*, 2003, p. 87. 네일 폴리(Neil Foley)의 *The White Scourge: Mexicans, Blacks, and Poor Whites in Texas Cotton Culture*에 따르면, 1900년에서 1930년 사이 텍사스 남부로의 대규모 이주가 있었다. "이 30년 동안 약 50만 명의 중서부 출신 앵글로-아메리칸들이 텍사스 남부로 이주했으며, 이는 지역의 인구 구성과 경제 구조를 근본적으로 바꾸어 놓았다."(Foley, 1997, p. 123.)
15) Benjamin Heber Johnson, *Revolution in Texas: How a Forgotten Rebellion and Its Bloody Suppression Turned Mexicans into Americans*, 2003, pp. 72-190.
16) Doug J. Swanson, *Cult of Glory: The Bold and Brutal History of the Texas Rangers*, 2020, p. 215.
17) Benjamin Heber Johnson, 같은 책, p. 193.
18) Monica Muñoz Martínez, *The Injustice Never Leaves You: Anti-Mexican Violence in Texas*, 2018, p. 6.
19) Nicholas Villanueva, *The Lynching of Mexicans in the Texas Borderlands*, 2017, p. 45.

20) Benjamin H. Johnson, and Andrew R. Graybill, eds., *Bridging National Borders in North America: Transnational and Comparative Histories*, 2010, p. 167.
21) Nicholas Villanueva, 같은 책, pp. 1-3, p. 45.
22) Nicholas Villanueva, 같은 책, p. 78.
23) Cristina Beltrán, *Cruelty as Citizenship: How Migrant Suffering Sustains White Democracy*, 2020, p. 82.

3장

1) 타말레스는 옥수수 반죽을 바나나 잎이나 옥수수 껍질로 싸서 찐 멕시코 전통 음식이다. 엔칠라다는 토르티야에 고기나 치즈를 넣고 말아 칠리소스를 뿌린 요리로, 멕시코의 대표적 메뉴 중 하나이다.
2) '멕시코 문제'는 20세기 초 미국에서 멕시코 이민자들의 급증으로 인해 제기된 사회적, 경제적 이슈를 일컫는 표현이다. 주로 미국 남서부 지역에서 멕시코 이민자들의 노동, 주거, 교육, 문화적 동화 등과 관련된 문제들을 포괄한다.
3) Francisco E. Balderrama and Raymond Rodriguez, *Decade of Betrayal: Mexican Repatriation in the 1930s*, 1995, p. 71.
4) Gonzales, 같은 책, p. 142.
5) 이 조직은 1930년대 로스앤젤레스에서 설립된 중요한 시민권 및 노동권 옹호 단체였다. 주로 스페인어를 사용하는 이민자들과 그들의 후손들의 권리를 위해 활동했으며, 노동 조건 개선, 차별 반대, 시민권 확대 등을 위해 노력했다.
6) Gonzales, 같은 책, p. 143.
7) Douglas Monroy, *Rebirth: Meixcan Los Angeles from the Great Migration to the Great Depression*, 1999, pp. 117-18. George J. Sánchez의 *Becoming Mexican American: Ethnicity, Culture, and Identity in Chicano Los Angeles, 1900-1945*는 이 시기 로스앤젤레스 바리오의 일상생활, 교회의 역할, 여가 활동 등을 소개한다. Ricardo Romo의 *East Los Angeles: History of a Barrio*는 바리오의 사회적, 문화적 생활, 공동체 행사 등을 소개한다. Douglas Monroy의 *Rebirth: Mexican Los Angeles*는 대공황 시기까지 멕시코계 공동체에 미친 농업 노동의 중요성과 도시의 변화 등에 대해 설명한다. Matt García의 *A World of Its Own: Race, Labor, and*

*Citrus in the Making of Greater Los Angeles, 1900-1970*는 특히 멕시코계 농업 노동자들의 삶과 문화에 초점을 맞춰 설명한다.
8) 이 소설에 관한 설명은 이은아, 「1920년대 초기 치카노 소설」(2010) 논문에서 수정, 보완하였음.
9) 크로니카(Crónica)와 크로니스타(Cronista): 크로니카는 중남미 문학의 독특한 장르로, 저널리즘과 문학의 경계에 있는 글쓰기 형식이다. 역사적 사건, 일상의 풍경, 사회 현상 등을 주관적이고 문학적인 시선으로 기록한다. 크로니스타는 이러한 크로니카를 쓰는 작가를 일컫는다. 그들은 단순한 사실 보도를 넘어 시대의 분위기와 사회의 맥락을 포착하며, 때로는 날카로운 사회 비평을 담아낸다. 멕시코에서는 특히 20세기 초중반 이 전통이 크게 발전했다.
10) Daniel Venegas, *Las aventuras de Don Chipote o Cuando los pericos mamen*, 1999 [1928], p. 159.
11) Venegas, 같은 책, p. 34.
12) Venegas, 같은 책, p. 43.
13) Venegas, 같은 책, p. 52.
14) Venegas, 같은 책, p. 71.
15) Venegas, 같은 책, p. 88.
16) Venegas, 같은 책, p. 106.
17) Lisbeth Haas, *Conquest and Historical Identities in Califorina, 1769-1936*, Chapter 4.
18) Gonzales, 같은 책, p. 143.
19) George J. Sánchez, *Becoming Mexican American: Ethnicity, Culture, and Identity in Chicano Los Angeles, 1900-1945*, 1993, p. 180.
20) 라틴아메리카 문화에서 나타나는 여성성의 이상을 지칭하는 개념이다. 성모 마리아를 모델로 하여 여성의 도덕적 우월성, 영적 강인함, 자기희생, 순결, 모성을 강조한다.
21) Venegas, 같은 책, p. 147.
22) 니콜라스 카네요스(Nicolás Kanellos)는 이 소설의 서문에서 베네가스의 보드빌 쇼 관련 활동에 대한 기록을 남기고 있다.
23) 세르반테스의 소설 『돈키호테』에 등장하는 가상의 인물. 돈키호테가 사랑하는 이상적 여인으로, 실제로는 평범한 농가의 딸이지만 돈키호테의 상상 속에서는 고귀한 숙녀로 미화된다.

24) Venegas, 같은 책, pp. 112-13.
25) Matt García, *A World of Its Own: Race, Labor, and Citrus in the Making of Greater Los Angeles, 1900-1970*, 2001, p. 87.
26) David G. Gutiérrez, *Walls and Mirrors: Mexican Americans, Mexican Immigrants, and the Politics of Ethnicity*, 1995, p. 112.

4장

1) David Dorado Romo, *Ringside Seat to a Revolution: An Underground Cultural History of El Paso and Juarez, 1893-1923*, 2005, p. 145.
2) David Dorado Romo, 같은 책, p. 109.
3) Gerardo Licón, "PACHUCAS, PACHUCOS, AND THEIR CULTURE: MEXICAN AMERICAN YOUTH CULTURE OF THE SOUTHWEST, 1910-1955," 2009, pp. 82-84.
4) Mauricio, Mazón, *The Zoot-Suit Riots: The Psychology of Symbolic Annihilation*, 1984. 특히 5장 "주트 수트 폭동(The Zoot-Suit Riots)"에서 파추코가 반영웅의 역할을 하게 되었는지 설명한다.
5) Eduardo Obregón Pagán, *Murder at the Sleepy Lagoon: Zoot Suits, Race, and Riot in Wartime L.A.*, 2003. 3장 "슬리피 라군 살인 사건(The Sleepy Lagoon Murder)"에서 주트 수트를 당시 사회가 어떻게 인식했는지 설명한다. 또한 5장 "주트 수트 폭동(The Zoot Suit Riots)"에서 주트 수트의 문화적 의미와 그것이 폭동의 중심이 된 맥락을 설명한다.
6) Luis Alvarez, *The Power of the Zoot: Youth Culture and Resistance during World War II*, 2008, p. 28.
7) Escobedo, Elizabeth R., *From Coveralls to Zoot Suits: The Lives of Mexican American Women on the World War II Home Front*, 2013, p. 7.
8) 알바레스는 그의 저서에서 멕시코계와 아프리카계 미국인 청년들 간의 문화적 교류를 상세히 다룬다. 특히 3장과 4장 참조.
9) Anthony Macías, "Bringing Music to the People: Race, Urban Culture, and Municipal Politics in Postwar Los Angeles," *American Quarterly*, 2008, p. 116.
10) 영어 'cool'에 스페인어 어미 '-ío'를 붙인 혼종어로, 파추코 문화에서 영어

와 스페인어를 혼합하여 사용한 전형적인 예다. '더욱 멋진', '아주 근사한'의 뉘앙스를 지닌다.
11) 엘리자베스 에스코베도의 *From Coveralls to Zoot Suits*(2015)는 2차 세계대전 시기 멕시코계 미국인 여성들의 전반적인 경험을 다루며, 그중 하나로 파추카 현상을 분석한다. "The Pachuca Panic: Sexual and Cultural Battlegrounds in World War II Los Angeles"(2007)라는 논문에서 2차 세계대전 시기 로스앤젤레스의 파추카 현상을 중점적으로 분석한다.
12) 그러나 〈아메리칸 미〉는 동시에 재현의 본질적 한계를 노출한다. 파추코 문화의 특정 측면만을 강조하는 동안, 다른 중요한 요소들은 간과되거나 축소된다. 또한, 개인의 파편적 경험을 문화 전체로 확대해석하는 위험을 내포한다. 폭력과 트라우마를 미학적으로 포장하는 아슬아슬한 균형, 1990년대의 시각으로 1940년대를 해석하는 역사적 관점의 모순, 그리고 복잡한 역사적 맥락을 2시간이라는 제한된 시간 틀에 압축하는 한계 등은 이 작품, 나아가 영상 매체의 근본적인 도전 과제로 지적할 수 있다.
13) '치카스 파타스'는 스페인어로 '다리가 예쁜 여자들'을 의미한다.
14) Anthony Macías, *Mexican Amerian Mojo: Popular Music, Dance, and Urban Culture in Los Angeles, 1935-1968*, 2008, p. 132.
15) Agustin Gurza, "Zoot Suit: Music, Drama, and an Enduring Social Message," 2017, https://frontera.library.ucla.edu/blog/2017/02/zoot-suit-music-drama-and-enduring-social-message
16) Scott Rappaport, "'Zoot Suit' still relevant four decades later," 2017, https://news.ucsc.edu/2017/05/zoot-suit-feature.html
17) Carolina A. Miranda, "Zoot suit: How the bold look made history and continues to influence fashion," 2023, https://www.latimes.com/entertainment-arts/story/2023-06-13/zoot-suit-how-the-bold-look-made-history-and-continues-to-influence-fashion
18) 오욱석, "집단의 드레스코드: 치카노," 2015, https://visla.kr/feature/24922/

5장

1) John Morán González, *Border Renaissance: The Texas Centennial and the Emergence of Mexican American Literature*는 텍사스 멕시코계 미국인 문학과 문화를 다루며, 파레데스 작품에 관련된 해석을 포함하고 있다. 참조할 저서로는 Arnoldo De León의 *Mexican Americans in Texas: A Brief History*, David Montejano의 *Anglos and Mexicans in the Making of Texas, 1836-1986*, 혹은 Manuel G. Gonzales의 *Mexicanos: A History of Mexicans in the United States* 등이 있다.
2) 그레고리오 코르테스(Gregorio Cortez, 1875-1916)는 텍사스의 멕시코계 미국인 민중 영웅이다. 1901년 6월, 언어 오해로 인해 발생한 총격전에서 보안관을 사살한 후, 열흘간 텍사스 레인저스의 추적을 피해 도주했다. 그의 이야기는 〈그레고리오 코르테스의 발라드(El Corrido de Gregorio Cortez)〉라는 민요로 전해져 멕시코계 미국인 공동체의 저항 정신을 상징하게 되었다.
3) 레나토 로살도, 『문화와 진리』, 권숙인 옮김, 246쪽.
4) 19세기 중반 캘리포니아의 전설적인 멕시코계 의적. 골드러시 시기 미국인들의 차별과 폭력에 대항해 싸웠다고 전해진다. 전설에 따르면, 그는 미국인 정착민들에 의해 가족을 잃고 의적이 되었으며, '캘리포니아의 로빈 후드'로 약탈한 재물을 가난한 멕시코인들에게 나눠 주었다는 이야기가 전해진다. 1853년 캘리포니아 레인저들에 의해 사살되었다고 알려져 있으나, 그의 실제 존재와 행적에 대해서는 역사학자들 사이에 논란이 있다. 무리에타의 이야기는 민중 영웅으로 미화되어 수많은 민요, 소설, 영화의 소재가 되었으며, 멕시코계 미국인 공동체의 저항 정신을 상징하는 문화적 아이콘으로 자리 잡았다.
5) 20세기 초 텍사스-멕시코 국경 지역에서 유행한 대표적인 코리도. 이 민요는 라레도 감옥의 열악한 환경과 그곳에 수감된 멕시코계 죄수들의 고통을 생생하게 전해 준다.
6) Alicia Camacho, *Migrant Imaginaries: Latino Cultural Politics in the U.S.-Mexico Borderlands*, 2008, p. 42.
7) Américo Paredes, *The Shadow*, 1998, p. 62.
8) Camacho, 같은 책, p. 101.

6장

1) '치카노'라는 용어의 기원은 명확하지 않지만, 20세기 초부터 멕시코계 미국인들 사이에서 사용되었다는 점은 분명하다. 1940년대 이민자 2세대 파추코와 주트 수터들 사이에서 대항문화적, 저항적 의미를 획득한 이 용어는, 1960년대에 이르러 이스트 LA, 엘파소 등지를 중심으로 파추코 문화와 관계없이 스스로를 치카노로 지칭하는 경향이 확산되면서 자부심의 상징으로 대중화되었다. 용어 속에 내포된 노동자 계층이나 하위문화의 이미지는 주류 사회에 저항하며 집단적 결속을 강화하려는 의도를 반영한다.
2) Roberto Rodriguez, "The Origins and History of the Chicano Movement," 1996, https://jsri.msu.edu/upload/occasional-papers/oc07.pdf
3) Carlos Muñoz Jr., *Youth, Identity, Power: The Chicano Movement*, 2007, p. 40.
4) Alicia Schmidt Camacho, *Migrant Imaginaries: Latino Cultural Politics in the U.S.-Mexico Borderlands*, 2008, p. 182.
5) Jimmy Patiño, *Raza Sí, Migra No: Chicano Movement Struggles for Immigrant Rights in San Diego*, 2017.
6) Alicia Schmidt Camacho, 같은 책, p. 179.
7) Alicia Schmidt Camacho, 같은 책, p. 185.
8) Elizabeth Martínez, *De Colores Means All of Us: Latina Views for a Multi-Colored Century*, 1998.
9) Carlos Muñoz Jr., 같은 책, p. 30.
10) 이 소설에 관한 부분은 이은아, 「치카노 운동 다시 보기: 오스카 세타 아코스타의 『바퀴벌레 인간의 반란』과 1960년대 반문화」(2023)에서 참조.
11) Oscar Zeta Acosta, *The Revolt of the Cockroach People*, 1989, p. 11.
12) Reymund Paredes, "Los Angeles from the Barrio: Oscar Zeta Acosta's The Revolt of the Cockroach People," in *Los Angles in Fiction: A Collection of Essays*, ed. by David Fine, 1995, p. 251.
13) Oscar Zeta Acosta, 같은 책, p. 71.
14) Oscar Zeta Acosta, 같은 책, p. 41.
15) Oscar Zeta Acosta, 같은 책, p. 41.

16) Lorena Oropeza, ¡Raza Sí! ¡Guerra No!: Chicano Protest and Patriotism during the Vietnam War Era, 2005.
17) Ian Haney López, Racism on Trial: The Chicano Fight for Justice, 2003.
18) 치카노가 되는 멋진 생각과 리듬.
19) David Montejano의 José Morales 인터뷰, Quixote's Soldiers, 2010, p. 268.
20) Oscar Zeta Acosta, 같은 책, p. 195.
21) Oscar Zeta Acosta, 같은 책, p. 67.
22) Oscar Zeta Acosta, 같은 책, p. 248.
23) Oscar Zeta Acosta, The Autobiography of a Brown Buffalo, 1989, p. 199.
24) Anthony Macías, Mexican American Mojo: Popular Music, Dance, and Urban Culture in Los Angeles, 1935-1968, 2008, pp. 1-2.
25) Dominick Cavallo, A Fiction of the Past: The Sixties in American History, 1999.
26) Randy J. Ontiveros, In the Spirit of a New People: The Cultural Politics of the Chicano Movement, 2013, p. 14.
27) Randy J. Ontiveros, 같은 책, p. 15.
28) Randy J. Ontiveros, 같은 책, p. 17.

7장

1) 치카노의 여성형을 말함.
2) Alicia Gaspar de Alba, "The Chicana/Latina Dyad, or Identity and Perception," Latino Studies, 2003, p. 111.
3) Deborah Paredez, Selena: Selena, Latinos, and the Performance of Memory, 2009.
4) Francisco Cantú, "Sounds of Nepantla," VQR, 2020, https://www.vqronline.org/winter-2020/essays/sounds-nepantla
5) Cherríe Moraga, "La Güera," in This Bridge Called My Back: Writings by Radical Women of Color, eds. Cherríe Moraga and Gloria Anzaldúa, 2015, p. 29.

6) Gloria Anzaldúa, "Speaking in Tongues: A Letter to Third World Women Writers," in *The Gloria Anzaldúa Reader*, edited by AnaLouise Keating, 2009, p. 28.
7) Gloria Anzaldúa, *Borderlands/La Frontera: The New Mestiza*, 1999, pp. 216-217.
8) Brenda Watts, "Aztlán as a Palimpsest: From Chicano Nationalism to Transnational Feminism in Anzaldúa's Borderlands," *Latino Studies*, 2004, p. 305.
9) Gloria Anzaldúa, 같은 책, p. 25.
10) Gloria Anzaldúa, 같은 책, p. 217.
11) Gloria Anzaldúa, 같은 책, p. 102.
12) Gloria Anzaldúa, 같은 책, p. 102.
13) Cherríe Moraga, *The Last Generation: Prose and Poetry*, 1997, p. 173.
14) Gloria Anzaldúa, 같은 책, p. 77.
15) 이 문장은 안살두아가 치카노 스페인어에 대해 설명한 부분을 의역한 것이다.
16) Gloria Anzaldúa, 같은 책, p. 77.
17) C. Alejandra Elenes는 "Nepantla, Spiritual Activism, New Tribalism: Chicana Feminist Transformative Pedagogies and Social Justice Education"에서 7단계를 상세히 정리하고 있다.
18) 안살두아의 개념의 이해를 돕고자 이와 같은 비유를 사용함. 이런 비교에는 단순화의 오류가 있을 수 있으나 편의적 이해를 위해 철학적이고 감각적인 설명 방식을 삽입함.
19) Gloria Anzaldúa and AnaLouise Keating, eds., *This Bridge We Call Home: Radical Visions for Transformation*, 2002, p. 1.
20) "살을 끌어당기는 것(Pulling the flesh)"이라는 표현은 안살두아의 『경계 지대』에 처음 등장한다. 이 책은 1987년에 출간되었으며, 치카나 페미니즘과 퀴어 이론에 큰 영향을 미친 중요한 저작이다. 안살두아에게 '살을 끌어당기는 것'은 자신의 다중적 정체성을 인정하고 받아들이는 과정, 그리고 그 과정에서 겪는 고통과 성장을 의미한다. 이 개념은 이후 다른 저작들에서도 계속 발전되었으며, 특히 그녀의 후기 작품에서 '영적 행동주의'의 핵심 개념으로 자리 잡는다. 그녀의 사후 작품인 *Light in the Dark/Luz en lo Oscuro: Rewriting Identity, Spirituality, Reality*에서 이 개념은 더욱 깊이 있게 탐

구된다. 따라서 '살을 끌어당기는 것'이라는 표현은 안살두아의 전체 작품 세계를 관통하는 중요한 개념이며, 그녀의 철학과 실천을 이해하는 데 핵심적인 역할을 한다.
21) Gloria Anzaldúa, "Spirituality, Sexuality, and the Body: An Interview with Linda Smuckler," *Interviews/Entrevistas*, edited by AnaLouise Keating, 2000, p. 229.
22) Alma M. García의 *The Mexican Americans*(2002), Guadalupe San Miguel Jr.의 *Tejano Proud: Tex-Mex Music in the Twentieth Century*(2002), Deborah R. Vargas의 *Dissonant Divas in Chicana Music: The Limits of La Onda*(2012) 등 참조.

8장

1) Joseph Berger, "A Meditation on Race and Culture by a Latin American Who Doesn't 'Fit'," *The New York Times*, 2002, https://www.nytimes.com/2002/04/30/books/books-of-the-times-a-meditation-on-race-and-culture-by-a-latin-american-who-doesn-t-fit.html.
2) 국립교육통계센터(NCES)의 보고에 따르면, 라티노 학생의 대학 등록률은 1980년 16%에서 2000년 22%, 2019년 36%로 꾸준히 증가했다. 그러나 이는 여전히 백인(41%)과 아시아계(69%) 학생들에 비해 낮은 수준이었다. 직업 분야에서는 전문직 종사자의 비율이 소폭 상승했다. 미국 노동통계국 자료에 의하면, 라티노의 전문·관리직 종사 비율은 1990년 14.1%에서 2000년 18.1%로 증가했다. 그러나 이 역시 전체 인구 평균(31.1%)에 비해 낮은 수준이었다.
3) Ofelia García, *Bilingual Education in the 21st Century: A Global Perspective*, 2009, p. 169.
4) Gustavo Pérez Firmat, *Tongue Ties: Logo-Eroticism in Anglo-Hispanic Literature*, 2003, p. 4.
5) Isabelle de Courtivron (ed.), *Lives in Translation: Bilingual Writers on Identity and Creativity*, 2003, pp. 3-4.
6) Gloria Anzaldúa, *Borderlands/La Frontera: The New Mestiza*, 1999, p. 81.
7) Richard Rodriguez, *Hunger of Memory*, 2005, p. 32.

8) Jeehyun Lim, "I was never at war with my tongue: The Third Language and the Performance of Bilingualism in Richard Rodriguez," pp. 532-34.
9) Sandra Cisneros, *The House on Mango Street*, 1991, p. 10.
10) Sandra Cisneros, *Woman Hollering Creek*, 1992, p. 46
11) Sandra Cisneros, *Caramelo*, 2003, p. 61.
12) Sandra Cisneros, 같은 책, 2003, p. 225.
13) Matt Rasmussen, "Junot Díaz: Interview," *World Literature Today*, 2008, pp. 43-46.
14) Richard Rodriguez, 같은 책, 20005, p. 163.
15) Ramón Saldívar, *Chicano Narrative: The Dialectics of Difference*, 1990, p. 27.
16) Alicia Camacho, *Migrant Imaginaries*, 2008, pp. 194-98.
17) Richard Rodriguez, *Days of Obligation*, 1992, pp. 58.
18) Richard Rodriguez, 같은 책, 1992, p. 59.
19) Alicia Camacho, 같은 책, p. 216.
20) Richard Rodriguez, "Illegal Immigrant: Prophets of a Borderless World," *New Perspectives Quarterly*, 1995, p. 63.
21) Richard Rodriguez, *Brown: The Last Discovery of America*, 2002, pp. 133-134.
22) Richard Rodriguez, 같은 책, 2002, p. 142.
23) Yvonne Yarbro-Bejarano, "Reflections on Race and Sex in the 'Brown' Texts of Richard Rodriguez," *The Ethnic Canon: Histories, Institutions, and Interventions*, 1995, p. 287.
24) Sandra Cisneros, 같은 책, 1991, p. 28.
25) Ramón Saldívar, *Chicano Narrative: The Dialectics of Difference*, 1990, p. 181.
26) Sandra Cisneros, *Camamelo*, 2003, p. 43.
27) Ellen McCracken, *New Latina Narrative: The Feminine Space of Postmodern Ethnicity*, 1999, p. 226.
28) Sandra Cisneros, *A House of My Own*, 2015, p. 358.
29) 여기에 나오는 대화는 로드리게스 인터뷰에서 인용한 것이다. "Immigra-

tion and the Fracturing of Community," 1997, https://www.upenn.edu/static/pnc/rodriguez.html

9장

1) Alicia Camacho, *Migrant Imaginaries*, 2008, p. 226.
2) 이은아, 「라티노 이민자 불법성과 시민권 투쟁」(2019), "이민자 불법성 담론의 흐름"에서 일부 참조.
3) Alicia Camacho, 같은 책, p. 12.
4) Mae Ngai, *Impossible Subjects: Illegal Aliens and The Making of Modern America*, 2014, p. 37.
5) María Herrera-Sobek, *The Bracero Experience*, 1979, p. 93.
6) Helena María Viramontes, *Under the Feet of Jesus*, 1995, p. 122.
7) Helena María Viramontes, 같은 책, p. 135.
8) 스페인어로 북쪽이며, 미국을 의미한다.
9) Douglas S. Massey and Karen A. Pren., "Unintended consequences of US immigration policy: Explaining the post-1965 surge from Latin America," 2012, pp.1-29.
10) 그렉 그랜딘, 『신화의 종말』, 2021, 365쪽.
11) 그렉 그랜딘, 366쪽.
12) 그렉 그랜딘, 353쪽.
13) 그렉 그랜딘, 361쪽.
14) 그렉 그랜딘, 384쪽.
15) '죽음의 춤'을 의미하는 이 개념은 중세 후기 프랑스에서 시작되어 유럽 전역으로 퍼진 예술 장르다. 문학과 시각 예술에서 주로 나타나며, 모든 계층의 사람들이 죽음(보통 해골로 의인화)과 함께 춤을 추는 모습을 묘사한다.
16) 이은아, 같은 논문, "2006년 반이민법 저항 시위와 대항 대중 논의"에서 일부 참조.
17) Cristina Beltrán, *The Trouble with Unity*, 2010, 5장 "Labor, Action, and the Space of Appearance" 참조.

10장

1) Josiah McC. Heyman, ""Illegality"and the U.S.-Mexico Border: How It is Produced and Resisted," in *Constructing Immigrant "Illegality": Critique, Experiences, and Responses*, eds. by Cecelia Menjívar and Daniel Kanstroom, 2014, pp. 114-16.
2) 이은아, 「라티노 이민자 불법성과 시민권 투쟁」(2019), p. 266.
3) J. L. Monforti & M. Graham, "The Rio Grande," *Latino Studies*, 2018.
4) 루쉰, 『화개집』, 「장성」, 2005, 74쪽.
5) 호르헤 루이스 보르헤스, 『만리장성과 책들』, 2008, 15쪽.
6) 질 들뢰즈의 저작에 반복적으로 나오는 개념이다. 특히 그의 저서 『차이와 반복』에서 정체성이 편협하게 정의되고 통제되는 방식에 대한 비판을 통해, 보다 유동적이고 다양한 정체성의 가능성을 주장한다.
7) 장재준, 『대체불가 라틴아메리카』, 2021, 45쪽.
8) 그렉 그랜딘, 『신화의 종말』, 2019, 9쪽.
9) 그렉 그랜딘, 같은 책, 396쪽.
10) 그렉 그랜딘, 같은 책, 400쪽.
11) 레베카 세일탄(Rebecca Saletan)의 인터뷰 "The Truth about the Border in Francisco Cantú's THE LINE BECOMES A RIVER"에 나온 책 소개, https://global.penguinrandomhouse.com/announcements/the-truth-about-the-border-in-francisco-cantus-the-line-becomes-a-river/
12) David Cortez, "I asked Latinos why they joined immigration law enforcement. Now I'm urging them to leave," *USA Today*, July 3, 2019, https://www.usatoday.com/story/opinion/voices/2019/07/03/latino-border-patrol-ice-agents-immigration-column/1619511001/
13) Todd Miller, *Border Patrol Nation: Dispatches from the Front Lines of Homeland Security*, 2014.
14) Cristina Beltrán이 *Cruelty as Citizenship*(2020, pp. 96-98)에서 국경경비대에 관한 연구 내용을 요약한 부분이다. David Cortez, "Latinxs in La Migra: Why They Join and Why It Matters," 2021, pp. 688-702, https://doi.org/10.1177/1065912920933674

15) 프란시스코 칸투, 『선은 장벽이 되고』, 2019, 187쪽.
16) 프란시스코 칸투, 같은 책, 113~14쪽.
17) 프란시스코 칸투, 같은 책, 170쪽.
18) Plain Old Wetback의 약자. 웻백은 리오그란데강을 헤엄쳐 미국에 불법으로 입국한 멕시코인들을 비하할 때 사용하는 용어다. POW는 매우 경멸적이고 인종차별적 뉘앙스를 담고 있다.
19) 그렉 그랜딘, 같은 책, 372쪽.
20) 그렉 그랜딘, 같은 책, 374쪽.
21) 장재준, 같은 책, 39쪽.
22) Jason De León, *The Land of Open Graves: Living and Dying on the Migrant Trail*, 2015, p. 61.
23) 같은 책, p. 61.
24) 이 소설에 관한 부분은 이은아, 「발레리아 루이셀리의 『잃어버린 아이들을 위한 아카이브』에 나타난 아카이브의 의미」(2020)에서 참조.
25) Vanessa Romo의 저자 인터뷰, "불법 월경과 오늘날 드리머들에 대해 저자 레이나 그란데와의 대화(A conversation with author Reyna Grande on illegal border crossings and today's DREAMERS)" https://archive.kpcc.org/blogs/education/2012/10/18/10562/conversation-author-reyna-grande-illegal-border-cr/
26) Valeria Luiselli, *Lost Children Archive*, 2019, p. 319.